本书受湖北物流发展研究中心资助

湖北省城乡
食品冷链物流系统需求预测：
理论、实践与创新

———————— 毕娅 著

武汉大学出版社

图书在版编目(CIP)数据

湖北省城乡食品冷链物流系统需求预测:理论、实践与创新/毕娅著.—武汉:武汉大学出版社,2016.3
ISBN 978-7-307-14919-9

Ⅰ.湖… Ⅱ.毕… Ⅲ.冷冻食品—物流—物资管理—研究—湖北省 Ⅳ.F252.8

中国版本图书馆 CIP 数据核字(2014)第 275328 号

责任编辑:胡 艳　　责任校对:汪欣怡　　版式设计:马 佳

出版发行:武汉大学出版社　(430072　武昌　珞珈山)
（电子邮件:cbs22@whu.edu.cn　网址:www.wdp.whu.edu.cn）
印刷:武汉中远印务有限公司
开本:720×1000　1/16　印张:18.25　字数:318 千字　插页:1
版次:2016 年 3 月第 1 版　　2016 年 3 月第 1 次印刷
ISBN 978-7-307-14919-9　　定价:36.00 元

版权所有,不得翻印;凡购我社的图书,如有质量问题,请与当地图书销售部门联系调换。

序

  国以民为安,民以食为天。食品是人类赖以生存和发展的最重要和最基本的物质基础。食品的价格与安全与人们日常生活密切相关,它不仅关系到人民群众的身体健康和生命安全,也直接影响着社会经济的发展。食品的价格和安全不仅仅取决于食品供应链两个端点上的生产商和销售商,还与食品冷链物流密切相关。当前,我国食品冷链物流产业是一个发展中的朝阳产业。2013年中央一号文件推出了一系列强农惠农的新政策,其中有7项涉及食品冷链物流,如:加快推进以城市标准化菜市场、生鲜超市、城乡集贸市场为主体的农产品零售市场建设;对建设鲜活农产品仓储物流设施、兴办农产品加工业给予补助。新版GSP(《药品经营质量管理规范》)也已于2013年6月1日起正式实施,全文一共187条,其中涉及食品冷链的就有40条之多。2013年,我国食品冷链物流行业增长了20%,尤其是7、8月份出现了供不应求的局面。2014年食品冷链物流行业将继续保持20%左右的增长速度,同时全国将新增70亿元的冷链基础设施和技术装备。在这样的背景和一片高歌猛进的发展声浪中,全国各地的食品冷链物流基础设施建设如雨后春笋般纷纷迅速出现,"食品冷链物流"成为2013年度最为热门的经济词汇之一。

  大规模的食品冷链物流基础设施建设固然可以有效刺激经济,但是如果没有科学的规划和正确的引导,盲目建设带来的后果是严重和可怕的,如:食品冷链物流市场的供需失衡、资金沉淀、资源分配不均或浪费,以及行业发展的虚假繁荣等。因此,我们应该清醒地认识到当前食品冷链物流发展的现状、水平和未来几年真实的可持续发展空间,捋清食品冷链物流与经济发展的内在联系,在采用科学的方法和充分论证的前提下获得我国食品冷链物流行业未来一段时期发展的定量数据,有针对性地开发新的食品冷链物流服务和品种,正确引导食品冷链物流产业的发展方向,控制发展速度,实现食品冷链物流行业在投入和效益上的最佳平衡。

  遗憾的是,由于我国食品冷链物流行业发展得较晚,水平较低,相关的研究和统计工作相对滞后，因此鲜有对食品冷链物流行业的发展规模进行定量研究的理论和实践工作。正在此时，欣喜地看到《湖北省城乡食品冷链物流系统需求预测理论、实践与创新》书稿的形成。该书是毕娅博士经过多年的理论研究和调研实践后得出的科研成果。全书以系统论为理论支撑，探讨了我国食品冷链物流行业产生和发展的途径，分析了我国食品冷链物流行业的现状和在发展过程中遇到的问题，说明了对食品冷链物流行业规模进行预测的重要意义和价值，并以湖北省城乡食品冷链物流行业为例进行了实证分析。在研究的技术路线上，该书首先通过对状态参量和控制参量的定量筛选，优选出食品冷链物流系统的序参量组合；然后通过对多种经典传统预测方法的分析和对比，提出了具有创新价值的适合食品冷链物流行业特点的预测方法，并通过数理推导和仿真实验证明和验证了新的预测方法的有效性、可行性，以及新的预测方法在食品冷链物流预测领域的适应性；最后根据预测结果提出了发展湖北省食品冷链物流行业的对策和建议。本书突出了系统工作过程，体现了预测学、食品学与物流学等不同学科之间的交叉与融合，较好地做到了理论与实践的结合。本书研究角度新颖；研究内容详细具体，有很强的针对性、时效性和前沿性；研究方法科学先进；研究结论可靠有效，为食品冷链物流规模预测的研究提供了一种全新的思路，令人耳目一新。

我相信，本书的意义绝不仅仅是帮助从事冷链物流和预测研究的科研人员更深入地理解和把握相关的学术前沿；更重要的是，它能够帮助政府和相关职能部门更清晰地看到目前食品冷链物流行业在发展过程中存在的问题和乱象，更好地理解对食品冷链物流进行规模预测的必要性和重要性，更精确地把握食品冷链物流行业未来的发展轨迹和空间，为他们在制定发展食品冷链物流行业的相关政策和战略规划时提供必要的数据和决策支持，从而能够在科学的理论指导下开展食品冷链物流的相关建设，进一步推动我国食品冷链物流行业的健康发展。

李崇光

2014 年 10 月 26 日

于华中农业大学

目 录

第1章 研究的背景和意义 1
1.1 研究的背景 1
 1.1.1 我国食品冷链物流的现状 1
 1.1.2 物流系统需求预测 4
1.2 研究的目的和意义 5
1.3 研究内容和创新之处 6
 1.3.1 研究内容 6
 1.3.2 创新点 7
1.4 研究的思路及方法 8
 1.4.1 研究的思路 8
 1.4.2 研究方法 8
1.5 研究的总体框架 10

第2章 国内外研究现状 11
2.1 国内外食品冷链物流的研究现状 11
 2.1.1 食品冷链物流概述 11
 2.1.2 食品冷链物流的运营管理 18
 2.1.3 食品冷链物流的技术创新 23
 2.1.4 湖北省食品冷链物流的发展 24
2.2 国内外物流需求预测的研究现状 27
 2.2.1 物流需求的统计学意义 27
 2.2.2 物流需求预测的技术和方法 30

第3章 预测原理及方法 35
3.1 预测的基本原理 35

目　录

  3.1.1　惯性原理 ·· 35
  3.1.2　类推原理 ·· 36
  3.1.3　相关原理 ·· 36
 3.2　预测的原则 ··· 37
 3.3　预测的步骤 ··· 38
 3.4　预测的分类 ··· 40
  3.4.1　按照预测时间的长短跨度进行分类 ······················ 40
  3.4.2　按预测的观察视角和研究层面进行分类 ················· 41
  3.4.3　按预测的方法进行分类 ································· 42
 3.5　食品冷链物流系统需求预测 ····································· 43
  3.5.1　食品冷链物流系统需求预测的特点 ······················ 43
  3.5.2　食品冷链物流系统需求预测的考虑因素 ················· 44

第4章　常规预测方法及算例分析 ···································· 46
 4.1　引言 ·· 46
 4.2　传统经典的定性预测法与方法分析 ······························ 47
  4.2.1　市场调查法 ··· 49
  4.2.2　专家调查法 ··· 51
  4.2.3　类比法 ·· 53
 4.3　常规定性预测法的算例分析 ····································· 54
 4.4　传统经典的定量预测法与方法分析 ······························ 54
  4.4.1　回归预测法 ··· 54
  4.4.2　时间序列预测方法 ······································· 59
 4.5　常规定量预测法的算例分析 ····································· 68
  4.5.1　湖北省城乡食品冷链物流系统需求预测统计
     指标的确定 ·· 68
  4.5.2　基于指数平滑法的湖北省城乡食品冷链物流
     系统需求预测 ·· 69
  4.5.3　基于灰色预测法的湖北省城乡食品冷链物流
     系统需求预测 ·· 74

第5章 基于优化神经网络的湖北省城乡食品冷链物流系统需求预测 ·············· 91
5.1 人工神经网络及算例分析 ·············· 91
5.1.1 人工神经网络概述 ·············· 91
5.1.2 人工神经网络的模型和结构 ·············· 97
5.1.3 基于多元回归和BP神经网络的湖北省城乡食品冷链物流系统需求预测 ·············· 106
5.1.4 基于时间序列和BP神经网络的湖北省城乡食品冷链物流系统需求预测 ·············· 120
5.2 基于AW-BP的预测方法及算例分析 ·············· 130
5.2.1 基于自适应权的BP神经网络预测优化算法(AW-BP) ·············· 131
5.2.2 基于AW-BP的各种预测模型的算例分析 ·············· 133
5.3 基于AWNG-BP的预测方法及算例分析 ·············· 160
5.3.1 基于自适应权和小生境遗传算法的BP神经网络优化算法(AWNG-BP) ·············· 161
5.3.2 基于AWNG-BP的各种预测模型的算例分析 ·············· 165

第6章 基于系统序参量的湖北省城乡食品冷链物流系统需求预测 ·············· 187
6.1 系统论基础 ·············· 187
6.1.1 系统和系统论 ·············· 187
6.1.2 系统构成 ·············· 189
6.1.3 动态系统理论 ·············· 192
6.1.4 系统的特征 ·············· 198
6.2 食品冷链物流的系统分析 ·············· 199
6.2.1 食品冷链物流系统 ·············· 199
6.2.2 食品冷链物流系统的状态参量和控制参量 ·············· 220
6.3 基于系统序参量的多元回归预测模型的算例分析 ·············· 223
6.4 基于系统序参量和AW-BP的非线性组合的预测模型的算例分析 ·············· 233

6.4.1 模型的结构设计 ·················· 235
6.4.2 数据的处理 ····················· 237
6.4.3 参数设定 ······················· 237
6.4.4 训练过程 ······················· 237
6.4.5 误差分析 ······················· 241
6.4.6 预测 ···························· 242
6.4.7 灵敏度分析 ····················· 244

6.5 基于系统序参量和 AWNG-BP 的非线性组合的预测模型的算例分析 ·················· 246
6.5.1 模型的结构设计 ·················· 246
6.5.2 数据的处理 ····················· 247
6.5.3 参数设定 ······················· 247
6.5.4 训练过程 ······················· 247
6.5.5 误差分析 ······················· 250
6.5.6 预测 ···························· 252
6.5.7 灵敏度分析 ····················· 253

第7章 分析与结论 ·················· 257
7.1 各种预测模型的性能比较与分析 ·················· 257
7.1.1 总体比较 ······················· 257
7.1.2 基于技术和方法的比较 ··········· 260
7.2 主要的研究成果及结论 ··········· 265
7.3 相关对策及建议 ·················· 267

参考文献 ·················· 270

第1章 研究的背景和意义

1.1 研究的背景

1.1.1 我国食品冷链物流的现状

1. 食品冷链物流需求旺盛

食品冷链物流是一种特殊的供应链系统,是指采用先进和复杂的技术手段和方法,保证易腐败的食品在物流全过程(生产、采购加工、包装、运输、存储、配送及末端销售)中始终处于适当的物理条件,从而最大限度地保持食品的质量和安全、延缓食品质量下降的速度、减少食品的损耗和污染。食品冷链物流同普通物流一样,隶属于服务业,具有典型的服务业特征。

随着我国经济的飞速发展,人们生活水平大幅提高,食品的生产和消费快速增长。据国家统计局年度数据显示:2012年我国粮食总产量58957万吨,比2011年增加1836万吨,增长3.2%;水果产量24056.84万吨,比2011年增加1288万吨,增长5.6%;肉类产量8387.24万吨,比2011年增加422万吨,增长5.3%;奶类产量3743.60万吨,比2011年增加85.75万吨,增长2.34%;禽蛋产量2861.17万吨,比2011年增加49.75万吨,增长1.76%;水产品产量5907.68万吨,比2011年增加304.47万吨,增长5.43%。与此同时,由于生活节奏的加快和对饮食质量要求的提高,人们的生活习惯和饮食结构也发生了明显的变化,食品消费升级的趋势明显。

在这两种因素的共同作用下,我国对冷链食品的需求量急剧升高,相应地,产生了对食品冷链物流的巨大需求。

2. 食品冷链物流安全问题堪忧

国以民为安,民以食为天,食以安为先。食品是人类赖以生存和发展的最重要和最基本的物质基础。食品的安全性与人们日常生活密切相关,它不仅关系到人民群众的身体健康和生命安全，也直接影响到社会经济的发展。食品安全问题可以分为两类：一类是在生产过程中产生的食品安全问题，如食源性污染等；另一类是在流通加工过程中产生的食品安全问题，如由不规范的物流过程导致的食品过快腐烂和变质等。

食品安全一直以来都是世界性的问题。世界各国均将食品安全视为国家公共安全的重要部分，是国家稳定和社会发展的永恒主题。但近年来，在全世界范围内发生了数起严重的食品安全事件，扰乱了人们正常的生活秩序。我国在2006年至2011年期间涉及100人以上的食品安全事件分别为16起、11起、13起、13起、7起和9起，2012年无特别重大和重大级别的食品安全事件。这些事件凸显了食品安全从生产、加工到流通，再到销售全过程的脆弱性，引发人们对于食品安全越来越多的关注和重视。众所周知，绝大多数食品对时间具有极高的敏感性，属于易腐败商品。当温度和湿度条件不适合时，食物中的微生物以及酶会加速产生一系列的生化反应，导致食物迅速变质。对食物进行保鲜处理的本质是通过冷藏冷冻技术降低食物环境中的温度和水分，降低或减缓食物中微生物和酶的活力，从而实现延长食品保鲜期、减少食品损耗的目标。由于温度和湿度变化引起的食品品质的下降具有累积性和不可逆性，因此只有从生产到销售的全过程中对食品实行全程冷链，才能保障食物品质的安全。

3. 食品冷链物流具有运行成本高、运营效率和市场化程度低的特点

（1）食品冷链物流行业不仅前期投入巨大，而且后期的运行成本也非常高，这种现实情况导致进入该领域的专业第三方物流企业的数量非常少。目前大部分食品生产企业实行的是自营物流，由于市场对单个食品企业的需求量较少且不稳定，因此食品生产企业的冷链物流设施和设备经常处于闲置状态，形成了巨大的社会浪费，同时也间接推高了食品冷链物流行业的运行成本。

（2）食品冷链物流要求食品在物流的全过程中始终处于规定的温度范围之内，这对冷链物流企业的运营能力提出了很高的要求。但目前，我国冷链物流企业普遍规模较小，不具备专业运作的能力，无法实现信息的共享、反馈以及信息系统与冷链物流网络的共建，整个冷链物流行业的运营效率较低。

（3）我国食品冷链物流行业发展较晚，尚处于起步阶段，还未形成集成化和综合性的冷链物流服务，无法实现规模经济以及自动对物流资源进行优化配置，食品冷链物流行业的市场化程度很低。

4. 食品冷链物流的建设呈现乱象

我国食品消费结构升级引发的对食品冷链物流的巨大需求，引起了各地政府和相关企业的关注和重视。各地政府为了提高人民的生活水平、快速完成产业的升级转型、提高区域的综合竞争力，出台了许多鼓励食品冷链物流发展的政策和建议，激发了相关企业的投入热情。各地的食品冷链物流建设工作争先恐后，纷纷上马。但由于我国的食品冷链物流是新兴行业，无论是在理论上还是在实践上，我们对食品冷链物流发展的理论、规律和实现途径的理解和掌握还不够透彻。在这个基础上如此迅速和大力地发展食品冷链物流行业，涌现出了很多问题，带来了很多隐患和忧思，主要表现为以下几个方面：第一，食品冷链物流资源配置不平衡，一部分地区冷链物流资源匮乏，大量的食品冷链物流需求无法满足；而另一部分地区，食品冷链物流资源过剩，基础设施重复建设，导致大量资源的闲置。第二，大量非理性、非计划性的食品冷链物流基础建设造成巨大的流动资金的沉淀、企业的资金链断裂，给食品冷链物流企业的经营带来很大的困难。第三，食品冷链物流行业呈现出虚假繁荣现象，误导了企业的判断和决策。

5. 食品冷链物流在城乡的发展不均衡

生鲜农副产品从生产、采摘、存储、运输，直至销售的一系列过程必然导致频繁地产生从农村市场到城镇市场的物流过程，这在客观上要求城镇和农村的食品冷链物流是畅通无阻的。但是我国长期以来形成的城乡二元经济，使得城镇和农村市场的食品冷链物流发展非常不均衡。这种不均衡形成了食品冷链物流发展的瓶颈。但由于农村市场的经济环境、特点和影响因素等与城镇市场有明显的不同，因此城乡食品冷链物流的发展不能照搬同一模式，必须区别对待。

综上所述，我国食品冷链物流需求旺盛、上升空间巨大，是一个目前正在起步，未来大有可为的行业。但在其发展过程中还存在着一系列的问题，需要我们去思考和解决。这些问题突出表现在食品冷链物流的安全得不到保障、运行成本高、运营效率低、基础建设不合理以及城乡发展不均衡等几个方面，严重阻碍了食品冷链物流行业的健康和可持续发展，影响了人们的生活质量和生命安全。经过仔细研究后，我们发现，其实这几个问题的产生并不偶然，也不是孤立存在的，它们之间存在着相互的关联和影响，即由于我国食品冷链物流的理论和实践发展存在较大的缺口，缺少科学的行业规划对食品冷链物流的发展进行指导，导致随之而来的诸多负面效应就像多米诺骨牌一样环环相扣、层层推开：缺少科学的食品冷链物流行业的规划首先会导致行业内资源配置和市场供需关系的失衡；进而会影响行业的管理和运作，引发效率和成本问题；最后会导致食品安全问题的全面爆发以及行业发展的停滞，甚至倒退。由此，我们应该清醒地认识到：虽然当前我国食品冷链物流的需求极其旺盛，但在其发展过程中还存在很多深层次的问题。我们不能凭借一股热情，盲目地开展建设，而是应该沉下心来，了解和掌握食品冷链物流发展的规律、途径、趋势以及当前发展过程中存在的实际问题，弄清食品冷链物流与区域经济发展的内在联系，在科学的理论指导下对食品冷链物流行业进行全程的规划，才能保证食品冷链物流行业在正确的轨道上健康、积极以及快速地发展。

1.1.2 物流系统需求预测

自物流作为唯一的服务业进入国家产业调整和振兴规划后，一些有利于物流行业发展的宏观政策和建议逐步发布和落实，引发了社会各界对物流行业的高度重视和关注。在国家的"十二五"规划中，"现代物流"是重要的关键词之一，"十二五"期间将是物流行业快速发展时期[1]。

物流系统规划是指在正确认识物流要素、结构、功能与外界环境的基础上，根据社会和区域经济的发展目标，对一定时期和区域内物流系统的发展目标、发展对策与发展战略等进行的设计。物流系统的规划是一项十分庞大和复杂的系统工程，它涉及的职能部门多、技术难度大、规范要求复杂、受民生关注度高、资金投入量巨大，是政府及其相关职能部门制定决策和物流企业寻求发展的重要参考依据，而且一经确定和实施，其后果很难更改，后续影响极大。因此，客观现实要求物流系统的规划必须准确，符合客观实际，有预见性。而实现这一要求的重要前提是深刻理解物流行业发展的规律和实现途径、准确掌握物流行业发展趋势和需求规模，同时还需要具备严谨的态度、科学的方法和专业的技术。对行业历史发展规律和实现路径的理解可以通过对历史统计数据进行探索和挖掘；而对行业未来的发展趋势和需求规模的正确评估和判断则需要依靠精确的预测数据做支撑。

一般而言，只有在政府和相关职能部门掌握了物流系统未来发展的需求规模之后，才能制定出合理的行业规划，从而实现科学的指导和调节资源配置、有目的的计划和引导投资、有效的保障物流需求与供给、以及物流效率与效益之间的平衡、显著提高行业经济效益的目标。例如：如果预测到未来一段时期内物流的供给不能满足需求，可以做出适当提高物流服务的价格策略或者增加物流的投入，其目的是对物流需求进行一定程度的抑制或增加物流的服务能力；相反，如果预测到物流供给超过需求，则可以做出限制物流供给持续投放的策略，如缩小对物流的投资规模或抬高物流行业的准入门槛等，其目的是避免过度建设导致投资损失。由此可见，对物流系统的需求进行准确预测，是科学制订物流行业规划和指导物流行业发展的重要基础和保障[2]。因为只有在准确把握物流行业未来的发展趋势和需求规模后，才能有针对性地管理和控制物流的服务内容、服务品质；设计和开发新的服务模式和服务品种，正确引导物流行业的发展方向，控制发展速度，实现物流行业在投入和效益上的最佳平衡。

1.2 研究的目的和意义

食品冷链物流是物流行业的一个重要分支。近几年来，食品冷链物流的发展热潮持续升温，给社会带来了巨大的活力和新的经济增长点，但同时也带来了一些负面的影响和思考。在食品冷链物流一波接一波发展的热浪下，食品冷链物流的建设开始变得盲目和畸形。这一问题若得不到根本性的解决，食品冷链物流行业的发展将会陷入恶性循环。因此，政府相关职能部门和企业当务之急是尽快了解食品冷链物流行业的发展规律和实现路径，准确掌握食品冷链物流行业的发展趋势和需求规模，制定科学的食品冷链物流行业的发展规划，修正当前的发展乱象，指导行业朝着健康和可持续的方向前进。

对湖北省食品冷链物流系统的需求进行准确预测，是实现科学规划湖北省食品冷链物流系统发展的重要前提和保证，其作用和价值在于揭示湖北省食品冷链物流市场的变化趋势，勾画其未来发展的轮廓，为政府和相关职能部门制定湖北省食品冷链物流行业的发展战略提供有效的数据依据，实现合理投资、有效建设以及防止浪费的目标。

基于此，本书拟以湖北省城镇和农村两个具有不同形态和特征的食品冷链物流市场为研究对象，在梳理、总结和继承传统经典预测方法优点的基础上，基于系统序参量和优化神经网络，提出多组适用于食品冷链物流系统的全新预测方法；并以此展开对湖北省城乡食品冷链物流系统需求的预测，为科学制定湖北省城乡食品冷链物流行业的规划提供有效的数据支撑。

本书研究的重要意义在于：
(1) 为食品冷链物流系统需求预测的理论研究提供了一种全新的思路和方法。

从系统论的观点出发，定量筛选出湖北省城乡食品冷链物流系统中的序参量；在此基础上，结合优化神经网络，设计多组适用于食品冷链物流系统的全新的优化预测模型和算法。在与传统经典的预测方法进行全面的比较研究后，深入研究这些优化预测模型和算法的工作机理，为食品冷链物流系统需求预测的理论研究提供一种全新的研究思路和方法。

(2)为科学制定湖北省食品冷链物流行业的规划提供了必要的数据支持。

科学规划湖北省城乡食品冷链物流行业的发展，需要大量翔实和准确的统计数据作为支撑。因此，我们不仅需要对食品冷链物流行业的历史数据进行统计，而且更为重要的是需要对食品冷链物流行业未来的发展趋势和需求规模进行预测。本书的研究正好契合这一要求，不仅能够为相关职能部门提供湖北省城乡食品冷链物流系统需求的准确预测数据，而且还在理论上证明了这些预测数据的准确性和有效性。

1.3 研究内容和创新之处

1.3.1 研究内容

1. 调研分析

通过走访湖北省统计局和调研湖北省各主要食品生产企业以及食品冷链物流企业，了解湖北省城乡食品冷链物流市场的要素、结构、功能和模式，获取历年来湖北省城乡食品市场中主要食品的需求量，分析影响湖北省城乡食品冷链物流系统需求的主要因素，研究这些主要因素以及主要因素与湖北省城乡食品冷链物流系统之间相互耦合和制约的关系。

2. 理论研究

(1)对调研数据进行统计学上的处理。首先对调研数据进行审核，审查数据的合理性、可靠性和完整性；其次对数据进行分析和处理，对数据进行筛选分类、无量纲化处理，去除无效数据和畸异数据，对缺漏数据进行插值补全。

(2)基于系统论对湖北省城乡食品冷链物流进行系统分析。将湖北省城乡食品冷链物流市场视为两个动态的系统，按照系统论中"要素、结构、功能和模式"的分析方式，对湖北省城乡食品冷链物流系统进行描述和解释。深入理解湖北省城乡食品冷链物流系统的内涵、发展规律和实现途径，量化选取湖北省城乡食品冷链物流系统的状态参量和控制参量，并建立基于系统论的湖北省城乡食品冷链物流系统的序参量，为后续预测方法的研究夯实理论基础。

(3)面向复杂大规模非线性开放系统的预测方法研究。在对传统经典预测方法的梳理、总结和继承的基础上，以湖北省城乡食品冷链物流系统为研究对象,基于系统序参量和优化神经网络,展开对面向复杂大规模非线性开放系统的预测方法的研究。设计了多组适用于食品冷链物流系统的优化预测模型和算法;研究了优化预测模型和算法的工作机理、框架和通用性等问题;并通过大量的对比性实验和验证性实验,证明了优化预测模型和算法在各项性能上具有统计学上的优越性。

(4)仿真优化技术在食品冷链物流系统需求预测中的应用研究。计算机仿真优化技术已经成为研究系统需求预测的有力工具。这部分研究内容主要包括:仿真建模方法、仿真优化技术以及开发优化预测工具。

3. 对策建议研究

为湖北省政府、相关职能部门以及食品冷链物流企业提供湖北省城乡食品冷链物流系统需求预测的准确数据以及以此为基础的对策和建议。这一工作对推动湖北省食品冷链物流行业的健康发展、服务经济的尽快形成有积极的促进作用,由此带来的经济、社会和环境效益前景非常可观。

1.3.2 创新点

1. 研究角度创新

以系统论的视角,解释了区域经济发展水平与食品冷链物流系统需求之间的内在关系;科学地选取了湖北省城乡食品冷链物流系统的控制参量和状态参量,建立了基于系统论的湖北省城乡食品冷链物流系统的序参量,实现了区域经济和食品冷链物流系统这两大系统的内在统一。

2. 研究内容创新

(1)食品冷链物流是当前理论和实践研究的热点,其名称作为关键词已经频繁见诸各类文献,但深入的理论研究还比较少见,不符合理论指导实践的规律。这一现象已经给我国食品冷链物流行业的发展带来了困难。

(2)由于食品的特殊性,食品冷链物流成为连接城乡市场的天然纽带。但我国长期以来形成的二元经济,导致城乡市场在要素、结构、模式和外界环境上有很大的不同。如果对其不加以区分,会丧失其研究结果的可信度和有效性。

因此,本书对湖北省城乡食品冷链物流系统进行了有效区分,分别对其未来的发展趋势和需求规模进行了预测,这一研究内容契合了当前理论研究的需要,具有鲜明的时代特点和较强的创新性。

3. 研究方法创新

(1)交叉融合了多学科的理论和知识,在湖北省城乡食品冷链物流系统需求预测的全过程中穿插使用定性和定量方法，规避了由于统计数据的不足带来的客观困难；

(2) 基于系统序参量和优化神经网络，设计了多组适用于食品冷链物流系统的创新预测方法；

(3) 利用计算机仿真平台，研究了创新预测方法的工作机理、通用性框架、参数敏感性和算法融合等问题，增强了其理论支撑。

以上三点，弥补了以往相关研究的不足，充实和丰富了预测研究的方法和手段，实现了研究方法上的创新。

1.4 研究的思路及方法

1.4.1 研究的思路

第一，本书在对国内外相关文献研究的基础上，从理论层面对食品冷链、食品冷链物流和物流系统需求预测等内容进行了梳理、总结和评述，从中找出相关研究在当前经济背景下的缺失和不足。第二，通过对湖北省食品冷链物流企业和湖北省统计局的实际调研，获取湖北省食品冷链物流行业的第一手数据，为后续的研究做好充分的数据准备。第三，以系统论的观点，采用定性和定量相结合的方法，选取湖北省城乡食品冷链物流系统的状态参量和控制参量，建立基于系统论的湖北省城乡食品冷链物流系统的序参量，为湖北省食品冷链物流系统需求预测方法以及对策建议的研究夯实理论基础。第四，基于系统序参量和优化神经网络，提出多组具有创新性的预测方法，证明相较于传统的预测方法，新的预测方法在各项性能上均具有统计学上的优越性，是针对食品冷链物流系统更好的预测方法；同时，研究创新性预测方法的通用性框架、参数敏感性和算法融合等问题，增强其理论依据。第五，以湖北省城乡食品冷链物流系统为研究对象，对其未来的需求进行了实证研究，并根据研究结论提出了相应的对策和建议。

1.4.2 研究方法

1. 文献研究和实地调研有机结合

根据对相关文献的归纳和梳理，研究食品冷链物流系统的发展规律和实现途径、影响食品冷链物流系统需求的各种因素及它们之间的复杂关系，以及与预测科学相关的各种理论和方法，从而明确本书的研究思路和方向，把握研究的深度和广度。同时，通过对湖北省食品冷链物流企业和湖北省统计局等相关企业和部门的实地走访和调研，获取第一手的数据，为进一步深入的研究做好充足的数据准备。

2. 多交叉学科之间相互融合

综合运用系统论、物流管理学、统计学、最优化方法、计算机仿真等多学科理论与方法，研究湖北省城乡食品冷链物流系统需求预测问题。由于食品冷链物流系统是由不同层次、不同性质的多源要素构成的有机复合系统，具有典型的大规模、复杂性、非线性和开放性特征，因此本书将以系统论的视角，运用物流管理学等相关理论，对湖北省城乡食品冷链物流系统的要素、结构、功能及模式等内容进行系统分析，构建食品冷链物流的系统框架；运用统计学、最优化方法，对湖北省城乡食品冷链物流系统的状态参量和控制参量进行分析、计算、评价和筛选，建立基于系统论的湖北省城乡食品冷链物流系统的序参量；结合多种预测方法的优点，设计多组针对食品冷链物流系统的优化预测模型和算法，并依托计算机仿真平台展开相关的实验。

3. 定性方法和定量方法穿插使用

食品冷链物流系统是一个典型的大规模、复杂、非线性开放系统，采用单纯的定性或定量的预测方法均不足以实现对其需求的准确预测。因此，我们将定性方法和定量方法进行有机结合：(1)采用定性方法初步选择食品冷链物流系统的状态参量和控制参量；(2)采用定量方法计算各控制参量与状态参量之间的关联关系，并最终确定食品冷链物流系统的序参量；(3)基于系统序参量和优化神经网络，设计全新的量化预测方法；(4)利用定性方法检验(检验结果和参数的合理性)并修正(误差和趋势的修正)定量方法计算的结果。

4. 多种预测方法和仿真优化技术的无缝衔接

将系统论、回归分析、时间序列、灰色理论、BP神经网络以及小生境遗传算法等多种方法进行有机结合，设计多组适用于食品冷链物流系统的全新预测方法；并依托计算机仿真平台进行实验，证明优化的预测方法在各项性能上具有统计学的优越性。

5. 理论研究和实证分析的相互佐证

本书的研究结果与实践操作关系密切，且影响深远。因此，本书将理论研究与实证分析紧密结合，力求使研究来源于实践，服务于实践。在理论研究的基础上，我们以湖北省城乡食品冷链物流系统需求预测为实际算例，展开实证研究，并根据实际算例的反馈结果对相关研究结论进行修正和完善。同时，根据本书的研究成果，为湖北省政府、相关职能部门和企业就湖北省城乡食品冷链物流系统的科学发展问题提出切实可行的对策和建议。

1.5 研究的总体框架

研究的总体框架如图 1-1 所示。

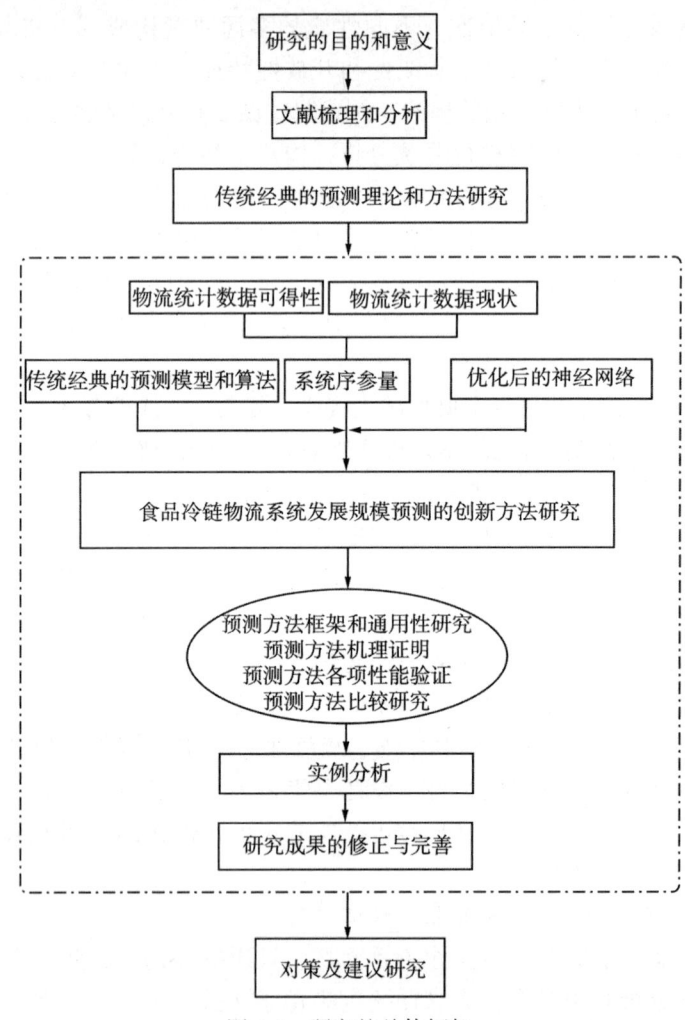

图 1-1 研究的总体框架

第 2 章 国内外研究现状

2.1 国内外食品冷链物流的研究现状

2.1.1 食品冷链物流概述

和一般的常温物流相比,冷链物流是一个复杂和庞大的系统工程,是当前理论和实践研究的热点和重点。冷链物流的适用对象和范围非常特殊,比一般的常温物流要窄得多,具体如图 2-1 所示。

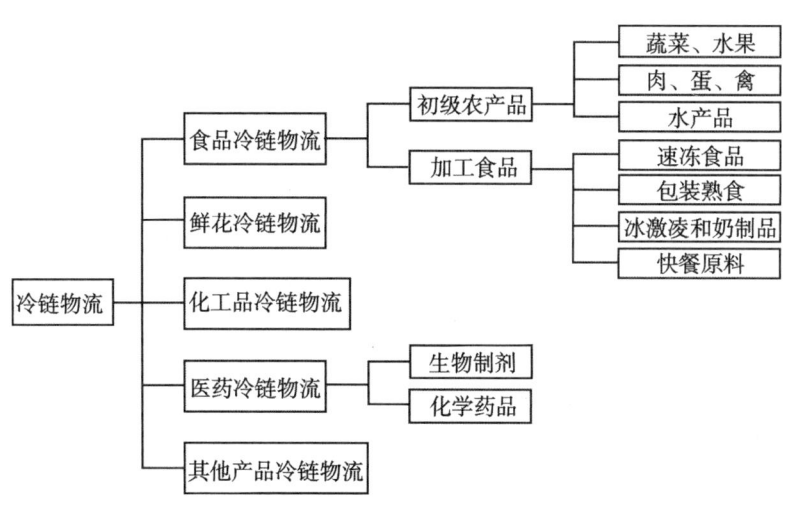

图 2-1 冷链物流的适用对象和范围

由图 2-1 可知,冷链物流的适用范围涉及食品、医药、化工品、鲜花及其他产品等。由于本书研究的对象是食品冷链物流,因此下面我们就针对食品冷链物流进行说明和讨论。

1. 食品冷链物流的定义

欧美发达国家较早展开了对食品冷链物流的研究，它们从各自不同的背景和理解角度提出了食品冷链物流的定义。

二战后，美国经济迅速发展，并快速进入了供应链管理时代。因此，美国是在供应链环境下展开对食品冷链物流的研究的。美国食品药物管理局（FDA，是由联邦政府授权的国际医疗审核权威机构，是专门从事食品与药品管理的最高执法机关）对食品冷链物流的定义是：贯穿从农田到餐桌的连续过程中维持正确的温度，以阻止细菌的生长。该定义强调了食品从生产到消费的整个过程中的低温处理，强调了食品冷链上不同企业之间的计划和运作活动的协调。美国食品药物管理局对食品冷链物流的定义体现了供应链的思想，即应该采用系统观念对食品冷链物流的全过程进行集成化管理。美国关于食品冷链物流的定义在世界上影响较大，具有代表性[2]。

欧盟在"农业和农产品工业"项目中提出了食品冷链物流的定义："从原材料的供应，经过生产、加工或屠宰，直到最后为止的一系列有温度控制的过程。食品冷链物流是用来描述冷藏和冷冻食品从生产到销售的全过程中与物流相关联的操作的术语。"欧盟各国虽然地理位置接近、文化相似，但是经济的发展还存在很大差异。因此，欧盟对食品冷链物流的定义非常注重食品冷链物流在实际操作过程中的标准性和食品冷链物流各环节的衔接性，这样可以减少食品冷链物流在实际运营过程中的错误和障碍，促进食品冷链物流在欧洲得到更好的推进和发展。

日本对食品冷链物流的理解起源于美国，经过本土化的发展后逐渐成熟。日本的《明镜国语辞典》将食品冷链物流定义为：通过采用冷冻冷藏、低温储存等方法使鲜活食品或食品原材料保持新鲜状态，由生产者流通至消费者的系统。日本由于地理资源有限、劳动力成本很高，因此它非常注重采用先进的技术手段或方法提高劳动效率，以减少劳动力成本。所以，日本对食品冷链物流的定义强调的是先进的高科技在食品冷链物流中的应用。相较其他食品冷链物流也非常发达的国家，日本更注重食品冷链物流行业的具体实践和实质性的经济进展，而并不关注定义或概念上的变化，所以几十年来，食品冷链物流的定义在日本几乎没有被更新，但其食品冷链物流的实践却非常丰富和完善。

1954年，我国开始了食品冷链物流的建设。在建设的初期，我国对食品冷链物流的理解和认识不足。因此，我国早期的食品冷链物流的定义侧重于对实际工作经验的总结，关注的对象主要是生鲜及易腐败的食品和冷藏设施设备。如：吕峰对食品冷链物流的定义是："使食品在整个生产和流通范围内保持均衡低温以获得最佳品质的一种系统设施。"[3]其定义的落脚点是"食品"和"系统设施"，定义中没有反映出食品冷链物流系统的特征和各要素之间的关系，也没有反映出物流管理的思想，定义的覆盖和涉及面比较窄，这反映了当时学术界对食品冷链物流的认识还有局限。随着时间的推移和人们对食品冷链物流认识的深入，到了20世纪90年代中期，我国逐渐接受和理解了国外先进的供应链管理的思想，并将其应用在企业的日常管理上。食品冷链物流的定义也随之发生了变化，其涵盖的内容更加宽泛和全面、层次性更强。2001年的国家标准《物流术语》将食品冷链物流定义为："保持新鲜食品及冷冻食品等的品质，使其在从生产到消费的过程中，始终处于低温状态的配有专门设备的物流网络。[4]"张英奎将食品冷链物流定义为："为了保证食品的质量，减少食品的损耗，防止食品的变质和污染，易腐食品从生产到销售的各个环节都要处于适当的低温环境之中。"

到了2006年，国家标准《物流术语》对食品冷链物流的定义进行了修订："根据食品的特性，为保持其品质而采用的从生产到消费过程中始终处于低温状态的物流网络。"[6]叶勇、张友华提出："食品冷链物流是一整套综合的设施和手段，其目的是保证生鲜及易腐败食品从采收加工、包装、储存、运输及销售的整个过程中都不间断地处于一定的适宜条件下。"[7]以上这些定义对食品冷链物流的功能、过程和范围进行了扩展，使食品冷链物流包涵的内容更宽泛、更广义；同时，在研究领域上，其定义也更加完善和严密。

通过上述对我国食品冷链物流概念演化过程的梳理，我们可以从不同的角度对食品冷链物流的定义进行分类。从定义提出者的身份出发，可以把我国对食品冷链物流的定义分为两类：国家标准和研究学者的标准。国家标准是由政府相关部门、企业和权威专家经过反复的研讨、修改和提炼后提出的，代表了社会对食品冷链物流行业的综合理解，具有权威性、强制性和法律意义；研究学者给出的对食品冷链物流的定义则反映了学者们从不同的研究领域、不同的认识角度对食品冷链物流的理解，对我国食品冷链物流的理论研究具有指导和借鉴意义。从定义的内涵和理解程度出发，可以把我国对食品冷链物流的定义分成三个层面：操作层面、管理层面和战略层面。在食品冷链物流发展的初期，人们对它的认识仅限于"食品"和"冷藏设施"，反映了人们当时对食品冷链物流的认识还只是停留在基本的实物认知层面，处于理解上的操作层面；在食品冷链物流的发展过程中，人们认为食品冷链物流不仅包括一些实物性质的东西，还应该包括食品冷链物流中的组织和管理，此阶段处于认识和理解的中间过程，属于管理层面；现在，越来越多的人认识到食品冷链物流其实就是一条特殊的供应链，要重视和加强对这条供应链上所有食品冷链物流企业的协调和集成化管理，这是人们对食品冷链物流在理解和认识上的提炼和升华，标志着我国对食品冷链物流的认识上升到了战略层面。由此可见，我国对食品冷链物流的认识已经逐步从感性的实物层上升到理性的管理层，再到具有智慧的战略层，不同层次研究的重点不尽相同，研究的内容和宽度被不断扩展。我国食品冷链物流定义的演化过程如图2-2所示。

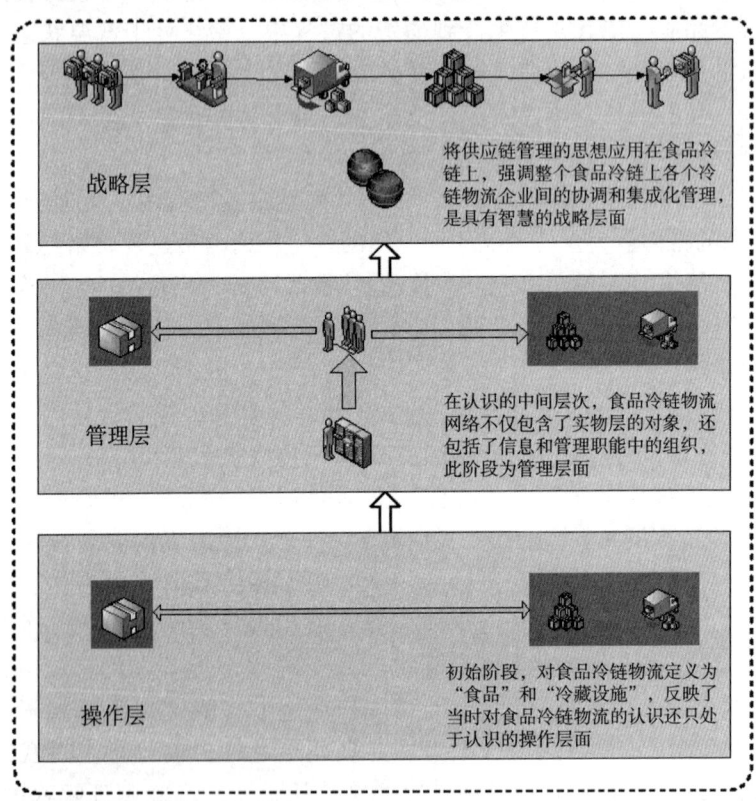

图2-2 我国食品冷链物流定义的演化过程

2. 食品冷链物流的特点

由于绝大部分食品含有水分，在不适当的温度下，微生物和酶易于繁殖，导致食物变质腐败，因此食物的保鲜期通常较短，极大地限制了常规温度下运输的半径和交易的时间,因此需要采用冷链物流对这些食品进行运输和存储,以延长食品的保质期,增加食品的价值。食品冷链物流系统是一种以保持低温环境为核心,保证食品品质为目的的特殊供应链系统,因此无论是在物流的技术,还是在物流的监控和管理上,它都比普通物流系统要更复杂、难度更高。食品冷链物流的主要的特点是:

(1) 投资巨大。食品冷链物流是一个庞大而复杂的供应链,要求全程贯穿均衡一致的软硬件设施,并实施相应的管理和控制。因此,食品冷链物流的建设费用一般是普通物流网络建设费用的若干倍,是一项耗资巨大的系统工程。

(2) 时间敏感性。食品的保鲜期短、时效性强,超过了一定的温度和时间,食品的品质、口味、质量以及经济效益均得不到保证。因此食品冷链物流是一个对时间非常敏感,对速度和操作连贯性有严格要求的系统。

(3) 能耗高。食品冷链物流的运营需要各种专业的制冷基础设施和冷链物流网络的支撑。这些设备工作时间持续长、功率大、能耗高,需要对其实行有效的控制。

(4) 时空分散性。食品从原材料的生产地流通到消费地,在时间和空间上具有很强的分散性。因此冷链食品的价值是依靠冷链物流在时间和空间上的大规模转移来实现的,同时,冷链物流也是通过食品从生产地到消费地在时间和空间上的大规模转移来创造价值的。

3. 我国开展食品冷链物流的研究和应用情况

目前,我国对食品冷链物流的研究和应用主要集中在以下三个方面:

1) 我国食品冷链物流行业的发展瓶颈

第一,我国食品冷链物流的基础设施设备较为落后,冷库、冷藏车等冷链物流的基础设备设施数量较少,而且分布不匀。根据中国物流与采购网披露的数据显示,目前中国只有 4 万~5 万辆保温车辆,且大部分是由普通厢装车改装而成,冷冻机的质量低下,冷链食品装车大多是在无任何冷链设施的场所进行。由于保温车数量非常少,国内大部分的需要冷链处理的农产品,如果蔬、肉类、禽蛋、水产品等,都是用普通卡车运输。在铁路冷链物流方面,在全国总运行的 33.8 万辆列车中,冷藏车只有 7000 辆左右,所占比例不足 5%,而且大多是陈旧的机械式速冻车皮,冷藏运量仅占易腐货物运量的 25%,比例非常低。在冷库容量方面,中国目前的冷库总容量不足 900 万立方米,人均冷库存量为 0.01 立方米,而发达国家人均冷库的存量已经达到 0.15 立方米。我国很多冷库的基础较差、功能不全、设备陈旧、规模较小，只限于肉类、鱼类的冷冻冷藏，功能局限性很大，难以进行相关的增值服务。

第二，食品冷链物流率低，食品损耗极大。在城镇居民食品消费支出中，冷链食品消费已占食品消费总量的51%，但目前大约90%的肉类、80%水产品、大量的牛奶和豆制品基本上是在没有冷链物流的保证下运销的，而发达国家的食品冷链物流率高达80%。在美国，70%的蔬菜都要经过冷处理才上市，而我国这个比例却不到5%。我国每年大约有8000万吨的水果蔬菜由于落后的保鲜流通环节而腐烂，占水果蔬菜总产量的20%~40%，浪费总金额逾800亿元人民币。高损耗的同时带来了高成本，我国整个食品冷链物流费用占到易腐食品成本的70%，远远高于50%的国际标准，高居世界榜首[8]。

第三，食品冷链物流服务水平、信息化水平低下。大部分食品冷藏仓储和冷链运输企业只能提供简单的冷链物流服务，服务品种单一、服务水平参差不齐，无法满足客户对冷链物流服务专业化、网络化和规模化的要求[9]。冷链物流的"六化"（即一体化、链条化、信息化、规模化、网络化、高效化）建设仍然非常滞后[10,11]。

第四，冷链意识淡薄，冷链人才短缺。丁俊发指出，要高度重视冷链的发展和建设。[12]政府需要对冷链实行统筹规划和大力推动，联结冷链行业的上下游，形成一个完整的供应链体系；要加快培养和壮大第三方冷链物流企业，建立专业的冷链物流园区和冷链加工中心，加强现代冷藏车、冷库的建设，推进共同配送等集约化的冷链物流服务；要进一步引进先进的冷链运作模式、管理经验和冷链装备，加强对冷链技术的研究、引进和推广；要大力培养冷链专门人才，解决冷链人才短缺问题。

2）我国食品冷链物流行业的管理模式

海峰等总结了国内外冷链物流运营的4种管理模式[13]：管理委员会制、股份公司制、业主委员会制和租赁制，给我国冷链物流管理模式的多样化提供了参考依据。多样化的冷链物流管理模式可以保证我国食品冷链物流行业既能够在政府的宏观调控下健康有序地发展，又能够在市场经济中持续开拓创新。石冬莲、郭昱君认为，共同配送能够降低冷链物流的运输成本、提高冷链物流的运输质量、加快冷链物流的发展。[14]他们用实例证明了冷链共同配送的有效性和可行性，为冷链物流的运输和配送提供了一个有效的方法和模式。张曙红、彭代武、冷凯君通过针对湖北省中百集团等大型零售企业的调研，提出了基于质量安全和VMI思想的冷链库存管理模式，该模式能够保证冷链物流的质量安全以及低成本和高效率的冷链物流运作。[15]

3)我国食品冷链物流行业的技术标准和规范

我国食品冷链物流行业的技术标准、规范和相关的法律法规严重缺失,有些甚至处于空白状态。从全国范围来看,只有上海市和湖北省分别制定了当地的食品冷链物流标准以及完成了大型食品企业的冷链标准的制定工作。

发达国家食品冷链物流技术标准的发展一直有迹可循,从最早的"3T原理"到"3P原理"和"3C原则",再到现在的"3Q理论"和"3M条件",其进化过程清晰明了。这些冷链物流的技术标准和原则方法不仅成为国际上低温食品在制造、加工和流通过程与冷链设施设备在操作过程中必须遵循的通用的操作规范,而且更重要的是,它奠定了低温食品与冷链物流发展的重要理论依据。[16,17]

国内方面,从食品冷链物流行业的技术标准上看,罗浩、张晓东通过市场调查指明了当前我国食品冷链物流中非常突出的消费特征是对食品卫生和安全的关注,并提出了在冷链运输过程中保障食品卫生和安全的一些技术和措施手段。[18]贾卫丽对我国某市14家连锁超市和112名消费者进行问卷调查和访谈,发现连锁超市生鲜食品冷链物流中存在着行业标准缺失、冷链设施设备不足、信息化水平低、管理混乱等问题。[19]张琴研究了利用现有的市场交易信息平台、政府公共管理和冷链物流技术协同实现对全程冷链物流实行安全监控的方法,增强了冷链上各个环节的商品质量安全问题管理和控制的力度,有助于构筑诚信、高效和安全的冷链物流体系。[20]鲍长生认为,除了需要应用HACCP系统监控食品冷链物流的运营之外,还要从体制、经济、环境、人和技术手段等各方面探讨食品冷链物流的质量保障体系。[21]宫玉龙等指出,先进的技术是保障冷链物流高效运作、降低成本以及减少食品损耗的重要保障。[22]

从对食品冷链物流政策法规的研究上看,我国政府在最近十年的时间里大力促进食品冷链物流及相关行业的发展,颁布了许多促进食品冷链物流发展的政策。2004年,《中共中央国务院关于进一步加强农村工作提高农业综合生产能力若干政策的意见》中明确提出,加快建设以冷藏和低温仓储运输为主的农产品冷链物流系统;2005年,我国建成了贯穿全国的鲜活农产品的"绿色通道";2006年,《全国食品工业"十一五"发展纲要》要求,到2010年,果蔬采后商品化率要提高到60%以上,采后损失率要降低到10%~15%以下,要在物流中迅速开展快速预冷和综合保鲜技术等;2008年,中央一号文件明确提出要积极支持发展鲜活农产品冷链物流;2009年新的《食品安全法》颁布,标志着我国食品冷链物流及相关行业又向前跨出了一大步;2010年2月,国务院发布了中央一号文件，明确提出要统筹制定全国农产品批发市场的布局规划，重点支持农产品批发市场建设和升级改造，落实农产品批发市场用地等扶持政策，发展农产品大市场大流通。这些利好政策的不断推出和持续推广，对促进食品冷链市场的发展发挥了很大的作用，收到了明显的成效。一些世界性盛会的主办，进一步推动了当地食品冷链物流的发展，比如2008年北京奥运会、2010年上海世博会和广州亚运会等。同时，食品冷链物流基础原本较好的长三角、珠三角地区和环渤海地区也率先出现了一些新颖的食品冷链物流模式，比如区域食品冷链物流企业联盟等。各地食品冷链物流园区在数量和规模上也呈现出逐年增加和扩大的趋势。这些变化和趋势正在为我国食品冷链物流行业朝着专业化、系统化、规模化方向发展奠定良好的基础。

2.1.2 食品冷链物流的运营管理

食品冷链物流的运营管理是提高食品冷链物流企业生产率和利润率的最佳途径之一，是食品冷链物流企业竞争力的重要构成要素。

1. 食品冷链物流的服务质量管理

1924年，休哈特提出了常规控制图的构造方法，从此奠定了质量控制的理论基础。格罗鲁斯（Gronroos）[23]于1980年首次将质量的概念引入服务领域，并引领服务质量的研究进入一个全新的时代。食品冷链物流隶属于物流业，具有典型的服务业特征，因此食品冷链物流在运行过程中的服务质量需要被严格控制和管理。食品冷链物流的处理对象是易腐败和易变质的食品，这些食品在储运过程中对环境、温度、湿度、作业速度和时间非常敏感，这对食品冷链物流运营的服务质量控制提出更高的要求。食品冷链物流的质量控制是一个系统过程，它渗透在冷链物流的每一个节点和环节中。

一般来说，食品冷链物流的服务质量控制主要包括以下内容：

1）行业标准

我国冷链物流行业有两种标准：一种是强制性标准，另一种是推荐性标准。强制性标准属于技术类的法规，由商务部、农业部和食品药品监督管理局等政府部门联合制定，有强制性执行的特点。推荐性标准主要由非政府组织和行业内的协会联合制定，如行业内的中介组织、行业标准委员等。

目前，我国冷链物流行业的标准体系尚未建立，我国已经公布和正在制定的关于冷链物流内容的各项标准仅有14部，这中间还存在内容上的交叉重叠和相互抵触情况；同时，还有大量的标准处于空白状态，亟待填补。

与其他领域理论研究指导实践的情况不同，我国开展食品冷链物流理论研究的时间较晚,而食品冷链物流的实践应用在最近十年的发展又非常迅猛,因此出现了我国食品冷链物流实践领先于理论发展的现象,在没有科学的理论指导下,我国食品冷链物流行业的发展已经出现无序状态,负面影响严重。因此,客观现实对冷链物流行业标准的完善提出了更为迫切的要求。冷链物流行业标准体系的早日出台和完善,不仅可以维护人民权益、提高人民生活品质,而且可以积极促进食品冷链物流行业的健康发展,是政府及相关职能部门加强监管的有力武器,也是我国食品冷链物流行业与国际接轨的需要。张瑞夫针对我国冷链物流行业标准体系不完善的问题,提出了相应的解决的方法,即更新冷链物流系统原有的标准内容,提高操作性标准的应用,明确冷链物流的质量控制指标,与国际通用标准化体系保持同步,同时加强对行业的指导。[24]

2)食品冷链物流的服务质量评价和监管

冷链物流隶属于服务业,具有极强的服务性特征。因此,冷链物流的质量控制的目标之一就是保证其服务质量。由于不同的客户对食品质量的要求千差万别,因此他们对食品冷链物流服务的要求和评价也不尽相同,导致对食品冷链物流服务质量的评价标准很难统一。通常情况下,客户对食品冷链物流服务质量的评价标准和监管指标主要包括:食品质量的保持程度、流通加工对生鲜食品质量的提高程度[25]、食品批量及数量的满足程度、配送时间、交货期、补货期和补货量、成本费用,等等。陈红丽等认为,我国的冷链物流行业普遍存在着服务质量监管体系缺失和不完善的缺陷,应该开展冷链物流服务过程质量评价的研究,该研究可以为冷链物流企业的质量管理以及制定与冷链物流行业相关的国家标准、法律法规提供必要的理论依据和方法参考。[26]

3)食品冷链物流的工作和工程质量

食品冷链物流的服务质量控制还取决于冷链物流的工作质量和工程质量。冷链物流的工作质量是指将冷链物流服务的总目标分解成冷链物流全过程上各环节、各工种、各岗位具体工作的质量,要对每个具体的工作制定质量要求,要为提高每个具体工作的服务质量做技术、管理、操作等方面的努力。冷链物流的工程质量是指对影响冷链物流的设备、工艺方法、计量与测试、环境等因素进行有效控制。

2. 食品冷链的库存管理

冷库是冷链物流的重要节点。在研究领域,食品冷链库存的优化控制模型有两个重要的参数:变质率和需求率。

变质率是食品冷链库存控制的一个很重要的参数。在理论研究的早期阶段，大多数研究学者关注的对象是单级冷库的库存控制，他们为了简化模型和求解过程，将需求率视为冷链库存优化模型的主要变量，把变质率看成一个不随时间变化的常量。随着研究的进一步深入，研究学者们开始慢慢将变质率扩展成一个随时间变化的时变性变量，他们认为，不能简单地把易腐食品的变质率看成随时间呈现单调递增或是单调递减的线性变化的参数。现实情况下，不同的冷链食品的变质率随时间产生不同的变化。当然，除时间之外，影响冷链食品变质率的其他因素还包括食品本身的性质、冷库规模、管理目标等。学者们分别用二次多项式、Weibull 函数、Gamma 函数和正态分布函数拟合变质率，均取得了不错的效果[27、28]。

食品冷链库存控制的另外一个重要参数是需求率。其研究主要从需求率依赖时间、需求率依赖库存和需求率依赖价格这三方面展开。(1)考虑需求率依赖时间的情况，1999 年，Mandal 和 Maiti 建立了在有限周期内需求率为时间的线性函数，且补货成本依赖订购批量的冷链库存模型。2009 年，Cheng 和 Wang[29]建立了需求率为梯形变化的冷链库存模型。在随机需求研究方面，Aggoun 等人研究了离散型随机需求的冷链库存模型，Kalpakam 和 Shanthi[30]则建立了需求率服从泊松分布、生命周期服从指数分布的冷链库存模型。还有少数学者，如 Dave 基于库存提前期为常值、变质率为时间的函数且不允许缺货的假设，建立了需求为连续型随机变量的冷链库存模型，研究了周期库存的盘点策略。(2)需求依赖库存是指随库存水平变化而变化的一类需求。现实生活中，如果货架初始阶段摆放有大量食品，会给消费者该种食品存在质量问题或即将过期的心里暗示，从而导致这种食品的滞销；但是随着食品在货架上的数量越来越少，又会给消费者该种食品质优价廉因此畅销的心里暗示，从而刺激消费者的需求。可见，需求率不仅依赖于订货量(即初始库存水平)，还依赖于当前的库存水平。Aggarwal 研究了需求率依赖初始库存水平的冷链库存问题；Teng 和 Chang[31]研究了需求率同当前库存水平呈线性关系的冷链库存模型；Alfares[32]研究了需求率与当前库存水平呈幂函数关系的冷链库存模型，等等。(3)还有一个影响冷链食品需求的重要因素是价格，如 Wee 假设需求的价格弹性随时间递减，研究了处于衰退市场下需求依赖价格的冷链库存控制问题。

在强调供应链管理的今天，纯粹的单级库存研究已经没有任何实践意义。只有采取多级库存，并对多级库存实施联合控制，才能充分优化整合供应链上的资源，以最小的成本创造最大的价值。多级食品冷库系统一般可分为三级：第一级为生产地冷库，用于食品的预冷和初加工，如水果蔬菜的分级、挑选、分割、包装等；第二级为中心冷库，用于食品的深加工、速冻和储存；第三级为销售地冷库，用于食品的配送和销售。食品多级冷库的库存控制方法主要是"多级冷库系统+中央库存控制"的策略，即中央库存控制系统拥有唯一的采购量决策权，它以系统获取利润最大化为目标，对不同冷库的采购量进行决策。覃毅延、郭崇慧[33]在假设需求是随机变化的，且食品的变质率为常数的前提下，建立了一个供应商对应一个零售商的简单的两级冷链库存优化模型，并研究了供应商的折扣数量对协调供应链的影响作用。研究结果表明：采用数量折扣促进供应链协调的方法是有效的，其利润水平可以达到供应商和零售商一体化联合决策时取得系统利润的69%以上。Dong[34]对常见的三种供应链上的库存管理模式进行了分类：第一类为各自管理库存+独立决策；第二类为供应商管理库存；第三类为各自管理库存+一体化决策。他的研究结论证明，从短期来看，第二类模式的利润水平与第三类模式持平，高于第一类；长期来看，第二类模式的利润水平将高于短期，且同样与第三类模式持平，但是通过对采购数量的优化调整可以增加买方利润，且供应商利润在一定条件下也会增加。向金秀、孙高平、张莉[35]针对由于冷链物流模式不完善导致冷链库存成本过高的问题，提出了变质率为时间函数的基于VMI的冷链库存控制方法，从成本控制的角度建立了需求确定条件下基于VMI库存管理的冷链库存-运输联合优化模型。该模型以冷链物流系统的库存和运输总成本最低为目标，确定最优的采购量和订货周期，并且可以证明冷链物流系统中变质率这个参数对基于VMI的库存成本和库存策略影响较大。

  冷链仓储具有显著的物理特殊性，因此冷链的库存控制与普通仓储的库存控制方法相比有一定的区别，主要表现为：(1)冷链物流的存储成本与普通物流的存储成本相比，所占比重较大。一个完整的冷链物流过程要求对温度和湿度实行全程控制。冷冻加工、冷藏储存、冷藏销售等各种涉及冷链物流存储成本的操作，均对作业环境有严格的物理要求，都需要消耗巨大的能源。这使得冷链物流的存储成本在冷链物流总成本中所占的比例很高。考虑到冷库闲置时仍然需要支付昂贵的运行费用，因此必须充分利用冷库的储存空间，要维持一定数量的库存，不能只考虑为了节省库存成本而等到库存降到一般意义的订货点时再去采购。(2)在冷链环境下，适宜的温度和湿度可以在一定时间内降低食品腐败的速度，保证食品的质量。换言之，食品在冷库的储藏过程实际上也是食品保值和增值的过程。比如：冷库保证了食品的质量，使得食品的销售期变长,由于食品的品质腐败而导致食品销售价格大幅下降,甚至损耗的可能性很小,食品生产企业和零售企业就可以从中获得更多的利润。因此,在构建冷链库存控制的优化模型的时候,不能只单纯地考虑冷库库存成本的最小化问题,而是应该要结合冷库的特殊性,对优化模型的目标进行全盘考虑。

综上所述,根据研究时间和研究角度的不同,可以把对冷链库存控制的研究分为两大类:一类是只考虑个体行为,研究的是单级冷库的库存控制问题;另一类是站在供应链的角度,研究多级冷库的库存控制问题。通过对文献的研究和梳理发现,研究单级冷库库存控制的文献数量较多,研究的内容和方法比较丰富、研究成果较成熟,但此类研究目前已经没有实践意义。相比之下,研究基于供应链的冷库库存控制的文献数量上明显偏少;研究内容和方法比较单一,仅仅只涉及冷链食品的变质率和需求率这两个问题,研究成果不太突出。[36]

3. 食品冷链的运输和配送管理

食品冷链的运输和配送是影响食品冷链物流运营成本的重要因素之一。由于在冷链食品从生产到最终消费的这一过程中,运输和配送占据了80%以上的时间。因此从某种程度上说,食品冷链的运输和配送决定了冷链食品相当一部分价值,因此研究如何缩短冷链食品的在途时间,合理地对配送车辆进行调度,达到减少冷链食品的损失和降低冷链物流成本的目的,是一项十分有意义的研究工作。目前,我国对冷链物流技术、工艺设备等的研究较多,而对冷链运输和配送管理的研究则相对较少。尤其是多式联运在冷链物流中的应用,国内理论界并没有进行深入的研究。由于冷链储存过程是在固定的场所进行,不可控的因素较少,因此其作业过程相对容易把握和控制。而冷链运输与配送过程容易受到各种不确定因素的影响,经常会出现正常流程之外的意外情况。因此,和普通物流的运输与配送相比,食品冷链物流的运输和配送约束更多、要求更高、难度更大、操作更复杂、成本与服务质量之间的平衡更难控制[37,38],稍有差池,就会造成极大的价值损失。因此,在现实的运营环境中,很多冷链食品企业对于建立冷链物流的运输和配送优化体系的需求是极为迫切的。Ju-ChiaKuo 等[39]研究了多温区协同配送在冷链物流中的应用,并根据易腐食品具有很强的温度敏感性的特点,提出了基于多温区的协同配送的新模式和优化模型,通过实验证明了该模式符合冷链配送的要求,适合冷链物流企业开展实践。Ana Osvald 和 Lidija Zadnik Stim[40]研究了冷链环境下的车辆路径问题,指出易腐食品的运输时间是影响配送效率的关键因素，他采用斯洛文尼亚食品市场的数据和改进的基于禁忌搜索的启发式算法求解，验证了算法的性能并证明新的模型能够使易腐败食品的质量提高40%左右。Chaug-Ing Hsu 等[41]搭建了带时间窗的最优车辆路径模型（SVRPTW），综合考虑了易腐败食品在配送过程中会遇到的随机情况，实验数据表明在冷链背景下，优化后的模型比传统的车辆路径模型有更好的结果，同时文献还证明了冷链运输成本和能耗成本占冷链物流系统总成本的比例很大，对总成本的影响非常显著。杨玮、李国栋、张倩[42]认为与发达国家相比，我国冷链物流的基础设施相对落后，流通效率低下，缺乏先进的信息网络平台，导致冷链物流在过程中损耗较高，成本居高不下。他们认为，高效率的配送是冷链物流系统顺利运行的保证。正确地安排冷藏车辆的配送线路可以节约运输时间，提高冷藏车辆利用率，缓解冷藏车量不足的矛盾，从而降低冷链物流运营成本，提高冷链物流企业经济效益与客户满意度，使冷链物流企业尽快实现集约化的管理，提高企业的竞争力。因此，针对我国冷链运输和配送的现状而言，理论研究的重点应该放在如何有效提高冷链运输和配送环节的效率上。

2.1.3 食品冷链物流的技术创新

冷链物流运作除了需要行之有效的管理方法之外，还需要高科技的技术手段做支撑[43]。目前，我国食品冷链物流行业正在逐步引入一些高科技技术和设备，比如用于在途车辆的定位技术以及对于温度、湿度及压力进行实时控制的监测技术等。但总体来说，我国食品冷链物流行业仍然缺乏对冷链物流质量进行监控的综合性和可操作性的技术解决方案，以及对突发事件的快速应对措施[44]。目前，食品冷链领域主要运用 HACCP 系统来保证冷冻食品的质量安全[45]，但其应用主要是在水产品、肉类、罐头等冷冻食品的生产过程中[46]，在冷冻食品的储存和运输配送环节较少有这样成熟的监控系统。Sowinskl Laral[47]认为，在食品冷链运输过程中，如果没有对温度的监控，会导致突发事故。其实，无论是食品的生产加工环节，还是运输仓储环节，食品冷链物流都需要可靠的监控技术实现对温度、湿度等外界条件的变化的监测，并以此作为食品质量保障和实施管理控制的依据，这是现代食品冷链物流积极健康发展的关键所在。因此，研发和应用新的技术在冷链物流全过程中对温度、湿度进行高效、准确和可靠监测，已经成为冷链物流研究和实践中的热点问题。当前，在食品冷链物流领域正在逐渐普及的高新技术有：

（1）GPS 定位技术[48]，在冷链物流中使用 GPS 技术，可以实现对在途运输车辆和货物的定位,实现车载移动终端和控制终端的数据通信,可以解决当前数据采集方式落后的问题,为冷链物流过程中货物从生产至销售的全程监控和检测提供技术支持。除此之外,GPS 系统还可以实现冷链全过程的可追溯、可溯源、可评估、可查询等功能[49]。

(2)RFID 技术[50],GPS 和 RFID 是建立食品冷链物流监控系统的主要技术,它们的有机结合可以在很大程度上提高食品冷链物流全过程中对货物的监控水平[51,52]。但 RFID 的实现需要大量的 RFID 感应器和相应的阅读器,成本较为昂贵[53,54]。应晓书[55]根据当前 RFID 的实际应用情况,详细分析了 RFID 的成本、技术、标准化、安全及产业联盟等问题,以冷链物流流程设计为核心,设计了基于 RFID 技术的冷链物流的流程,并针对 RFID 技术在推广过程中存在的困难,提出了相应的解决方案。

(3)GIS 技术,缪小红[56]研究了冷链环境下基于 GIS 的实时动态车辆路径优化问题,并采用优化后的遗传算法对其进行求解,结论表明,不同的配送区域应该采用不同车型的组合方案才能使运输成本最优。(4)INS 技术[57],INS 的定位精度取决于陀螺和加速度计的精度,单个定位系统的成本很高,不适合在低成本的场合中应用。在物流中,它适合于仓储运输条件恶劣,或者无线信号不稳定甚至缺失的场合。

(4)无线传感网,伴随着无线传感器网络技术的迅猛发展,欧美等发达国家逐步认识到无线温度传感网络系统在冷链物流中的重要应用[58],通过温度传感器实时采集温度和湿度的数据,并通过无线通信的方式将数据传送给监测系统和数据中心。通过这种方法,可以实现在冷链运输或配送过程中对温度的实时监控,出现异常温度变化时可以及时预警,同时还能够对运输过程中的温度变化进行记录,从而帮助识别食品质变的原因以及意外事件发生的具体时间。

2.1.4 湖北省食品冷链物流的发展

近年来,随着人民生活水平的提高和对食品质量安全重视程度的加强,食品冷链行业得到了国家及地方政府的高度重视和大力发展。湖北省地处我国腹地中部,地理环境优越,食品冷链行业发展迅速。目前,湖北省的食品冷链业已形成了以优质、特色产品为基础,以批发市场、区域性冷链集散地为依托,以生产企业、流通企业、加工及出口企业为主要冷链节点的多元发展格局。除了少数传统冷库之外,绝大多数的冷链物流基础设施是近年来伴随着湖北省生鲜食品和农副产品的生产、流通以及出口的迅速增长而逐步发展起来的。

1. 生鲜食品和农副产品的冷链物流率增长较快

湖北省是生鲜食品和农副产品的生产和消费大省。2010年，湖北省的蔬菜产量3131万吨，占全国总产量6.5亿吨的4.8%；水果产量437万吨，占全国总产量1.31亿吨的3.3%；肉类产量379万吨，占全国总产量7925万吨的4.8%；禽蛋产量132万吨，占全国总产量2765万吨的4.8%；水产品产量353万吨，占全国总产量5366万吨的6.6%。生鲜食品和农副产品产量和消费量的大幅提高必然给冷链物流提出更高、更迫切的要求，促使我省的冷链物流行业更快的发展。目前，我省蔬菜、水果、肉类、禽蛋、水产品的冷链物流率分别达到9.14%、14.62%、18.87%、19.03%、24.16%，总体上高于全国的平均水平。[59,60]

2. 食品冷链物流基础设施的水平较高，冷链物流先进技术应用较为广泛

总体而言，湖北省食品冷链物流的基础设施设备的综合水平较高，同时一些先进的冷链物流技术和冷链物流装备还在不断地被引入食品冷链物流企业中，促使湖北省的食品冷链物流技术和装备的综合水平不断提高。

(1) 冷库：目前，湖北省拥有冷库重点企业129家，拥有现代化钢结构的单体拼装冷库和气调库395座，公称容积244万立方米，储藏量83万吨。其中，有25家企业拥有万吨以上冷库，4家企业(山绿冷链、白沙洲市场、武汉肉联和三峡物流园)拥有5万吨及以上冷库，1家企业(三峡物流园)拥有10万吨及以上冷库。冷库的制冷工艺已由传统的单一低温发展为现在的预冷、气调、超低温、速冻、恒温、制冰等多种方式。

(2) 冷藏车：湖北省重点冷链物流企业共拥有冷藏车350辆，载重能力达到4175吨。其中，钟祥盘龙肉类加工公司拥有先进的"三层温"冷藏车40辆；另有11家冷链企业各拥有10辆以上的冷藏车。

(3) 一些先进技术和标准体系正在逐渐普及，如超声波定位技术、无线射频识别技术、全球定位系统、仓储管理系统、危害分析和临界控制点认证、质量保证体系认证等。一批生鲜农产品出口企业已经率先引进国际先进的温度控制技术，实现了全程低温控制。肉类屠宰企业从屠宰、分割、冷却等环节低温处理起步，逐渐向储藏、运输、批发和零售环节延伸，朝着全程低温控制的方向快速发展[61]。一些专业的冷链物流企业综合应用多项高科技冷链技术，实现了搬运机械化和精确的冷链配送。部分蔬菜基地采用真空预冷技术，不断探索保鲜营销新模式，发展反季节蔬菜销售，推动了高附加值农产品冷链的快速发展。

3. 以生鲜食品和农副产品为对象的食品冷链"网络"正在逐步完善

目前，湖北省拥有以山绿冷链、白沙洲市场、武汉肉联、三峡物流园、荆州圳韬、黄石联海等为龙头的食品冷链生产加工和流通企业共324家。这些食品冷链企业连接着生鲜食品和农副产品的产地、加工地与终端销售地，初步形成了一批区域性的冷链集散区域，集聚了一批包括冷链生产加工、批发市场配套、第三方冷链物流企业、超市内部配套、冷链管理咨询以及冷链设施设备供应的食品冷链业务企业群，为湖北省实现食品冷链网络化布局奠定了基础。

4. 城镇食品冷链行业扩张势头强劲

武汉、宜昌、襄阳、荆州、黄石等地一大批食品冷链项目正在建设实施，推动了湖北省生鲜和农副产品冷链行业迅速扩张。

(1) 武汉市目前有较大的冷库15座，总容量超过25万吨。其中"十一五"期间新建冷库15万多吨，总容量超过上一个5年计划期末的1.5倍。2010年，中百集团在武汉江夏大桥新区投建了第一期的冷链物流中心，面积达到3.6万平方米。随着第二期和第三期的冷链物流中心的建设，中百集团有望成为全国最大的食品冷链集散中心。与此同时，位于汉口北的四季美冷链物流中心启动了首期10万吨冷库建设。山绿、肉联、科德等农产品冷链企业也新添置冷藏运输车辆30多台，年冷藏运输能力达到7万多吨。

(2) 襄阳征地2000亩，斥资15亿元，建设光彩国际物流园。

(3) 宜昌正在投资兴建集优质蔬菜基地、冷链和蔬菜深加工等为一体的万景实业项目。

(4) 黄石拟依托双汇、中粮、雨润等国内大型冷链食品生产龙头企业建立完善的冷链网络，打造一个集农产品基地生产、冷藏加工、交易流通、仓储、运输配送、电子商务、信息交互、安全检测于一体的农产品国际冷链中心，有望每年生鲜食品和农副产品的吞吐集散和交易量达到300万吨。

5. 食品冷链的空间布局和创新型食品冷链模式正在形成

(1) 以武汉为中心的城镇食品冷链圈。武汉城镇圈依托中百、中商、武商等全国知名的大型商贸流通企业，发挥英山等地已参加全国农产品现代流通试点的优势，大力发展大型连锁超市主导型的冷链流通模式。该模式强调冷链基础设施设备、质量安全检测以及信息系统建设，强调对生鲜食品和农副产品供应链的全程冷链控制和整合，强调冷链全程无缝对接。同时，依托白沙洲农副产品大市场、汉口北四季美农贸城、孝感市南大市场等大型农产品批发市场吞吐量大、辐射力强的优势，积极促进冷链的质量和服务朝着更高、更快、更好的方向发展。武汉城镇冷链圈的发展目标是逐步发展成为湖北省乃至华中地区的区域性生鲜食品和农副产品的冷链枢纽港。

(2) 鄂西生态食品冷链区。依托鄂西生态区农产品生产基地以及大米、生猪、食用菌、柑橘、茶叶、魔芋、高山菜、野山菜以及蜂蜜等主要生鲜及农副产品,依托十堰堰中和宜昌金桥果蔬市场、襄阳农产品交易中心、随州香菇大市场、鄂西北粮油大市场、通源农产品大市场、恩施华硒农产品批发交易市场等大型批发市场,发挥恩施等地参加全国农产品现代流通试点的优势,以生鲜和农副产品批发市场为主导,通过"生产基地+批发市场"的形式,前向一体化地将农户、合作社或基地生产的农副产品集中起来,进行加工、分级、商品化包装;向后一体化地将农副产品的冷链各销售环节连接起来,实现产地与消费地的冷链对接,构建鄂西生态农产品冷链供应链,实现鄂西生态生鲜和农副产品的冷链输出。

(3) 长江食品冷链经济带。依托湖北省长江经济带沿江地区水产品、蔬菜、水果、油菜籽、大米、生猪、家禽、小麦等主要农产品和荆州两湖平原农产品交易中心、湖北富迪、洪湖米业、武昌鱼股份公司、嘉鱼山绿食品、长阳火烧坪蔬菜、宜昌萧氏茶叶等农产品销售龙头企业,发挥仙桃等地参加全国农产品现代流通试点的优势,以农产品销售龙头企业为主导,通过"企业+基地"的形式,构建长江冷链经济带。鼓励和支持农产品销售龙头企业积极探索与上下游企业的冷链对接,加强龙头企业质量安全检测系统、市场信息网络系统等冷链系统的建设,由龙头企业将分散经营的农户联合起来,建立契约机制,形成战略联盟,实现农产品的冷链集成运作形式。

由此可见,湖北省食品冷链的空间布局和创新型食品冷链模式已经逐渐形成。

2.2 国内外物流需求预测的研究现状

2.2.1 物流需求的统计学意义

国内外专家普遍认为,一个国家或地区的物流行业发展状况可以用物流总体需求来衡量和评价。"物流总体需求"是一个综合而模糊的概念,需要由许多统计指标共同描述,单一指标无法完全体现物流总体需求的全部信息。简单地说,物流总体需求是一个不太容易清晰界定和统计的指标量。由于不同国家和地区的经济背景、地理位置和政策指向都不同,导致大家对这个指标量在认识和执行上形成偏差，很难达成统一的认识。因此，要科学合理地衡量和评价一个国家或地区的物流总体需求，这也是一项艰巨而复杂的任务。

目前，衡量和评价物流总体需求有三种主流的方法：

1. 物流成本

部分研究学者认为社会物流总费用是一个能够准确描述物流系统发展的统计指标，它反映了全体社会在过去一段时间内实现的物流消费，比较科学，而且容易实现。因为这个指标不仅可以体现一个国家物流的综合性水平，而且可以实现对不同功能和结构的物流系统所耗费成本之间的对比，从而较容易地找出降低物流成本的切入点。但是社会物流总费用这个参数包含了价格因素，易受价格变动的影响。因此，如果在该参数中剔除掉价格因素，转变成"社会物流总成本"这个参数，就可以更加真实和客观地反映物流系统发展的发展。社会物流总成本是指一定经济时期和区域内，全体社会导致的物流成本的消耗，包括物流软硬设施等的投资、仓储成本、运输成本、固定资产折旧等。姜超峰[62]认为，我国社会物流总费用很高的主要原因是：第一，我国物流环节比较多，产业布局不合理，商品从生产到消费需要大范围、多环节的流通，造成物流行业增加值增长较多；第二，物流的设施设备欠账太多，过去对物流行业重视不够，尤其是仓储、中转设施等相对缺少。漆世雄、沈渊[63]通过分析证明，我国物流的存储成本和运输成本是物流总成本中最为重要的两个部分，它们与我国的 GDP 存在同速率的联动关系。因此，降低我国社会物流总成本的关键点应该是降低物流的仓储成本和运输成本。

2. GDP 占比

GDP 占比这个统计指标实际上是社会物流总成本的变形，是指社会物流总成本与国内生产总值（GDP）的比值，即：物流成本/GDP。用 GDP 占比去标识物流系统的状态，是要剔除掉各个区域或国家在经济水平和物流活动效率等方面存在的差距，方便在区域间和国家间进行横向比较。[64]事实上，由于 GDP 占比这个统计参数比较单纯地反映了物流系统需求的本质，因此，该指标已经成为衡量各地区和国家物流水平高低的主要标志。在物流行业发达国家或地区，如美国、日本、新加坡、欧盟等，已经普遍采用物流成本占国内生产总值（GDP）的比例来表示物流市场需求和物流总体水平，并根据这个比例对物流行业未来的需求进行预测[65]。这些国家往往都设立了专门的物流统计部门，有比较完整的统计数据，如美国将物流成本分为三个组成部分：运输成本、存货储存成本和管理成本，每一项都有很多小类[66]。Douglas 和

Lamber[67]在西欧 Establish 咨询公司对物流成本构成的研究基础上，将仓储成本从存货持有成本中抽离处理，同时增加了订单处理/客户服务成本，从而形成物流成本的 6 个组成部分：运输成本、存货持有成本、管理成本、仓储成本、订单处理成本、客户服务成本。他们通过统计物流成本占销售额的比例来衡量各行业物流需求的规模。目前，世界发达国家的物流成本占 GDP 的比重大概为 10%，有的国家甚至已经低于 10%。Greg 等[68]对美国的物流成本进行了研究，结论指出：美国的物流成本占国民生产总值的 10% 略少。赵东明[69]比较了我国和发达国家物流成本与 GDP 的关系，数据表明，发达国家的物流总成本占国家 GDP 的 10% 左右，远远低于我国 18% 左右的比例。他认为，我国 GDP 占比一直居高不下的根本原因在于我国第三产业占国民生产总值的比例过低，同时定量地证明了我国社会物流成本呈现边际递减的规律，这说明我国物流行业存在规模经济效应，社会物流需求总量的增加可以降低我国社会物流的总成本。国内很多业内人士采用各种方法计算了我国物流行业的 GDP 占比值，但由于他们对物流成本构成的理解和统计口径的不同，其计算的 GDP 占比值从百分之十几到百分之三十不等，差距较大。这给理论分析造成了混乱，也使实际工作无所适从。目前，世界银行给出的我国物流行业的 GDP 占比的值为 16.7%。

3. 货运量

还有一些被认为可以用来衡量物流需求的统计指标，如货运量和社会物流费用等。货运量是指物流过程中运输的总量，目前，我国的研究学者普遍用这个指标来衡量物流的总体需求；社会物流费用是指运输、仓储、订单清关及客户服务、管理费用和库存搬运费用等。

部分研究学者认为，在特定的区域和时期内，货运量可以在一定程度上反映物流的总需求，从而表征物流系统的状态。货运量是指在综合运输体系中对五种基本运输方式的运输量进行加和的总值。这个值不用货币单位计量，而用重量单位计量，表示的是宏观物流市场的总量。由于我国缺乏对物流行业的规范统计，物流系统的需求量无法直接计算，因此在我国很多省市的物流统计中是用货运量近似表示物流系统的需求。从物流系统的全局来看，货运量仅仅代表了社会的运输总量，不能全面反映物流服务作业量。但是从物流活动的全过程来看，运输活动贯穿于物流活动的始终，是物流总业务量中单项业务量最大的一个；而且由于运输过程必然与包装、装卸搬运、信息加工、配送等物流业务及相关业务量紧密相关，因此可以说，货运量的大小决定了其他物流环节的作业量，它的变化极大地影响着其他物流活动的作业量。

基于此，可以认为，综合货运量近似地反映了物流系统的需求，可以作为制定物流系统规划的参考依据。孙志刚[70]以 ACO-LSSVM 为预测方法，用货运量近似表示物流需求，预测了湖南省未来的物流需求，并验证了预测算法的性能。尹艳玲[71]同样因为受到统计数据可得性的限制，选取了货物运输量作为衡量物流需求的指标，她采用基于误差梯度信息的神经网络自适应学习算法预测了我国某市的物流需求。

在研究"物流需求"的量化统计指标方面，由于我国对现代物流的界定和研究起步较晚，相关部门还没有明确制定出统一的衡量"物流需求"的统计指标，企业会计核算中也还没有对物流成本的单独计量，因此，我国在计算"物流需求"时显得尴尬和困难，限制了相关预测工作的开展。我国许多学者只能在吸取国外的一些先进的理论和方法的同时，结合我国国情，设计一些衡量物流需求的评价指标体系，其中有些方法和思路值得借鉴。部分学者[72~76]采用计量经济学的预测模型，选取了国内生产总值、运输量、仓储量、社会消费品零售总额等几个和物流需求相关性很强的统计量，建立了评价指标体系。还有一些学者转而研究物流行业中比较有代表性的运输部门，认为货运量或者货运费用可以体现物流需求的大部分的变化信息和趋势[77~82]。

2.2.2 物流需求预测的技术和方法

国外对物流需求预测技术的研究比较全面和深入，已经走过了试验探索期，正处于全面综合提高的阶段。目前，国外对物流需求预测方法的研究主要集中在定量预测上，对模型的研究偏重在组合预测方面，尤其是对时变权重的研究。

我国物流行业虽然起步较晚，但发展速度较快，而且现阶段，我国物流行业的发展已经陆续出现了规划不合理、不科学，资源配置比例失衡，物流运营成本高企等棘手问题。因此，政府和相关职能部门迫切需要通过对物流行业未来的发展趋势和需求规模的掌握，科学制定相关的法规和政策，合理地引导物流行业的健康发展。从技术层面上讲，虽然传统的预测方法很多，但在新的经济背景和迅速发展的食品冷链行业面前，这些方法都显得力不从心。目前，预测研究有三个技术上的难点，第一是对统计数据的选择和处理；第二是对预测模型和算法的选择或设计；第三是对所选择的预测方法的科学性进行理论证明。总体而言，预测方法的设计和选择是预测技术研究上的热点和难点问题。

预测方法大致有三个发展方向：

2.2 国内外物流需求预测的研究现状

1. 传统经典的定量预测方法的应用

传统经典的定量预测方法已经非常成熟，处于广泛应用阶段。虽然它在一些大型复杂、非线性系统面前显得力不从心，但在处理一些大样本且简单的问题时，还是游刃有余的，预测的精度能够被广泛接受。Richard C. Cline 等[83]对吉尔吉斯共和国的航空运输需求进行了预测，由于预测时吉尔吉斯共和国还处于市场经济初期，航空运输业缺乏历史统计数据，因此预测的样本数据取自于30个处于不同经济发展时期的国家的航空运输量，选用的预测方法也有别于传统方法。Bahram Adrangi 等[84]根据美国航空业服务的特征，在对航空月报数据进行分析的基础上，运用 G(1,1) 和 G(3,1) 灰色预测方法预测了美国的航空需求，并对预测结果做出了合理的分析。Mark Wardman[85]在竞争环境下利用直接预测模型对货物运输市场中的铁路运输进行了分析和预测，得到了比较合理和准确的结果。Michael W. Babcoock，XiaohuaLu 等[86]分别介绍和分析了一元线性回归模型、多元线性回归模型和时间序列分析模型特点，验证了采用时间序列模型对短期的铁路谷物货运进行预测是可行和准确的。在公路运输的预测方面，Kerrimn 等[87]对各种用来预测北美洲货运活动的预测方法进行了比较分析，并利用 GIS-P 技术建立了乡村公路上特殊日用品流通量的预测模型，通过对预测结果的分析和比较，总结出适用于预测区域物流货运量的优化方法。国内方面，周晓娟、景志英[88]采用传统的多元回归方法对河北省的物流需求进行了预测和分析。他们首先对相关的统计数据进行了逐步回归处理，然后在消除了多元回归模型参数的多重共线性后，得到最终的回归模型，最后对预测模型进行了相关性检验，证明了模型是适用于物流需求预测的。张丽萍、杨江龙[89]根据临沂市物流行业的发展现状，充分考虑灰色 GM(1,1) 预测模型的特点和适用范围，对临沂市 2012—2015 年的物流需求进行了预测，并根据临沂市物流行业发展的实际情况和经济发展情况，对灰色 GM(1,1) 预测模型的结果进行了分析，为临沂市在深度和广度上扩展物流行业、规划建设物流园区、制定区域物流的发展规划、确定物流基础设施的建设规模提供了定量依据。

2. 组合预测方法

不同的预测方法有其各自的适用范围和优缺点，它们之间不应该是相互取舍或排斥的关系，而应该是相互取长补短、互相补充的关系。已有研究证明：与使用单项预测方法相比，运用组合的思想，将不同的单项预测方法进行有机结合，可以形成新的组合式预测方法。而这些新的组合预测方法可以有效地提高预测方法的精度，增强预测方法的鲁棒性。在组合预测的理论研究和应用实践方面，Spyros 和 Robert[90]将两种不同的预测方法进行组合，建立了组合预测模型。在对 111 个时间序列数据的外推实验中发现，预测结果的误差率可以降低 7.2%，而当组合预测模型中单项方法增加到 5 个时，预测结果的误差率可以降低 16.3%；在相同的样本数据下，如果采用基于计量经济学的预测模型进行预测计算，也会得到相同的结论。同时，研究还表明，将一个基于时间序列的预测模型和一个基于回归统计的预测模型进行组合，与任何一个单项预测模型的平均预测精度相比，组合模型提高了 51%；与两个单项预测模型中最好的预测精度相比，组合模型提高了 44%。曾艳[91]利用能充分保留单一预测模型信息的变异系数法确定组合预测算法中各单项预测算法权重，建立了区域物流需求组合预测模型，并用实例验证了组合预测模型的预测精度比单一预测模型的精度有显著的提高。田丽、曹安照等[92]认为，一个区域内的物流需求是该区域制定物流行业发展政策和规划的重要依据。由于影响物流需求的因素很多，传统的单项预测方法无法全面考虑各种因素对预测对象的影响，因此预测精度较低。为了提高物流需求预测的精度，应该采用组合预测的方法。他们建立了一种基于支持向量机和神经网络的组合模型，并通过 BP 神经网络对模型进行了残差修正，通过算例仿真证明了组合预测模型具有更高的精度，是一种有效的预测方法。

3. 非线性预测方法

物流需求属于派生性需求，它是由经济发展本身带来的，与经济的发展密切相关。随着我国经济总量的提高、产业结构的改变和资源配置的优化，物流的需求量、需求结构和需求层次也会随之发生相应的变化。由于物流系统是一个典型的非线性复杂系统，预测模型的构造难度大、运行时间长、预测精度低[93~95]，因此，传统的线性预测模型在它面前显得无能为力。针对以往研究中存在的不足，许多研究学者开始利用各种非线性的模型和算法研究物流需求预测的问题，以期改善预测模型的性能、提高预测结果的准确率。常用的非线性预测模型有神经网络模型和支持向量机[96~99]等。许沛沛、何跃[100]讨论了参数型 GMDH 输入输出模型和非参数模糊规则归纳模型在区域物流需求预测中的应用，同时鉴于单个模型预测的局限性，以最小二乘法为最优化准则建立了以上两个单项预测模型的最优非线性组合预测模型，实例分析表明，非线性组合预测模型的预测结果比较令人满意，而且自组织数据挖掘方法适用于区域物流的需求预测。吴洁明、李余琪、万励[101]认为影响物流需求的因素非常多而且复杂，它们与经济总量、消费水平和物价变化密切相关，呈现出一种高度非线性关系。传统的简单线性预测模型能力有限，不适宜对物流需求进行预测。为了提高物流需求预测的精度，他们提出一种支持向量机的物流需求预测方法。通过采用支持向量机的非线性能力对历史物流统计数据进行学习，并通过粒子群算法选择预测模型的最优参数，最后完成实际算例的计算。实验结果表明，基于支持向量机的预测模型有效提高了物流需求预测的精度。王新利、赵琨[102]为克服单项物流需求预测模型的局限性以及物流统计数据不完整的缺陷，基于神经网络理论建立了基于BP神经网络的农产品物流需求预测模型，并利用BP神经网络在学习过程中具有工作信号正向传播和误差信号反向传播的特点，通过对权值的不断修正，使网络的实际输出结果更加接近期望的输出值，大幅度地提高了物流需求预测的准确性。高嵩[103]分析了城镇交通需求的问题，描述了空间分布的形式和需求特点，归纳出影响城镇交通需求的主要因素。他对传统的三种线性预测方法进行了比较和分析，指出了它们存在的不足，并在此基础上建立了适用于城镇交通特点的改进的神经网络预测模型，并按照传统的双约束重力模型对优化模型进行改进，引入调整系数，进一步提高了预测结果的准确性。章杰宽、朱普选[104]提出一种适用于旅游需求预测的经过优化的灰色神经网络预测模型。他们首先利用灰色神经网络构建了预测模型；然后通过对惯性权重与学习因子的动态设置构造了一种动态粒子群算法，并利用动态粒子群算法对灰色神经网络参数进行优化；最后利用优化后的灰色神经网络预测模型对旅游需求进行了预测以及展开了对预测模型的比较研究。实验结果表明，优化后的灰色神经网络预测模型能够显著提高预测的精度。梁毅刚、耿立艳、张占福[105]提出将主成分分析法(KPCA)与最小二乘支持向量机(LSSVM)进行结合，建立了主成分–最小二乘支持向量机(KPCA-LSSVM)预测模型。他们首先利用KPCA方法对数据进行预处理，在消除了变量之间的相关性后，提取出非线性主成分；然后再通过LSSVM方法对提取的非线性主成分进行训练，形成预测模型；最后通过实际算例的分析和比较，证明了KPCA-LSSVM预测模型的预测精度较LSSVM预测模型显著提高，是一种有效的适用于中短期的区域物流需求预测方法。之后，他们又利用二阶振荡微粒群(TOOPSO)算法选择了预测模型的参数；实验结果不仅证明了新的预测模型具有较高的预测精度，而且验证了利用TOOPSO算法选择预测模型参数的时间要明显优于传统的预测方法[106]。龙琼、张蕾[107]基于压缩粒子群理论引入弹性系数-投入产出方法，构建了随国民经济发展的物流需求预测的驱动模型；利用压缩粒子群理论对模型参数进行优化；通过仿真算例证明了该方法具有很好的预测效果，可以表现出物流需求与国民经济发展的内在规律。黄振、张为、夏利平[108]利用 ARIMA 预测模型擅长处理时间序列数据和能够挖掘连续时间数据之间自回归关系的特点，构建了自回归移动平均预测模型，通过对湖南省货运量的预测，证明了 ARIMA 预测模型对发展后期急速增长的货运量的非平稳状态拟合效果很好。张仁萍[109]发现单纯应用 GM(1，1)预测模型所得到的预测结果差强人意，但如果引入 Markov 链对预测值进行修正，就能够大幅度地提高预测精度。同时，运用 Markov 链还能够把握每个时期物流需求变化的最大状态概率，使决策者能够准确把握物流市场总体发展趋势。

综上所述，研究学者们近年来一直致力于研究如何科学预测物流需求的问题，取得了不少的研究成果。他们的研究成果为物流预测理论的发展提供了新的思路，对物流实践有重要的意义。但是和国外发达国家相比，我国对物流需求预测领域的研究还不够深入，作为预测研究重要基础的统计工作也显得非常薄弱。具体总结如下：

第一，我国物流需求预测在理论研究和实践应用方面都相对滞后。我国很多的预测理论以及统计预测技术直接从国外借鉴，理论研究不源于本土实践，这造成了我国物流预测的理论研究与应用实践的不统一。

第二，我国物流企业的现代化进程才刚刚起步，学术界对现代物流的边界划分不清晰。这导致作为预测研究重要支撑的统计工作，基础薄弱、功能不完善，具体表现为：我国对物流行业的统计口径不统一，历史数据不完整、甚至严重缺失，数据的可得性和可用性差。这些因素都给物流需求预测工作带来极大的困难。

第三，传统的预测模型和算法无法处理非线性、大规模和高维度的物流系统；无法对模糊化和非确定性的统计数据进行处理和分析；模型的学习和泛化能力不理想，针对性和灵活性也较差。

第四，对物流需求预测方法的研究不系统。现有研究大多是针对某个具体问题、某种具体预测方法的优化，没有系统地研究预测方法的寻优机理、通用性框架、适用范围、参数敏感性以及各种方法的融合问题，导致优化或改进的预测方法的理论依据和数理证明不充分，以至于相关研究显得比较单一和模式化，缺乏创造性的研究。

第3章 预测原理及方法

3.1 预测的基本原理

预测是根据社会经济活动的需要而产生和发展的。自人类有文明历史以来,预测作为一种社会实践活动就一直存在。但由于对客观世界认知水平和科学技术知识的落后,古代的预测行为大多具有唯心主义和封建迷信色彩。随着社会的发展和进步,尤其是人类自然科学认识水平的显著提高,科学的预测技术和方法逐步取代了迷信和经验性质的预测手段,并于第二次世界大战后形成了自成体系的预测学,广泛应用于政治、经济、能源以及其他广泛的领域,取得了丰硕的成果。

虽然预测研究的对象包罗万象,涉及的领域、类型和特点均不相同,且预测的技术手段丰富、创新性强,但纵观预测问题的理论基础,可以归纳出以下三个基本原理,这三个系统预测的基本原理是人们经过长期研究和实践总结出来的。

3.1.1 惯性原理

在预测学中,惯性原理又称为连贯原则,是趋势外推预测方法的理论依据。惯性原理是指客观事物在其发展变化过程一般具有延续性,这种延续性的大小取决于客观事物本身的原动力和外界因素对其制约的程度。惯性原理指出,由研究对象过去和现在的状态以及外界环境对其产生的影响,可以预测其未来变化的方向和趋势。如果研究对象的惯性越大,其未来发展过程中遵循原来运动轨迹和方向的延续性就越强,受外界各因素的影响就越小。例如,市场上同时出现了一种新的医药产品和一种新的食品,对于医药产品而言,它关系到老百姓的生命安全,是一类刚需性很强的产品,市场对医药产品的需求非常稳定;同时,影响医药产品的外界环境因素,如国家政策、产业结构、居民消费水平等,对其影响非常有限。因此,新上市的医药产品具有的惯性较大，它的价格和需求应该表现得非常稳定。相反，对于食品而言，它是一种快速消费品，受外界环境的影响大，这类产品的惯性较小，其产品上市之后的价格和需求的波动可能会比较大。

3.1.2 类推原理

类推原理是指如果两个或多个客观事物本身和所处的环境是相近的，且它们存在相似的变化，那么可以根据其中已知事物的变化规律和特征预测和推断相似事物未来的变化趋势。

类推预测可分为定性类推和定量类推。

（1）定性类推：采用类推原则对相似事物的发展趋势进行预测时，如果它们之间的相似性缺乏历史数据或其他客观证据的支撑，只能凭借人们的经验去判断，那么这种类推即为定性类推。例如，由鸟类翅膀的几何形状类推出飞机机翼的最佳形状；由地球的环境特征存在生命类推土星上由于具有相似的环境特征，因而也有可能存在生命体等。

（2）定量类推：采用类推原则对相似的事物的发展趋势进行预测时，如果它们之间的相似性存在历史数据或其他客观证据的支撑，可以建立相似事物之间的数量联系，那么根据先导事物的变化规律和特征预测和推断后发事物的发展趋势和变化的方法就称为定量类推。例如，采用定量类推法研究乙国在达到甲国民生产总值时的能源消耗量、经济结构与经济水平的问题。首先应该分析乙国与甲国是否存在相似性；如果存在相似关系，则应该寻找它们之间的关联关系，并建立它们之间的数量联系；然后通过甲国达到这一国民生产总值时的能源消耗量、经济结构与经济水平，预测乙国的能源消耗量、经济结构和经济水平。再例如，根据军用飞机的最大飞行速度，预测民航客机的最大飞行速度，等等。

3.1.3 相关原理

相关原理是因果型（回归）预测方法的理论基础。事物之间的相互影响常常表现为"原因导致结果"式的逻辑关系，因此，相关原理指出任何事物的变化都是有因可循的，深入分析研究对象与相关事物的依存关系和影响程度，可以量化相关事物对研究对象的作用和影响，可以揭示研究对象的本质特征，可以预测研究对象未来发展的趋势、方向和状态。相关原理需要对研究对象所处的外部环境和外部环境中各种影响因素进行全面的研究，从而指导和帮助预测者深入挖掘相关事物和预测对象之间的相关关系。例如，通过相关研究方法，可以证明食品的消耗与人口总数相关，国家的福利政策与社会人口结构相关，社会的消费水平与人均收入水平密切相关。从时序角度来看，相关事物的关系分同步相关和异步相关两类。同步相关事物之间的相互影响是即时可见的，如冷饮食品的销售量与季节气候的关系。异步相关事物之间的相互影响是延时和滞后的，是先导事件利用自己发生的变化改变和影响迟发事件，迟发事件受先导事件的影响也发生了变化，但是变化发生的时间滞后于先导事件，例如，基础设施的建设会明显提升区域经济的发展，利率的改变将会明显地改变宏观资金的流向。

3.2 预测的原则

在上述三大经典预测理论支撑下，研究学者们创造了许多具体的预测的技术和方法，在预测的理论与实践研究领域均取得了较为丰硕的成果。在实际的预测工作中，我们应该以上述预测原理为理论支撑，综合应用各种预测的技术和方法，对不同的需求对象进行科学的预测，为行业的规划和建设提供精确的数据支持。

预测过程应该遵循以下一些基本原则[110]。

(1) 预测的误差必然存在。

预测是根据现在的已知推断以后的未知。由于未知的事物还没有发生，且在其发生过程中必然会受到很多无法预知因素的影响。因此，预测的误差是不可避免的，是必然存在的。一般认为：预测误差=预测值-实际观测值。

在预测产生的误差中，有一类误差是由于选择不同的预测模型和预测方法产生的。无论选择什么样的预测模型或是预测方法，都会产生预测误差。因此只能尽可能合理选择预测的技术和方法，尽可能地减少预测误差，但是无法完全避免误差的产生。

为了尽可能地减少预测的误差，使我们的预测结果更接近于系统的真实情况。通常在预测的同时会对预测的误差进行估计。如果在预测之后，在预测对象的变化发展过程中，外部经济环境发生了大幅度的变化，则还要对预测结论重新分析，甚至重新计算，避免由于预测数据的不准确而导致决策失误。

(2) 对群体对象的预测比对单一对象的预测的准确度高。

群体行为由个体行为构成。个体中的一些突发乖离行为往往会表现出极强的随机性和不可预测性，这种个体的行为变化非常突然，没有规律性，不容易对其进行准确预测。但是从群体角度去观察,这种极个别个体的乖离行为会在群体行为中相互抵消。因此群体行为往往能够呈现出更加稳定的变化规律和统计特征,预测的精度往往也更高。例如,虽然已经实施了精确的车辆路径管理,我们仍然很难去保证每一辆车的准点到达,但是我们却可以保证一段时间内,物流企业所有车辆的准时到达率。

(3)近期预测比远期预测的准确度高。

一旦确定了预测的精度后,预测误差就是时间的函数,会随着时间的推移而不断增大。当预测的时间跨度越大时,客观事物遇到的不确定性因素就越多,这些不确定因素对客观事物产生的影响就会不断累积,导致真实情况距离预测情况的偏离程度也会越大。所以,远期预测的误差一般会比近期预测的误差要大。因此,当我们需要做远期预测时,往往会随着时间的推移,定期地利用预测对象的实际观测值对预测值进行不断地修正和调整,其目的是使预测结果更准确、更贴近客观现实。

3.3 预测的步骤

通过对以往相关项目的实践和总结,我们认为对系统进行预测的一般步骤应包括如下工作:

(1)确定预测的对象,收集预测对象的数据。

预测的第一步就是要明确预测的对象。只有明确了预测的对象后,才能有的放矢地开展预测的相关工作。也就是说,在正式开展对物流系统的预测工作之前,我们要搞清楚预测对象是物流系统的货运量,还是物流系统总成本;是物流系统流量的流向,还是物流系统流量的分布。

在明确了预测的对象后,就要开始收集相关的数据资料。这些数据资料决定了预测的准确性,发挥着重要的作用。根据预测对象,我们要确定需要收集的数据资料。宏观层面上的数据资料包括政策、标准和法规、各种经济数据和未来的趋势;微观层面上的数据资料包括历史统计信息和数据,等等。在收集这些数据资料时,我们还要注意区分这些数据到底是截面数据还是时序数据等。当然,这些数据资料有时是不完整、甚至是错误的。这时,我们就需要用数学的方法对这些数据进行修正。数据的修正工作分为两类:一类是采用数学插值的方法对空缺数据进行补充;另一类是对歧义数据进行修正。

(2)分析影响预测对象的各种内外因素。

按照系统论的观点,影响物流系统发生变化的主要原因可以分为:①内在各种要素间的相互影响；②外界环境中各种因素对物流系统的影响。物流系统是一个要素丰富、结构复杂、功能繁多的大规模非线性的离散系统。不同的物流系统，其内在和外部的影响因素以及各种因素的影响程度都是不同的。即使是在相同的经济、文化、地域上发展起来的同类的物流系统，其发展情况也不尽相同。可能某些因素在一个物流系统中会起到主要的影响作用，但是在另外一个物流系统中它的影响就微乎其微。因此，对不同的物流系统进行预测时，应该非常认真地分析影响这个系统的各种内外因素，以及这些影响因素对系统的影响程度。这个工作决定了预测的结果是否准确。

(3)选择预测方法和技术。

好的预测方法和技术是获得精确预测值的重要保证。选择预测的方法和技术要遵循的原则是科学性、合理性和适用性。预测的方法和技术众多，每种方法和技术都有自己的适用范围和优缺点。没有一种预测方法和技术是万能的。针对本书研究的食品冷链物流系统，由于其是一种典型的具有随机性、开放性、复杂性和非线性特征的系统，一般传统的预测方法在其面前显得捉襟见肘、力不从心，因此我们无法直接使用已有的预测方法和技术，而是要设计出符合物流系统特点的、具有创新性和可行性的预测方法和技术。

(4)建立预测模型。

预测模型的好坏决定了整个预测工作的成败。建立正确的预测模型需要预测者具有很强的理论水平和对数据的分析和处理能力。预测模型有线性和非线性之分，线性的预测模型适用于简单的系统，这种预测模型易于搭建，求解简单；非线性的预测模型搭建难度大，求解困难。物流系统是一种典型的非线性系统，用纯粹的数学方法对物流系统进行建模非常困难。为了克服数学建模和求解的困难，目前研究学者们开始研究利用人工智能方法对其进行建模和求解，取得了不错的效果。

(5)修正误差分析及预测值。

误差分析和预测值的修正都是保证预测精度的重要方法和手段。误差分析是利用预测结果与真实值之间的差值对预测模型的优劣进行判断和评价。误差具有多种表现形式，常用到的有绝对误差、相对误差、百分比误差等。有很多原因会导致预测过程出现较大的误差。有的是预测模型本身的问题，比如：有些预测模型的预测结果总是比实际值滞后，这时就需要在预测结果上加上滞后量，以保证预测结果的精度；有的是在分析过程中，对预测模型的影响因素进行了理想化处理，忽略了一些影响因素，因此带来误差；还有的是因为环境的不确定因素对预测模型造成较大的影响，导致预测结果失真较大,这时就应该对这些重要的不确定因素进行深入分析,对它们的影响程度进行量化处理,并利用该量化值对模型的预测值进行修正。但无论如何,误差始终存在,无法根本消除。

3.4 预测的分类

可以按照不同的标准对预测工作进行分类。常用的分类标准有:按预测时间的跨度长短进行分类,按预测的空间范围进行分类,按预测采用的方法进行分类,等等。对预测进行分类,可以指导预测工作更有效的进行。

3.4.1 按照预测时间的长短跨度进行分类

按照预测时间的长短跨度进行分类,可以分为短期预测、近期预测、中期预测和长期预测。

1. 短期预测

短期预测的时间跨度通常以"周"或"旬"为单位,主要根据系统当前的观测值,对未来非常短的一段时间内(月)的系统发展变化情况做出预判和估计。例如,预测夏季的食品冷链市场上需要增加运输冷饮的冷藏车的数量或批次等。

短期预测的目的主要是为相关企业编制月份或季度的生产计划提供数据支持。短期预测的特点是预测的时间跨度短,不确定性因素少,结果一般比较准确可靠。短期预测对外界环境突发因素的变化反应敏感,能够让相关企业的管理者及时了解市场的发展变化,正确组织和安排各项生产经营活动。

2. 近期预测

近期预测的时间跨度通常是以"月"为时间单位,主要根据系统当前的观测值,对未来较短的一段时间内(年)的系统发展变化情况做出预判和估计,如预测一年以内市场上所需的冷库容量、冷藏车数量、生鲜蔬菜的冷运能力等。

近期预测的目的主要是为相关企业编制年度原材料采购计划及生产计划提供数据支持,保证生产过程的连续性和稳定性。近期预测的目标比较明确,不确定的因素较少,可预见性较强,预测结果也比较准确。

3. 中期预测

中期预测的时间跨度通常控制在 3~5 年,主要目标是根据影响系统的经济、技术、政治、社会等重要宏观因素,分析相关企业未来的发展趋势和规律,为政府的相关职能部门提供行业的对策和建议,为相关的企业提供经营战略的决策支持。和长期预测相比,中期预测预测期相对较短,不确定的因素较少,相关的数据资料比较完整,因而预测结果相对比较准确,能够避免长期预测带来的某些局限;和短期预测相比,中期预测能够更加充分地考虑外界的环境因素对系统的影响,其结果更适用于为政府的相关职能部门和企业提供战略层的决策依据。

4. 长期预测

长期预测的时间跨度通常在5年以上,长期预测的主要目标是为政府的相关职能部门或企业制定长期发展规划提供数据支持,如通过预测得知,某区域在未来20年内物流行业将得到迅速发展,能够快速拉动该区域的国民生产总值,提供丰富的就业机会,因此需要在此区域新建大型的物流园区。长期预测主要是根据国内外经济变化的趋势,从宏观角度预测和揭示系统发展的规律,为系统统筹安排长期的生产、分配、交换和消费提供重要的数据参考依据。

3.4.2 按预测的观察视角和研究层面进行分类

按预测的视角和层面进行分类,可分为宏观预测、中观预测和微观预测。

1. 宏观预测

宏观预测是根据系统发展变化的根本规律,预测其长期性、整体性的变化趋势。其内容涉及系统的全局,其观察视角和研究层面涵盖范围非常广。宏观预测的目标主要是为政府相关职能部门和企业制定合理的系统规划和对策建议提供有效的数据支持。

2. 中观预测

中观预测通常是以区域内的行业发展为研究对象,其观察视角和研究范围包括区域内行业的全部内容。比如:预测食品冷链物流行业可向全社会(或区域)提供的冷藏量和冷运量;或食品冷链物流行业供需求之间的适应关系;或地区食品冷链物流系统的实物量和价值量的发展变化情况,等等。从空间范围来看,中观预测是以省、直辖市、自治区或经济区为区域范围的预测。中观预测的目标主要是为了满足地区或行业组织生产和管理决策的需要。

3. 微观预测

微观预测通常是以企业的角度对研究对象实施的预测。从空间范围上看,微观预测的范围一般只涉及企业所在区域的市场和服务等内容。微观预测的视野较窄、研究层面较低,预测的过程及内容比较具体细致。微观预测的目标主要是为了满足企业制订生产计划的需要。

3.4.3 按预测的方法进行分类

按预测所采用的方法不同分类,可分为定性预测和定量预测。

1. 定性预测

定性预测是指根据对系统现状的理解和把握,依照实践经验和主观判断对系统未来的发展趋势做出判断和估计。它既可以是对系统未来在数量值方面进行的预测,也可以是对系统的结构、功能在变化趋势方面的预测。常用的定性预测方法有市场调研法、专家预测法、主观概率法、交叉影响法等。

2. 定量预测

定量预测是指以大量的系统历史观测值和统计数据为依据,建立科学的预测模型,用数量化的方式揭示系统有关变量之间的规律,预测和推断系统未来的发展趋势。定量预测方法依靠量化的分析和计算,可以科学、客观地描述系统的变化趋势和变化程度。该方法以大量的历史统计数据为样本,运用数学和现代化的智能计算方法得到预测结果,其计算过程和计算结果受主观因素的影响少,预测结果更加科学、可信度高。但是该方法对历史数据资料的质量要求较高,技术难度高,不易掌握和实施。

定量预测模型分类的方法很多,常规的分类有回归预测方法和时间序列预测方法。回归预测模型按照影响因素的数量可以分为一元回归预测模型、二元回归预测模型、多元回归预测模型;按照影响因素与因变量之间的关系可分为线性回归预测模型、非线性回归预测模型;按照回归方程的个数可分为单方程回归模型、联立方程回归模型;按模型变量的特性可分为分布滞后模型、自回归模型、期望模型、虚变量预测模型等。时间序列预测模型按照模型的特性可以分为趋势预测模型、季节变动预测模型和随机预测模型。趋势预测模型又可以具体分为移动平均预测法、指数平滑法、差分指数平滑法、自适应过滤法、趋势曲线模型预测法等;季节变动预测模型又可以具体分为平均数趋势整理法、趋势比率法、环比法、温特斯法等;随机预测模型又可以具体分为平稳随机序列预测模型(如 AR 模型、MA 模型、ARMA 模型、ARIMA 模型等)、时间序列满足无后效性的马尔科夫预测模型等。

定性与定量的预测方法在具体的使用过程中经常是相辅相成、互为补充的。在具有详细的历史资料和统计数据的条件下,多采用定量的预测方法;在影响因素无法量化或不确定性因素无法掌握的情况下,多采用定性的预测方法。对于一些复杂的系统,可以将这两种预测的方法进行有机的结合,取长补短，从而得到更准确、更符合实际的预测结果。

3.5 食品冷链物流系统需求预测

3.5.1 食品冷链物流系统需求预测的特点

本书研究的主要内容是湖北省食品冷链物流系统需求预测方法的创新以及基于预测结果的对策建议。研究的目标是找到适用于湖北省食品冷链物流系统需求预测的方法，并提供该预测方法的理论证明和实践指导，为湖北省政府、相关职能部门以及食品冷链物流企业提供科学的决策参考依据。

将食品冷链物流视为一个系统，对其需求进行预测，有如下特点：

1. 对食品冷链物流系统需求的解释

食品冷链物流系统的需求包括食品冷链物流系统的需求规模和需求结构两个方面。食品冷链物流系统的需求规模主要是指社会对食品冷链物流这种服务愿意购买而且能够支付的总数量；食品冷链物流系统的需求结构可以表述为以下几种方式：第一，从物流的形式上看，食品冷链物流的需求结构包括低温环境下的运输、仓储、包装、装卸搬运、流通加工、配送和信息服务等形式；第二，从物流的形态来看，食品冷链物流的需求结构包括有形的食品冷链物流服务和无形的食品冷链服务质量，如食品冷链物流的效率和时间等。本书的研究只涉及湖北省食品冷链物流系统需求规模的预测。

2. 食品冷链物流系统的时空特征对系统需求预测的影响

食品冷链物流系统的时间性是指物流的需求是随时间变化的；食品冷链物流系统的空间性是指物流的需求具有空间维度，要根据系统所处的地理位置、政策扶持的强弱和经济环境等条件分解为不同空间环境下的物流需求。食品冷链物流包括低温环境下的运输、存储、包装、装卸搬运、流通加工等各个环节。这中间既涉及物流系统的时间性，又涉及物流系统的空间性。因此，在预测食品冷链物流系统未来的需求时，要考虑食品冷链物流系统在时间和空间方面的特征及对其的影响。

3. 食品冷链物流系统的规则性和不规则性对系统需求预测的影响

食品冷链物流系统的规则性是指食品冷链物流系统的变化趋势在很长一段时间内会处于一种大体上的恒定状态，如从总体趋势上看，食品对人们生活而言是一种刚性需求，总量变化不大。但是随着人们对生活质量要求的提高和对食品安全的重视，在未来很长一段时间内，食品冷链物流行业的发展空间将是巨大的。食品冷链物流系统发展的不规则性是指在不同季节、不同的时间周期内，社会对冷链物流服务存在着很大的波动。例如，在夏天，人们对冷饮的需求会明显上升；而在冬天，这种需求会明显下降，等等。食品冷链物流系统的这种不规则性可以分为以下三种情况：第一，无趋势或季节性因素导致的随机性或水平型不规则变化；第二，有趋势，但无季节性因素导致的随机性不规则变化；第三，有趋势，有季节性影响的不规则变化。

4. 食品冷链物流系统的独立性和派生性对系统需求预测的影响

食品冷链物流系统同时具有独立性和派生性，它由社会经济发展水平决定，与区域经济发展密切相关。食品冷链物流系统的独立性是指所有的物流需求都来源于独立的客户，如末端消费者对食品的需求等。食品冷链物流系统的派生性是指物流需求是由某一特定的生产计划要求（独立需求）派生出来的从属性的需求，如对食品原材料的需求等。根据系统的特性不同，对其需求预测的方法也不相同。对食品冷链物流系统的需求进行预测，应该充分考虑它的各种独立性和派生性因素。

5. 食品冷链物流系统需求具有可测性

通过物流需求理论，我们知道，随着社会经济总量、产业结构、区域消费水平的改变，食品冷链物流系统的需求量、需求结构和需求层次都会发生改变，即食品冷链物流系统的需求会随着社会经济的发展呈现出明显的变化趋势。因此，我们认为，食品冷链物流系统的需求受到系统内因和外界环境的共同作用，具有动态系统的典型特征，具有一定的可预测性。

3.5.2 食品冷链物流系统需求预测的考虑因素

无论是基于相关性原则，还是基于类推原则，预测的提前是预测对象本身或外界环境条件与现有统计数据资料呈现出的状态和规律具有较大的相似性。我国的经济正处于转型期，食品冷链物流行业在结构、功能和模式上也正在进行重大的调整。因此，无论是从纵向看——现代的食品冷链物流与传统的食品物流的比较，还是从横向看——不同国家和地区间食品冷链物流的比较，它们之间的相似性都不强。在这种情况下，要实现对食品冷链物流系统需求进行准确的预测，必须对食品冷链物流系统进行深入和详细的分析，找到系统变化的内因和与之强相关的外界环境中的影响因素，并对传统的预测方法和预测模型进行改良、修正和优化，使其对食品冷链物流系统发展的预测能够真实地反映食品冷链物流系统的变化规律，从而得到精确的预测值。

在对食品冷链物流系统需求进行预测时，要考虑下列因素：

1. 统计数据的局限性

我国食品冷链物流的发展才刚刚起步,有关食品冷链物流的统计工作十分滞后,行业的统计数据缺乏、不完整、可用性差。其统计数据中体现的变化规律不能完全代表食品冷链物流行业未来的发展趋势。因此现阶段,我们利用现有的统计数据预测食品冷链物流行业未来的发展趋势和需求规模具有一定的局限性。

2. 各要素关系耦合紧密,食品冷链物流系统呈现非线性特征

食品冷链物流系统中各种要素数量众多,并且各要素之间的相互影响和反馈形成了耦合紧密、相互制约、错综复杂的关系。因此,食品冷链物流系统呈现出明显的非线性和随机性的特征。

3. 食品冷链物流系统对外界环境的敏感性强

食品冷链物流系统是一个对外界环境敏感度非常强的系统,外界环境(如国际国内的经济形势、政府职能部门的法律法规、政策建议以及对行业的干预和调控、农工商业的现代食品冷链物流意识和观念、人们消费观念的变化等)对食品冷链物流系统的影响会很快地反映在食品冷链物流的品种、层次和需求量等方面,甚至会直接影响食品冷链物流行业的发展。因此,在对食品冷链物流系统的需求进行预测时,要充分考虑外界环境的重要性,要将外界环境对食品冷链物流系统的影响进行量化处理。

4. 对食品冷链物流系统需求进行预测要反映系统的整体运作状况

现代食品冷链物流系统强调的是系统运作的整体性、统一性和完备性。食品冷链物流系统在任何一个环节出现问题,都会影响到系统运作的合理化和整体效益,会影响到食品冷链物流系统的良性发展。由于不同的食品冷链物流系统的要素、结构、功能以及系统外界环境均不相同,因此食品冷链物流系统应该有其自身的分类和定位。在对食品冷链物流系统需求进行预测时,应该从系统的一致性和完整性角度出发,综合考虑食品冷链物流系统的整体运作情况,选择正确的预测模型和方法。

5. 定性和定量方法在预测时的有机结合

影响食品冷链物流系统的因素很多,其中有些因素是可以量化的,而有些因素则只能定性描述。因此,在对食品冷链物流系统需求进行预测时,我们只有采用定量与定性相结合的方法,以定量为主、以定性为辅,对食品冷链物流系统需求进行预测,才能获得精确的预测结果,才能为相关的政府职能部门和各食品冷链物流的企业提供有效的决策参考依据。

第4章 常规预测方法及算例分析

4.1 引 言

传统经典的预测方法是人们遵循预测的特点和规律，经过多年研究后得出的，在国民经济的重大决策中发挥了重要的作用。传统的预测方法有数百种，被誉为经典的预测方法也有数十种之多。但无论是哪种预测方法，在一定的应用背景和精度要求下，都有其自身的局限性。随着全球经济一体化进程的加快和科学技术水平的不断发展，人们对预测结果的客观性、精确性和可靠性的要求越来越高。因此，客观上要求进一步寻求更为科学有效、更精确、更贴合应用背景的预测方法。而对经典预测方法的研究，掌握其特点、优劣势和适用范围是产生新的预测方法的基础和前提。

传统经典的预测方法分为定性预测和定量预测，具体的分类如图4-1所示。

定性预测是根据国内外政治、经济形式发展和变化趋势，以及所从事专业的实践经验和技术，利用调查、比较分析等方法，以人的经验和主观逻辑对预测对象的发展方向和程度作出的判断和估计[111]。定性预测包含两层含义，一是定性分析；二是定性预测。定性预测方法应用非常广泛，一般来说，它通常适用于历史统计资料短缺或不准确，影响预测对象的主要影响因素模糊，无法量化或者趋势面临重大转折，出现两难选择，需要更多地依赖专家经验场合，等等。传统的经典定性预测方法通常包括市场调查法、专家调查法和类比法等。

定量预测是对目标对象的历史数据进行收集、整理和加工，运用统计方法寻找这些历史数据在数量上呈现出来的函数关系，然后建立数学模型，并利用数学模型预测目标对象未来的发展趋势、需求规模、水平和速度。定量预测是目前研究学者们最主要使用的预测工具和模型。定量预测非常注重预测对象的发展在数量方面呈现的逻辑关系，因此定量预测的结果与统计资料

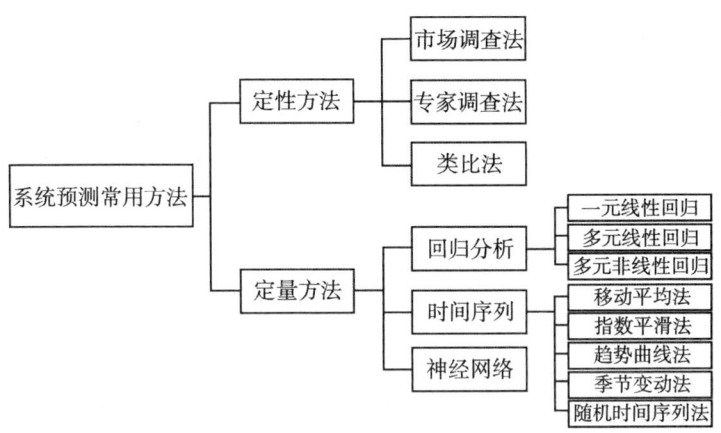

图 4-1　传统经典预测方法和神经网络

和统计方法有密切关系。在当前实际的应用中,人们对定量预测的精度和可靠性提出了很高的要求,因此不能盲目地选择定量预测的方法和模型,要在充分研究预测对象的特点,了解每一种预测方法的优劣和适用范围的基础上,才能选择或者重新设计新的预测方法,使预测过程更加科学规范化。传统的经典定量预测方法通常包括回归分析法和时间序列法。神经网络是目前用于非线性的定量预测的一个崭新而热门的研究方向,也是本书研究的重点。

4.2　传统经典的定性预测法与方法分析

1. 定性预测方法的优劣势

(1) 定性预测方法的优势:定性预测方法具有较大的灵活性和可行性,使用简单,操作方便,省时省力,成本较低。

(2) 定性预测方法的劣势:定性预测方法受主观因素影响大,比较注重于人的经验和主观判断能力;由于受人的经验和能力的束缚和限制,该方法无法标准化,准确性和可靠性无法判断;缺乏数量上的精确描述。

2. 定性预测方法的适用范围

定性预测适合于对事物发展的规律进行描述。它主要依赖于专家的经验和智慧,能够充分发挥人的主观能动作用,对于缺乏历史数据或者影响预测对象的因素众多、复杂且无法量化或模糊的情况尤为适用。

(1) 掌握的统计数据不多、不准确或预测对象的主要影响因素是非量化的、模糊的和主观的。例如,在没有统一统计口径之前,食品冷链物流系统的历史数据就是不准确和模糊的。

(2)经济环境、系统结构发生大的变化或建立新的系统。例如,国家或相关职能部门出台了新的促进食品冷链物流发展的方针政策,这种方针政策对食品冷链物流行业产生的影响以及因此导致食品冷链物流市场的供需水平产生变化的情况,等等。

(3)存在一些无法量化,只能通过定性的方法进行估计和判断的因素。例如,某一地区突然发生地震,对经济的运行破坏极大,食品冷链物流的运作完全停顿,这种突发性事件对当地食品冷链物流现在和未来发展产生的影响只能借助定性的方式判断和估计。

(4)作为定量预测的辅助手段。例如,初步确定某系统的一些影响因素,为后面的定量分析和计算做准备;根据实际情况,对预测值做定性的修正;对突变因素的影响进行预测;等等。

3. 定性预测方法在食品冷链物流系统需求预测中的应用

定性预测方法能解决某些用定量预测方法难以解决的实际问题,在对食品冷链物流系统进行预测的研究中是非常重要和不可或缺的一个环节。由于食品冷链物流系统具有显著的复杂性和非线性特征,纯粹的量化方法很难完整和客观地对其进行描述和预测,因此在对食品冷链物流系统进行需求预测时,合理适度地运用定性方法,让其成为定量预测方法的有力补充,既能够保证预测的完整和可行性,又可以保证预测结果精确性和可靠性。

4. 本书应用定性预测方法的思路

(1)初步确定湖北省食品冷链物流系统的状态参量和控制参量。

首先利用定性的预测方法初步筛选出影响食品冷链物流系统的状态参量和控制参量;然后根据定量的方法计算这些状态参量和控制参量之间的关联度,进一步确定预测模型中的状态参量和控制参量。

(2)检验和修正定量预测的结果。

模型参数的定性检验:在建立食品冷链物流系统发展的预测模型后,还需要利用定性的分析方法检验预测模型的参数范围是否在其经济分析认定的参数变化范围内;对得到的预测结果,要利用定性分析的方法检验预测结果是否具有经济意义,是否符合经济运行的规律。

预测值的定性修正:一旦发现湖北省食品冷链物流系统的实际需求已经超过预测结论,或其发展趋势没有按照原先估计的轨迹运行时,就要根据实时的观测值对预测结果进行直接的修正。

4.2.1 市场调查法

市场调查法(market survey method),是指调查人员以面谈、信件、电话或传真等手段,从调查对象的回答中直接获得他们对研究对象的想法以及其他相关的信息资料,然后对各种信息进行综合处理,最后得出预测结果的一种定性预测的方法[112]。

由于在市场调查法中所有的信息均直接来源于最终的用户,所以这种方法的优点是能够较好地反映消费者的需求情况;缺点是预测周期较长、费用较大。

按照调查者与被调查者接触的方式不同,市场调查法可以分为面谈调查、电话调查、问卷调查、观察等方法。

1. 面谈调查法

面谈调查法是指调查人员和被调查人员就调查的内容进行直接面对面的谈话。面谈调查法是市场调查法中最为常见的一种方法。

根据被调查对象的人数,面谈调查法可以分为个人面谈和小组面谈。小组面谈一般在6~10人;根据面谈的次数,面谈调查法可以分为一次面谈和多次面谈。在具体实施面谈调查法的时候,可以根据市场调查的目的、调查的时间、调查的费用的实际情况进行选择。

(1)面谈调查法的优点:

① 调查结果的回收率高,可以提高调查结果的效率;

② 能够在第一时间获得直接的调查结果,还能得到被调查者对调查内容在肢体和语气上的反馈,可以将其作为调查结果的辅助材料;

③ 易于得到一些难以得到答案的调查问题的结果。

(2)面谈调查法的缺点:

① 面谈调查法需要大量的人力和物力,调查成本很高;

② 对调查员实际的工作很难监管;

③ 调查结果的真实性、准确性和客观性主要取决于调查者本身的素质,因此面谈调查法对调查员的要求较高。

2. 电话调查法

电话调查法是指调查人员以电话为调查手段,获取市场信息的一种方法。电话调查法是一种常见的市场调查法,属于间接调查方法。由于电话调查方法形式简单,容易开展,且成本较低,所以目前有越来越普及的趋势。

(1)电话调查法的优点:

① 调查的时间成本和实际支出成本低；
② 覆盖面广，回答率高；
③ 易于实现对访问的监控。
(2) 电话调查法的缺点：
① 受通话时间的限制，调查内容的广度和深度受到一定约束；
② 存在先天母体不完整的缺陷，资料收集欠缺全面和完整性；
③ 由于电话调查法不太直观，准确性和有效性较差。

3. 问卷调查法

问卷调查法是指调查者采用统一设计的问卷向被调查者进行调查的方法，属于间接调查方法。目前，问卷调查法经常以大规模抽样调查的形式出现，同时与定量分析方法相结合，在预测的方法和技术上呈现出新的特征。问卷调查法适用于成分单一的被调查群体[113]。问卷调查法的问卷设计有基本固定的格式，包括调查名称、调查日期、封面信、指导语、问题和答案、调查编码、审核员编号、被调查者住地、被调查者合作情况等几个部分。其中，问题和答案是问卷的主体部分。

按照问卷分发和回收形式的不同，问卷调查法可以分为直接发送和间接发送；按照问卷调查法调查对象的不同，问卷调查法可以分为自填式和代填式；按照问卷的问题和答案的形式设计的不同，问卷调查法可以分为开放式、封闭式和混合式。

(1) 问卷调查法的优点：
① 用问卷调查法收集资料，不受地域和时间的限制，抽样范围较广；
② 各项成本较低，且简单易行；
③ 问卷调查法属于间接访问的形式，被调查人员有充分考虑的时间，不受别人干扰，并容易自由地表达意见，调查结果的可靠性高。

(2) 问卷调查法的缺点：
① 问卷被歧义化理解，不能得到真实的反馈；
② 抽样的样本和问卷的设计均影响信息的收集、整理和统计；
③ 有些情况非常复杂，无法用问卷设计的简单答案进行描述。

4. 观察法

观察法又称为实地调查法，是指调查人员深入到研究对象所处的环境或现场中，在一定的理论指导下，有目的、有计划地了解和收集研究对象在自然状态下的客观现象和初级信息，从而展开对研究对象的调查。

在使用观察法时，应该遵循客观真实的原则，要遵守法律，服从道德伦理。观察法按照观察程序的不同,可以分为结构式观察和非结构式观察;按照观察场地的不同,可以分为实地观察和实验室观察;按照观察者投入程度的不同,可以分为完全参与型观察和不完全参与型观察;按照观察者和被观察者关系的不同,可以分为直接观察和间接观察。

(1) 观察法的优点:

① 可以收集无法自行上报的数据;

② 数据的真实性和客观性较高;

(2) 观察法的缺点:

① 只能观察到事物外在的行为变化,内在的行为难以观察;

② 观察的结果难以概化。

4.2.2 专家调查法

专家调查法又称专家评估法(expert investigation method),是指通过专家的专业知识、经验和技能获取调查信息,对调查研究的问题做出评估、判断和预测的一种调查方法。专家调查法特点鲜明,适用领域特殊,多用于研究机构的重大课题的研究、研究报告的撰写以及为政府职能部门和大型企业提供决策支持。

专家调查法适用的领域和范围较特殊,在下述情况中使用,有比较好的效果:

(1) 新技术的评估。市场对新技术的接受程度很难预测,专家的知识和经验往往能起到很好的效果。

(2) 非技术因素起主导作用。当需要决策的问题涉及社会问题,超出了经济和技术的范畴,无法用数学方法解决时,专家调查法往往能体现出更加明显的优越性。在如公众舆论、生态环境、社会治安等问题中,非技术性的因素起主导作用,技术因素处于次要地位,此时,专家的决策往往比社会的群体决策更正确、更具有指导意义。

(3) 缺乏数据。定量分析能很好地体现预测的科学性。但是,有时研究学者不得不面对数据缺乏的窘境,这时专家调查法是一个很好的选择。

专家调查法主要包括头脑风暴法和德尔菲法。

1. 头脑风暴法

头脑风暴法又称智力激励法,它是由美国人 A. F. 奥斯本于 1939 年首次提出,并于 1953 年正式发表。在专家调查法的诸多方法中,头脑风暴法占有重要地位。它是指通过组织专家会议,营造轻松融洽的会议气氛,激励全体与会专家进行思维的直接和连续碰撞，用创造性的思维得到尽可能多的方案，最后再进行群体决策的一种方法。头脑风暴法可以分为直接头脑风暴法(通常简称为头脑风暴法)和质疑头脑风暴法(也称反头脑风暴法)。前者是一种在进行群体决策时，不断激发专家的创造性，使其产生尽可能多的方案和设想的方法；后者则是前者的反向操作，是指对专家们提出的设想、方案进行逐一质疑，分析其现实可行性的方法。采用头脑风暴法组织群体决策时，要集中有关专家召开专题会议，主持人需要采用明确的方式向所有参与者阐明问题，说明会议的规则，尽力营造融洽轻松的会议气氛，由专家们自由提出尽可能多的方案，再由分析组处理和分析方案，最终得出最后的结果。

(1)头脑风暴法的优点：

① 通过专家之间的智慧碰撞，充分发挥专家的创造性思维和客观、连续性的分析，易于找到一组切实可行的方案；

② 在短时间内排除折中方案。

(2)头脑风暴法的缺点：

① 实施成本高；

② 对参与者的自身素质要求高，难以组织和开展。

2. 德尔菲法

20 世纪 40 年代，美国兰德公司发明了德尔菲法，并首先将其应用在对新技术的市场反应的预测上，获得了极大的成功。德尔菲法是指组织具有专门知识的专家，通过几轮匿名的分析判断、预测、综合以及修正，最后得到预测结果的一种方法[114]。德尔菲法是对专家预测法的发展和延续。

(1)德尔菲法的主要步骤：

① 根据预测问题涉及的知识范围和大小，组成专家小组(一般不超过20人)；

② 向所有专家提出所要预测的问题及有关要求，并附上关于这个问题的所有背景材料，然后由专家做书面答复；

③ 各个专家提出自己的预测结论和理由；

④ 将各个专家的判断结果匿名汇总，制成图表，再分发给各位专家。由各位专家比较分析自己与其他专家的意见后，再次提出自己的预测结论和理由；

⑤ 如此多次反复，直至各位专家的意见和结论趋向一致或每一位专家都不改变自己的预测结论为止；

⑥ 对各位专家的预测结论进行综合处理。

(2)德尔菲法的优点:
① 可以加快预测的速度,降低预测的成本;
② 集思广益,取长补短;
③ 实践证明,德尔菲法适用于长期预测和对新产品的预测,适用于在历史资料不足或不可测因素较多的预测。
(3)德尔菲法的缺点:
① 受主观因素的制约和局限,主要表现在专家的知识领域、专家的预测标准、专家的评价尺度等;
② 缺乏严格考证,需要对极端意见进行排除才能得到结论,结论不稳定。
虽然德尔菲法有一些缺陷和不足,但目前仍然是主要的定性预测方法之一。并且近年来,在各类定性预测方法的使用中,德尔菲法所占的比重一直有增无减。

4.2.3 类比法

类比法(method of analogy),又称为比较类推法,是指由于假定同一类事物具有的某种共同的属性,因此可以根据甲具有的某种属性,推导出属于同类事物的乙也具有相同属性的推理方法。类比法是类比原理的定性表现形式,与其他分析方法相比,类比法属平行式思维的方法,任何一种类比的方法都是在同层次之间进行。

类比法是一种或然性的推理,其前提是类比的对象具有相同的本质。如果类比对象之间的相同点越多,类比对象之间的关联度越大,其类比结论的可靠性就越大;反之,其结论的可靠性就越低。当然,如果把某个对象的特有情况或偶有情况硬类推到另一对象上,就会产生"类比不当"或"机械类比"的错误。类比推理方法的结论必须由实验来检验。

按照类比的方向,类比法可以分为纵向类推预测和横向类推预测两种。纵向类推预测是一种对同一事物在时间轴上的历史数据进行比较,从而得到预测结果的方法。在使用纵向类推预测的时候,要注意不同历史时期类比对象呈现出的不同特点,避免陷入机械式的比较和分析。横向类推预测是一种在同一时间刻度上,对不同的事物进行比较,从而得到预测结果的方法。在使用横向类推预测的时候,要注意相同的背景、相同的影响因素对不同事物影响的不同。

(1)类比法的优点:
①具有创造性和想象力,具有较强的探索和预测能力;

②可以跨类比较,不受一般原理的限制。
(2)类比法的缺点:
①类比法所得出的结论有一定的偶然性;
②关于某一类对象成套定理体系,类比到另一类对象时,有些命题的真假性被破坏。

4.3　常规定性预测法的算例分析

一个简单的专家调查法的算例分析:某企业准备推广一个新产品,组织了30位专家对该产品的销售量进行评估。用专家调查法的过程和中间计算结果如表4-1所示,最后的预测结果为需求为26170个。

表4-1　　　　　　　　专家调查法的步骤和计算结果

需求(千个)	中位点	专家组人数	专家概率分布	加权平均值
50以上		0	0.00	
40~49	45.5	2	0.06	2.73
30~39	35.5	8	0.26	9.23
20~29	25.5	13	0.43	10.96
10~19	15.5	6	0.20	3.10
0~9	5	1	0.03	0.15
总计		30	1	26.17

4.4　传统经典的定量预测法与方法分析

传统经典的定量分析与预测方法有两类,一类是回归预测法,另一类是时间序列预测法。

4.4.1　回归预测法

"回归"(regression)一词来源于19世纪英国生物学家葛尔顿对人体遗传特征的实验研究。他根据实验数据,发现个子高的双亲,其子女也较高,但平均来看,却不比他们的双亲还要高;同样,个子矮的双亲,其子女也较矮,但平均来看,也不会比他们的双亲还要矮,最后孩子们的身高趋于一致。他把这种人类身材趋于平均高度的现象称为"回归",并作为统计概念加以应用。现今统计学的"回归"概念已不是原来生物学中的特殊意义,而是指变量之间的依存关系。

回归预测法是一种以预测原理中的相关性原则为理论支撑的预测方法。回归预测法的思路大致为:首先找出系统外界环境中各种和预测对象相关的影响因素,然后用量化方法计算出这些影响因素和预测对象之间的关联强度,并根据它们之间的关联强度建立拟合度尽可能高的回归预测模型,最后再利用回归模型的估计参数和误差检验完善和优化预测模型[115]。

1. 回归预测模型的分类

常见的回归预测模型有一元回归、多元回归、分布滞后回归、自回归、经验回归、联立方程回归等。下面简单地分析一下这几种回归模型的特点:

1)一元回归模型:$y=f(x)$

一元线性回归模型只涉及一个自变量和一个因变量,反映的是一种因素对一个事物的变化产生的影响。无论是建立模型,还是模型求解,都比较简单。一元回归利用最小二乘法确定与各个历史数据最近的直线,然后利用这条直线预测事物未来的情况。该方法简单易行,当预测对象较简单或相关因素比较明确时,能产生很好的预测效果。回归预测模型对样本数据的要求较高,比如,各个自变量每一水平的样本必须是独立的随机样本,其重复观测的数据服从正态分布,各自变量总体方差相等。

2)多元回归模型:$y=f(x_1, x_2, \cdots, x_k)$

多元回归模型是指含有两个及两个以上自变量的回归模型。客观世界中一个事物的发展往往都与多种因素联系在一起,因此,事实上,多元回归模型比一元回归模型更具有现实意义,适用面更广。但由于多元回归模型引入了多个自变量,考虑到更多因素对目标对象的影响,虽然预测模型的精度会大幅提高,但其求解的计算量也会大幅增加,往往需要借助计算机软件辅助完成。另外,多个自变量的标准化和归一化问题也增加了模型的复杂度和求解的难度。例如:在一个预测一个家庭中小孩教育程度的多元回归模型中,父母受教育程度、职业、地区、家庭经济条件、性别等因素都会对目标对象产生影响,但这些影响因素(自变量)的量纲显然是不同的,因此不能通过直接比较各自变量前的系数来说明各自变量对因变量影响的重要性,应对各个自变量进行标准化和归一化处理,此时得到的回归系数才能反映对应自变量对因变量的影响程度。这时的多元回归方程称为标准多元回归方程,回归系数称为标准回归系数。

3) 分布滞后模型：$y=f(x_t, x_{t-1}, \cdots, x_{t-k})$

有时自变量与因变量的因果关系不是在短时间内完成的，其变化过程中通常都具有时间的滞后性，即自变量需要通过一段时间才能完全作用于因变量。由于经济活动的惯性，一个经济指标以前的变化态势往往会延续到本期，从而形成因变量的当期变化同自身过去取值水平相关。通常，把这种过去时期的、具有滞后作用的因变量叫做滞后变量。如果考虑时间因素的作用，因变量受自变量的影响，且分布在自变量不同时期的滞后值上的这种模型就称为分布滞后模型。分布滞后模型是指因变量 y_t 不仅受同期自变量 x_t 的影响，而且还明显依赖于 x 的滞后值 $x_{t-1}, \cdots, x_{t-k}$，分布滞后模型一般用来描述经济变量的滞后效应。常见的分布滞后预测模型有阿尔蒙法：

$$y = \beta_0 + \sum_{j=0}^{s} \alpha_j x_{i-j}$$

4) 自回归：$y_t = f(x_t, y_{t-1}, \cdots, y_{t-s})$

如果滞后回归模型中的自变量仅仅包括自变量的当期值和因变量的若干期的滞后值，则被称为自回归模型。常用的自回归模型包括库伊克模型、自适应预期模型和局部调整模型。这三种自回归模型的最终形式都是一阶自回归模型，但是导出这三种模型的经济背景和形成机理是不同的，因此它们的随机误差项的结构也有所不同，这给模型的参数估计带来困难。

5) 经验模型

当问题的机理非常不清晰、难以直接利用其他知识进行建模时，一个较为自然的方法是利用数据直接进行曲线拟合，找出变量之间的近似函数关系。经验模型根据这一思想应运而生。经验模型是指不分析系统变化的机理，而是通过从实际得到的与变化过程有关的数据直接进行数理统计分析，并按误差最小原则归纳出该过程各参数和变量之间的数学关系的模型。经验模型只考虑输入与输出，而与过程机理无关，所以又称为黑箱模型。经验模型容易确定，但要注意预测对象的发展规律是否符合该模型所描述的经济现象。经验模型进行数据拟合的常用方法为最小二乘法和插值法。

6) 联立方程模型：$\begin{cases} y_t = f(x_1, x_2, \cdots, x_k, y_1, y_2, \cdots, y_g) \\ i = 1, 2, \cdots, g \end{cases}$

以上的回归方程均是采用一个方程的结构，称为单方程模型。单方程模型是解释一个因变量与一个或多个自变量之间的因果关系，强调的是在给定 x 的条件下，估计或预测 y 的值。但在实际情况下，这种简单的单方程模型已经不能说明多个变量之间错综复杂的关系,单通道单方向的关系可能已经不再成立,例如,如果 y 由 x 决定,而同时也有若干个 x 由 y 决定,这时就产生了双通道或联立关系,因此需要采用多个方程对其进行讨论,即多方程模型或联立方程模型。联立方程模型能够清楚地说明多个自变量之间的内在关系,揭示经济系统中的运行情况和结构,对预测目标及其影响因素之间的单向、多向的因果关系描述得更为准确,具有单方程所没有的好处,但是相应的,它会比单方程更复杂,计算量也更大。联立方程回归模型分为结构型模型、简约化模型和递归型模型。

综上所述,一元回归模型建模简单,参数估计容易,但是只考虑了一种影响因素对因变量的影响,忽略了其他重要因素,模型精度较低[116];多元回归模型可以在一次研究中同时检验具有多个水平、多个自变量对因变量的影响以及自变量间的交互作用,预测精度较高,但是使用起来约束多、难度大[117];当预测目标的当前变化对后期观测值有明显影响时,则要考虑预测目标存在滞后效应,应该选择滞后回归模型,滞后回归模型由于考虑了时间的影响,精度较高,但模型的参数估计变得复杂和困难;自回归模型把预测对象中的每一个内生变量作为系统中所有内生变量的滞后值来构造模型,从而将单变量自回归模型推广到由多元时间序列变量组成的向量自回归模型;当预测对象的发展规律与某类型经验曲线所描述的规律类似时,可以采用经验回归模型对其进行预测,从而简化建模过程,但经验曲线的选择要准确,否则会产生较大的误差;联立方程回归模型能够处理多个解释变量和双向的因果关系,能够充分利用系统信息,对整个系统或其子系统一起进行估计,特别适合处理市场均衡、商品需求和宏观经济等问题。由此可见,上述常见的回归模型各有其优缺点及适用范围,可以根据研究问题的具体特点对它们进行科学的选择和应用。

2. 回归预测法的步骤

虽然回归预测模型的种类很多、各具特点,但是它们的预测步骤、优缺点和适用范围基本上是相同的。

(1)根据预测目标,确定自变量和因变量;
(2)对自变量和因变量进行相关分析;
(3)根据相关分析的结果,建立回归预测模型;
(4)检验回归预测模型,计算预测误差;
(5)计算并确定预测值。

3. 回归预测法的优点

(1)只要采取相同的回归模型和数据进行预测,预测结果稳定且唯一;

(2) 简单易行；

(3) 可以计算出各影响因素之间的相关关系，在预测的同时揭示各影响因素对预测对象的影响程度。

由此可知，采用回归预测方法对食品冷链物流系统需求进行预测，不仅能够搭建预测模型、实现预测的目标，而且还能够对食品冷链物流系统外界环境中的各重要影响因素进行量化分析，即食品冷链物流系统的管理者不仅能够通过预测结果明确食品冷链物流未来的发展方向和程度，而且还能掌握影响食品冷链物流发展的主要影响因素以及各影响因素之间的相关关系。

4. 回归预测法的缺点

(1) 对历史数据的质量要求高。

回归预测方法要求历史数据真实完整，即在计算自变量和因变量之间的关联的关系以及建立回归预测模型时，需要充分而完整的历史数据。如果该条件无法满足，则无法建立有效的回归预测模型；即使建立了回归预测模型，也无法保证预测结果的准确性。

(2) 系统的结构要求相对稳定。

回归预测方法要求研究对象的结构相对稳定，即系统中自变量和因变量之间的关联关系要稳定。如果系统的结构不稳定，经常发生变化，则系统中自变量和因变量之间的关联关系和关联的量化关系也会随之经常发生变化，建立回归预测模型的基础就不复存在。

(3) 回归预测模型建立的难度大。

回归预测方法的逻辑是：首先根据历史数据描绘散点图；然后寻找一个数学函数对该散点图进行逼近，并对逼近效果进行检验。如果通过检验，就可以用该数学函数近似表示历史数据所描述的因素之间的关系，即成为回归预测的模型。由此可知，如果预测的对象是一个开放式的复杂系统，如食品冷链物流系统，影响它的因素多而复杂，寻找一个数学函数对该系统的历史数据进行精确的逼近是一件非常困难的事情，需要有强大的数学建模水平和相关的分析软件才能做到。因此，有时人们为了简化建模和求解的过程，往往会在主动性地忽略掉很多影响因素后，用一个线性函数或一个简单的非线性函数去逼近一个复杂的非线性系统，从而得到预测的结果。可想而知，在这种处理方法方式下得到的预测结果往往是不能被接受的。因此，目前对复杂的非线性开放系统进行分析和预测是回归预测方法遇到的最大和最难解决的困难。

5. 回归预测法的适用范围

由回归预测法的优缺点可知，有如下三种情况适合采用回归预测方法：

(1)系统的历史数据较完整;
(2)预测的目标之一是要了解和掌握各影响因素之间的关联关系;
(3)系统的结构稳定。

6. 应用回归预测法必须注意的问题

1)回归预测方法的理论基础

回归预测方法的理论基础是相关性原理,即回归预测方法的可行性和有效性的基础是系统中自变量和因变量的关联关系。因此,在应用回归预测方法时,首先应该分析自变量与因变量之间的相关性,然后根据它们之间相关的数量关系确定因变量的系数,最后进行回归的分析和计算。

2)函数的选择

在回归预测方法中,回归预测模型对系统历史数据的拟合程度直接决定了最终回归预测模型的精度。因此,回归预测模型的数学表达式,即模型所选择的拟合函数,一定要能够尽可能地逼近预测对象的历史数据曲线,这是相关回归预测方法获得成功的重要保证。

3)模型参数估计

回归预测模型的参数估计有多种方法。每种方法产生的误差和误差特性都不相同,因此,其方法选择是否恰当,会直接影响预测的结果。

4.4.2 时间序列预测方法

时间序列预测法又称为历史资料延伸法,是指根据纵向时间轴的进程,收集、分析和编制数据序列,并依照基于时间轴的数据数列体现出来的预测对象的发展过程、趋势、方向和特征,延伸和推断预测对象未来可能出现的状况。时间序列预测方法实施的前提是假设预测对象未来的变化情况会遵循历史规律,即其变化是渐进式的变化,而非突发跳跃式的变化。时间序列预测方法实际上是将所有的影响预测对象的因素都归入到时间序列数据的波动中,只承认所有影响因素的综合作用,并认为这种综合影响对预测对象的未来变化仍然起作用。时间序列预测方法与回归预测方法的本质不同之处在于:它不去分析和探讨影响预测对象的各个因素,以及这些因素和预测对象之间的因果关系,而仅仅只重视时间序列数据的波动及其变化的规律。

1. 常规时间序列模型的分类

1)移动平均法

移动平均法是一种利用一组基于时间的观测值对预测对象在未来一段时期内的发展情况进行预测的方法[118]。移动平均法能够有效剔除掉时间数据序列的随机波动,适用于需求变化平稳,且不存在季节波动的短期预测[119]。按照预测时使用的各元素的权重对移动平均法进行分类,可以分为:简单移动平均法、加权移动平均法和趋势移动平均法。

(1)简单移动平均法。简单移动平均法的操作步骤是将最近 n 个观测值作为一个移动期,通过移动期数的连续移动形成各组数据,然后使用算术平均法计算各组数据的移动平均值,并将其作为下一期的预测值。在大多数情况下,简单移动平均法只适用于以周或月为时间单位的短期预测。其优点是操作简单、容易掌握;缺点是处理的历史数据必须是水平型的,否则无效。而在现实生活中,水平型的历史数据并不常见,这大大限制了简单移动平均法的应用范围。另外,简单移动平均法还有一个主要用途是对原始数据进行预处理,目的是消除数据中的异常因素或周期变动。

预测公式:

$$\hat{y}_t = M_t \tag{4-1}$$

$$M_t = \frac{y_{t-1} + y_{t-2} + \cdots + y_{t-n}}{N} \tag{4-2}$$

其中:$\hat{y}_t$——预测值;

M_t——第 t 期的移动平均值;

y_{t-1},y_{t-2},$\cdots$,y_{t-n}——前 $t-1$ 期、前 $t-2$ 期直至前 $t-n$ 期的观测值;

N——移动平均的时期数。

(2)加权移动平均法。加权移动平均法是依据同一个移动时间段内不同时刻的观测值对目标对象的影响程度,给予相应的权重,然后再按照移动期进行平均移动,最后完成预测的一种方法。加权移动平均法是对简单移动平均法的优化和改进。在加权移动平均法中,每个时刻的数据值的地位是不同的。根据客观现实,由于远期观测值对目标对象的影响较小,因此远期的观测值的权重应该相对较小;而近期观测值对目标对象的影响较大,因此近期的观测值的权重应该相对较大。毫无疑问,这种改进方法更符合客观情况,因此,改进后的移动平均法的预测精度有较大幅度的提高。在加权移动平均法中,移动期 n 的取值大小很关键,对平滑结果起到了决定性的作用。如果 n 值过小,则预测模型的灵敏度会提高,但无形中也放大了随机干扰对模型的影响,模型的预测结果起伏较大,可能会造成预测结果的失真;但是如果 n 值过大,则预测模型的敏感度又会过低,导致对观测数据的变化的不敏感,不能敏锐地发现和反映目标对象的变化趋势。加权移动平均法适用于短期的预测,但它不能反映季节性的波动。因此,如果预测对象对季节敏感,用加权移动平均法预测可能会产生偏差,最好不要使用。

预测公式:

$$\hat{y}_{t+1} = M_{tw} \tag{4-3}$$

$$M_{tw} = \frac{w_1 y_t + w_2 y_{t-1} + \cdots + w_n y_{t-n+1}}{w_1 + w_2 + \cdots + w_n} \tag{4-4}$$

其中:$\hat{y}_{t+1}$——预测值;

M_{tw}——第 t 期的移动加权平均值;

y_t、y_{t-1}、…、y_{t-n+1}——前 t 期、前 $t-1$ 期直至前 $t-n+1$ 期的观测值;

w_1、w_2、…、w_n——每期的权重;

n——移动平均的时期数。

(3)趋势移动平均法。趋势移动平均法是指在简单移动平均法或加权移动平均法的基础上,计算变动趋势值,并对变动趋势值进行移动平均,即先求出若干期的变动趋势平均值,再利用此趋势的平均值修正简单移动平均或加权移动平均预测值,以消除原预测值的滞后影响的一种计算方法。

预测公式:

$$\hat{y}_{t+T} = a_t + b_t T \tag{4-5}$$

$$a_t = 2M_t^{(1)} - M_t^{(2)} \tag{4-6}$$

$$b_t = \frac{2}{n-1}(M_t^{(1)} - M_t^{(2)}) \tag{4-7}$$

$$M_t^{(1)} = \frac{y_t + y_{t-1} + \cdots + y_{t-n+1}}{N} \tag{4-8}$$

$$M_t^{(2)} = \frac{M_t^{(1)} + M_{t-1}^{(1)} + \cdots + M_{t-n+1}^{(1)}}{N} \tag{4-9}$$

其中:$\hat{y}_{t+T}$——预测值;

a_t,b_t——第 t 期的相关系数;

y_t、y_{t-1}、…、y_{t-n+1}——第 t 期、第 $t-1$ 期直至第 $t-n+1$ 期的观测值;

$M_t^{(1)}$——第 t 期的移动平均值;

$M_t^{(2)}$——$M_t^{(1)}$ 的修正值;

N——移动平均的时期数;

T——预测超前期。

2)指数平滑法

指数平滑法是系统定量预测中一种较为常用的、兼顾了全周期的数据、移动期数以及数据序列随时间产生的权重变化(即随着数据的发生时间的远离,其权重值逐渐收敛为零)等因素,并在移动平均法基础上发展起来的时间序列预测法[120]。相较于移动平均法不考虑远期的数据,只适用于短期预测的特点,指数平滑法考虑了时间轴上所有的数据,并利用简单的全周期数据的指数平均值对事物未来的发展进行预测,因此,指数平滑法非常适用于中短期的预测。指数平滑法在移动期内平均值的计算方法是:任一期的指数平滑值都是本期实际观察值与前一期指数平滑值的加权平均。

根据历史数据散点图,当时间序列无明显变化趋势时,适宜使用一次指数平滑法;当时间序列具有线性变化趋势时,适宜使用二次指数平滑法;当时间序列呈抛物线变化趋势时,适宜使用三次指数平滑法。

(1)一次指数平滑法。一次指数平滑法是指利用加权的前一期的预测值和观测值实现预测的方法。一次指数平滑法的本质就是加权预测,其权数为 α。一次指数平滑法实际上是以 $\alpha(1-\alpha)^k$ 为权数的加权移动平均法。由于 k 越大,$\alpha(1-\alpha)^k$ 越小,所以越是远期的实测值,对未来时期的平滑值的影响就越小。如果希望预测值能够敏感地反映最新观察值的变化,则可以取较大的 α 值;相反,如果希望预测值能够反映中长期的趋势变化,则可以取较小的 α 值。针对事物中长期趋势变化的预测和针对由于季节原因产生变化的预测,α 值的取值是不同的。一般来说,如果考虑的是中长期的趋势变化,α 的取值范围在 0.4~0.6 之间,这样取值的目的是让每一个时间数据值对预测值的影响程度大小相当;如果考虑的是季节性的变化,α 值取值范围在 0.6~0.9,这样取值的目的是使近期的时间数据值对预测值产生较大的影响,从而反映短时间内的目标对象的变化趋势。如果对目标对象的观测时间非常长,且目标对象长期的趋势变动非常缓慢,则 α 值应该在 0.1~0.4 范围内取值,使远期观察值的特征也能反映在指数平滑值中[121]。

预测公式:

$$S_t^{(1)} = \alpha y_t + (1-\alpha) S_{t-1}^{(1)} \quad (4-10)$$

$$\hat{y}_t = S_t^{(1)} \quad (4-11)$$

$$\hat{y}_{t+1} = \alpha y_t + (1-\alpha) \hat{y}_t \quad (4-12)$$

其中:$\hat{y}_t$——第 t 期的预测值;

y_t——第 t 期的观测值;

α——加权系数;

S_t——第 t 期的预测平滑值,$S_1^{(1)} = S_1^{(2)} = S_1^{(3)} = y_1$。

(2)二次指数平滑法。二次指数平滑法是指在一次指数平滑法的基础上对指数平滑值再进行一次指数平滑的方法。由于它的计算前提是已经完成了一次指数平滑的计算,因此二次指数平滑预测法是一个在一次指数平滑法的基础上建立起来的数学预测模型。有些针对二次指数平滑法初始值的研究指出,如果观测值的变化趋势比较平稳,则初始值可以取观测值的第一个数据;如果观测值的变化波动较大,则初始值可以取观测值的前 n 个数据的平均值,弱化由于初始值的突然波动给预测值带来的影响[122]。

预测公式:

$$S_t^{(1)} = \alpha y_t + (1-\alpha) S_{t-1}^{(1)} \tag{4-13}$$

$$S_t^{(2)} = \alpha S_t^{(1)} + (1-\alpha) S_{t-1}^{(2)} \tag{4-14}$$

$$\hat{y}_{t+T} = a_t + b_t T \tag{4-15}$$

$$a_t = 2S_t^{(1)} - S_t^{(2)} \tag{4-16}$$

$$b_t = \frac{\alpha}{1-\alpha}(S_t^{(1)} - S_t^{(2)}) \tag{4-17}$$

其中:$\hat{y}_t$——第 t 期的预测值;

y_t——第 t 期的观测值;

α——加权系数;

T——预测超前期;

S_t——第 t 期的预测平滑值,$S_1^{(1)} = S_1^{(2)} = S_1^{(3)} = y_1$。

(3)三次指数平滑法。如果时间数据序列呈现出非线性的变化趋势,则应该采用三次指数平滑模型对目标对象进行预测和分析。三次指数平滑法是指在二次指数平滑值的基础上再进行一次指数平滑,并用以估计二次多项式参数的一种方法[123]。

预测公式:

$$S_t^{(1)} = \alpha y_t + (1-\alpha) S_{t-1}^{(1)} \tag{4-18}$$

$$S_t^{(2)} = \alpha S_t^{(1)} + (1-\alpha) S_{t-1}^{(2)} \tag{4-19}$$

$$S_t^{(3)} = \alpha S_t^{(2)} + (1-\alpha) S_{t-1}^{(3)} \tag{4-20}$$

$$\hat{y}_{t+T} = a_t + b_t T + c_t T^2 \tag{4-21}$$

$$a_t = 3S_t^{(1)} - 3S_t^{(2)} + S_t^{(3)} \tag{4-22}$$

$$b_t = \frac{\alpha^2}{2(1-\alpha)^2}[(6-5\alpha)S_t^{(1)} - 2(5-4\alpha)S_t^{(2)} + (4-3\alpha)S_t^{(3)}] \tag{4-23}$$

$$c_t = \frac{\alpha^2}{2(1-\alpha)^2}(S_t^{(1)} - 2S_t^{(2)} + S_t^{(3)}) \tag{4-24}$$

其中:$\hat{y}_t$——第 t 期的预测值;

y_t——第 t 期的观测值；

α——加权系数；

T——预测超前期。

S_t——第 t 期的预测平滑值，$S_1^{(1)} = S_1^{(2)} = S_1^{(3)} = y_1$。

3）趋势曲线预测法

趋势曲线预测法是一种适用于长期趋势预测的方法。它是根据时间数据序列的变化规律，配合适合的曲线模型，预测目标对象在未来一段时间的发展趋势的一种方法。趋势曲线预测法主要遵循两个原则：相似性原则和延续性原则。具体可以描述为：决定目标对象过去的发展因素会在很大程度上决定其未来的发展。使用趋势曲线法必须满足下列条件中的任一条：第一，目标对象没有产生变化或变化不大；第二，目标对象的发展过程属于渐进的，影响其发展过程的规律不发生突变；第三，增长曲线即生命周期与生物生长的过程相似，即"孕育—出生—成长—成熟—老化—死忙"相似于"发明—定型—推广—成熟—老化—淘汰"。

（1）直线趋势模型预测法。直线趋势模型预测法是根据目标对象的直线发展趋势，对目标对象未来的发展进行外推预测的方法。在预测中，如果某一目标对象的时间序列在长时期内呈连续增长（或连续减少）的变动趋势，且其逐期增（减）量大致相同时，适宜使用直线趋势模型对其进行预测。

适用条件：一阶差分为常数。

预测模型为：

$$\hat{y}_t = a + bt \tag{4-25}$$

其中，a，b 为直线趋势模型待定的两个参数，一般可以由最小平方法来确定。

$$a = \frac{1}{n}\sum_{t=1}^{n} y_t - b\frac{1}{n}\sum_{t=1}^{n} x_t = \bar{y} - b\bar{x} \tag{4-26}$$

$$b = \frac{n\sum_{t=1}^{n} x_t y_t - (\sum_{t=1}^{n} x_t)(\sum_{t=1}^{n} y_t)}{n\sum_{t=1}^{n} x_t^2 - (\sum_{t=1}^{n} x_t)^2} = \frac{\sum_{t=1}^{n}(x_t - \bar{x})(y_t - \bar{y})}{\sum_{t=1}^{n}(x_t - \bar{x})^2} \tag{4-27}$$

直线趋势预测模型与运用平滑技术建立直线预测模型的异同点如下：

相同点：都遵循事物发展连续原则，目标对象的时间数据序列呈现出持续的在单位时间内的增（减）量大体相同的趋势；适用于中长期的趋势预测。

不同点：预测模型的参数计算方法不同；线性预测模型中的时间变量取值不同；模型适应市场的灵活性不同；随时间推进，建模参数的简便性不同。

直线趋势预测模型适合于发展趋势较为平衡的中、长期预测;而利用平滑技术建立的线性预测模型则更适合发展趋势有波动的中、长期预测。

(2)多项式曲线趋势模型预测法。当时间数据序列的一阶差分近似为两个常数的时候,即时间数据序列的散点图呈现出向上凸或向下凹的曲线状态或趋势时,可以考虑采用二次多项式曲线趋势预测模型;当时间数据序列的三阶差分近似为一个常数的时候,即时间数据序列的散点图呈现出两个弯曲曲线的状态或趋势时,可以考虑采用三次多项式曲线趋势预测模型。多项式曲线趋势预测模型的参数估计一般采用最小平方法和三点法等。

适用条件:二阶差分为常数时,模型为二次曲线;三阶差分为常数时,模型为三次曲线;……

预测模型为:

$$\hat{y}_t = a + bt + ct^2 + dt^3 + et^4 + \cdots \tag{4-28}$$

(3)指数曲线趋势模型预测法。指数曲线趋势预测模型是经济预测中常用的趋势预测模型,不仅是因为许多经济现象和指数曲线的变化趋势非常相似,而且还因为许多趋势预测模型(如直线趋势模型、二次曲线趋势模型等)都可以用指数曲线去逼近。

目前,建立指数曲线趋势模型的常用方法是最小平方法和选点法。采用指数曲线趋势预测模型的优点在于:第一,可以对时间数据序列进行合理的加权。加权之后近期的权数大而远期的权数小,说明指数曲线趋势预测模型体现了不同时期数据信息的重要程度,这与社会经济现象变化的实际情况相符合;第二,能够利用样本中的全部数据,更好地弱化不规则变动因素的影响,以及揭示目标对象长期变化的趋势;第三,计算的复杂程度低、计算量小;第四,可以通过对指数平滑系数的调整使预测模型产生的均方误差,尤其是近期的均方误差达到最小,提高预测的精度;第五,和其他预测模型相比,指数曲线趋势预测模型在不断地延伸预测中需要保存的数据最少,只需要最近期的指数平滑值以及平滑系数即可;第六,有较强的动态适应性,可以随时吸收新的数据信息对原有的预测模型做简单的修正,避免了其他预测方法中一旦吸收新的数据信息就需要全部重新计算的缺陷。

适用条件:环比发展速度为常数,即 $\dfrac{\hat{y}_t}{\hat{y}_{t+1}} = b$。

预测模型为:

$$\hat{y}_t = ab^t \tag{4-29}$$

(4)修正指数曲线预测法。修正指数曲线预测法是利用一种渐进式的增长曲线进行预测的方法，常用于针对工业品的需求预测。修正指数曲线的特点是曲线初期增长(减少)较快，随后增长(减少)减慢，最后趋向某个常数。

适用条件：一阶差分的环比为常数，即 $\dfrac{\nabla \hat{y}_t}{\nabla \hat{y}_{t-1}}$ = 常数。

预测模型为：

$$\hat{y}_t = K + ab^t \tag{4-30}$$

(5)成长曲线预测法。技术和经济的发展过程类似于生物的发展过程，需要经历发生、发展、成熟以及衰败这几个阶段。每个阶段的发展速度是不一样的。一般的，在事物的发生过程中变化速度较为缓慢；在发展过程中变化速度加快；到了成熟和衰败过程，变化速度又趋于缓慢。按照这四个阶段的发展规律得到的事物变化的发展曲线，通常称为成长曲线或增长曲线，亦称逻辑增长曲线。目前，成长曲线预测方法已经广泛应用于预测生物个体的生长发育以及某些新技术的发展趋势等领域。成长曲线预测模型主要包括龚珀兹曲线预测模型和罗吉斯蒂曲线预测模型。

适用条件：对数一阶差分的环比为常数，即 $\dfrac{\nabla \ln \hat{y}_t}{\nabla \ln \hat{y}_{t-1}}$ = 常数。

预测模型为：

$$\hat{y}_t = K a^{b^t} \tag{4-31}$$

4) 季节变动法

(1) 平均数趋势整理法。预测模型为：

$$\hat{y}_t = (a_0 + b_0 t) F_t \tag{4-32}$$

$$F_t = f_t \theta \tag{4-33}$$

$$f_t = \dfrac{r_t}{\hat{T}_t} \tag{4-34}$$

其中，θ 为修正系数，$i = 1, 2, \cdots, n$。

(2) 温特斯法。预测模型为：

$$\nabla \hat{y}_{t+k} = (a_t + k b_t) F_{t-l+k} \tag{4-35}$$

$$a_t = \alpha \dfrac{y_t}{F_{t-1}} + (1-\alpha)(a_{t-1} + b_{t-1}) \tag{4-36}$$

$$b_t = \beta(a_t - a_{t-1}) + (1-\beta) b_{t-1} \tag{4-37}$$

$$F_t = \gamma \dfrac{y_t}{a_t} + (1-\gamma) F_{t-1} \tag{4-38}$$

其中，l 为季节周期长度，如一年的季节数、月数；α、β、γ 为平滑系数，在 $[0,1]$ 之间取值。

5）随机时间序列法

（1）AR 模型。预测模型为：

$$y_t = \varphi_1 y_{t-1} + \varphi_2 y_{t-2} + \cdots + \varphi_p y_{p-1} + \varepsilon \tag{4-39}$$

（2）MR 模型。预测模型为：

$$y_t = \varepsilon_t - \theta_1 \varepsilon_{t-1} - \theta_2 \varepsilon_{t-2} - \cdots - \theta_q \varepsilon_{t-q} \tag{4-40}$$

（3）ARMA（P，Q）模型。预测模型为：

$$y_t - \varphi_1 y_{t-1} - \varphi_2 y_{t-2} - \cdots - \varphi_p y_{p-1} = \varepsilon_t - \theta_1 \varepsilon_{t-1} - \theta_2 \varepsilon_{t-2} - \cdots - \theta_q \varepsilon_{t-q} \tag{4-41}$$

其中，φ_1，φ_2，$\cdots$，φ_p 和 θ_1，θ_2，$\cdots$，θ_n 是参数；$\{\varepsilon_i\}$ 是白噪声序列。

2. 时间序列预测法的步骤

同回归预测方法一样，虽然时间序列预测方法也有多种不同的分类，但其基本的预测步骤仍然一样。

（1）收集与整理预测对象的历史资料；

（2）对这些历史资料进行检查鉴别，按照时间顺序形成时间序列；

（3）分析时间数列，从中寻找预测对象随时间变化而变化的规律，构建时间序列预测模型；

（4）根据时间序列预测模型进行预测。

3. 时间序列预测法的优点

（1）时间序列预测方法对历史数据的要求相对较低，收集和整理的工作量小，易于完成；

（2）时间序列预测模型考虑的因素单一，仅为时间因素，无需考虑其他；

（3）短期预测精度较高。

4. 时间序列预测方法的缺点

（1）仅仅将时间作为预测目标的影响因素，无法揭示预测对象的各影响因素之间的关系；

（2）存在预测误差上的缺陷，当外界出现大的变故时，会有较大的偏差。

5. 时间序列预测法的适用范围

（1）预测对象的各主要影响因素的历史数据难以收集；

（2）预测对象的变化没有明显的增减趋势，处于一种随机波动的状态中；

（3）预测对象的时间数据完整。

4.5 常规定量预测法的算例分析

4.5.1 湖北省城乡食品冷链物流系统需求预测统计指标的确定

我国物流行业经过十几年的快速发展,已取得了巨大的进步。但关于物流的统计工作却严重滞后。现有和物流行业相关的统计数据,大部分是根据传统物流的存储和运输业数据估计和推算而来。这些数据不能反映物流需求的真实情况,更无法反映食品冷链物流的需求。

根据相关文献和一些专家学者的建议,结合湖北省食品冷链物流行业发展的实际情况,我们认为:湖北省食品冷链物流系统遵循一般物流系统的规律,冷链食品的消耗总量反映了这个地区一段时间内人们对冷链食品的需求,在某种程度上可以代表食品冷链物流系统的需求。同时,考虑到统计数据的可得性和真实性,我们决定采用"冷链食品消耗总量"这个指标来表征食品冷链物流系统的需求。其中,冷链食品的消耗量以重量单位统计,相关数据由湖北省统计局提供。

具体的做法如下:

我们将湖北省冷链市场分为两个区域:城镇和农村。根据这个区域划分,从 2000—2009 年《湖北统计年鉴》中分别摘取出一般化的冷链食品(包括肉类、鱼类、蛋制品、鲜蔬、干鲜瓜果类、奶制品以及糕点等)的年消耗量,然后对其进行累计,形成湖北省城乡冷链食品 2000—2009 年的总消耗量,并用这个统计量表征湖北省城乡食品冷链物流系统的需求。对于《湖北统计年鉴》中某些数据存在突发性缺失的情况,我们视其为统计数据出现了畸异数据,将采用统计学的插值方法获取。具体的统计数据见表 4-2、表 4-3。

表 4-2　　　　　湖北省 2000—2009 年城镇居民
　　　　　　　　冷链食品消耗总量　　　　　(单位:万吨)

年份 项目	2000	2001	2002	2003	2004	2005	2006	2007	2008	2009
猪肉	4.49	4.70	5.01	6.40	6.51	7.92	8.05	7.40	8.08	8.88
牛羊肉	0.56	0.55	0.58	0.62	0.63	0.88	0.91	0.95	0.89	0.99
其他禽类	0.74	0.89	1.09	1.23	1.2	1.84	1.91	1.97	2.04	2.09

续表

年份 项目	2000	2001	2002	2003	2004	2005	2006	2007	2008	2009
蛋及蛋制品	1.89	1.86	2.00	2.12	2.15	2.29	2.35	2.49	2.60	2.76
鱼	1.60	1.36	2.47	2.68	2.73	3.23	3.35	4.13	5.19	5.95
鲜蔬	27.3	26.5	26.7	28.0	28.4	37.9	43.7	49.5	52.3	54.2
干鲜瓜果类	10.4	10.5	11.0	11.4	11.6	12.4	13.0	13.5	14.8	15.2
奶制品	1.12	1.46	2.47	2.82	2.87	2.96	3.38	3.96	4.44	5.07
糕点	0.69	0.74	0.79	0.92	0.94	1.18	1.22	1.53	1.62	1.73
总计	48.79	48.56	52.11	56.19	57.03	70.6	77.87	85.43	91.96	96.87

表 4-3　　　　湖北省 2000—2009 年农村居民年
冷链食品消耗总量　　　　（单位：万吨）

年份 项目	2000	2001	2002	2003	2004	2005	2006	2007	2008	2009
猪肉	5.91	5.77	6.02	6.73	4.31	6.69	6.69	6.64	5.48	5.60
牛羊肉	0.099	0.111	0.116	0.119	0.091	0.143	0.17	0.165	0.156	0.148
其他家禽	0.777	0.673	0.688	0.903	0.612	0.979	0.931	1.05	1.01	0.995
鲜蛋	1.40	1.32	1.15	1.27	0.984	1.34	1.33	1.32	1.47	1.52
鱼	0.49	0.54	0.61	0.72	0.75	0.93	1.05	1.34	1.44	1.33
鲜蔬	54.7	50.8	46.4	49.8	34.6	47.7	44.2	44.6	40.7	41.6
水果	3.58	3.65	2.72	3.31	2.43	3.44	3.48	3.65	3.25	3.08
奶制品	0.0142	0.07	0.0166	0.026	0.027	0.075	0.106	0.159	0.253	0.343
总计	66.97	62.93	57.72	62.87	43.80	61.29	57.95	58.92	53.75	54.62

4.5.2　基于指数平滑法的湖北省城乡食品冷链物流系统需求预测

时间序列分析(time series analysis)是基于随机过程和数理统计学理论，按时间顺序组织数字序列，并预测未来事物的发展的一种方法[124]。时间序列分析法属于一种动态数据处理的统计方法。该方法主要研究随机数据序列所遵

第4章 常规预测方法及算例分析

从的统计规律，在传统经典的定量预测方法中非常有代表性。因此，我们选择该方法中的三次指数平滑法完成对湖北省城乡食品冷链物流系统需求的预测。

1. 基于时间序列的三次指数平滑法的预测模型的建立

根据对湖北省城乡食品冷链物流系统中冷链食品消费总量的历史资料的观测，2000—2009年湖北省城乡食品冷链物流系统的冷链食品消耗量的散点图均近似一条二次曲线，有一定的波动。因此拟选用三次指数平滑法对2010—2014年湖北省城乡食品冷链物流系统的需求进行预测。

应用三次指数平滑法计算平滑值时，平滑系数α的确定原则是：在不知α取何值最合适的情况下，一般采用几个α值对同一预测对象进行测算，从中选取计算相对误差较小的α值。

1) 湖北省食品冷链物流系统(城镇)需求的预测模型

首先对α从0.1到0.9取值，对$\hat{y}_{t+T}$进行预测，取均方误差最小的α作为模型的参数，故本模型取$\alpha=0.6$。α的计算过程见表4-4。

表4-4　三次指数平滑预测中α与均方误差的对应表(城镇)

α	0.1	0.2	0.3	0.4	0.5	0.6	0.7	0.8	0.9
均方误差	44.34	27.19	19.26	15.23	13.23	12.77	13.79	16.31	20.45

取$\alpha=0.6$，步长为1进行逐步观测。三次指数平滑法的预测结果(城镇)见表4-5。

表4-5　三次指数平滑法(城镇)的中间计算过程($\alpha=0.6$)

观测期	y_t	$S_t^{(1)}$	$S_t^{(2)}$	$S_t^{(3)}$	a_t	b_t	c_t	$\hat{y}_{t+t}$
1	48.79	48.79	48.79	48.79	48.79	0	0	48.79
2	48.56	48.652	48.707	48.740	48.575	-0.104	-0.025	48.446
3	52.11	50.727	49.919	49.448	51.871	1.560	0.378	53.809
4	56.19	54.005	52.370	51.201	56.104	2.622	0.523	59.250
5	57.03	55.820	54.440	53.145	57.284	1.450	0.095	58.829
6	70.60	64.688	60.589	57.611	69.909	6.465	1.262	77.635
7	77.87	72.597	67.794	63.721	78.131	6.130	0.822	85.083

续表

观测期	y_t	$S_t^{(1)}$	$S_t^{(2)}$	$S_t^{(3)}$	a_t	b_t	c_t	$\hat{y}_{t+t}$
8	85.43	80.297	75.296	70.666	85.669	5.420	0.418	91.507
9	91.96	87.295	82.495	77.763	92.162	4.488	0.076	96.726
10	96.87	93.040	88.822	84.399	97.052	3.287	−0.231	100.108

通过表4-5的计算,得到基于三次指数平滑法的湖北省食品冷链物流系统(城镇)需求预测模型为:

$$F(T) = 97.052 + 3.287T - 0.231T^2$$

2) 湖北省食品冷链物流系统(农村)需求的预测模型

首先对 α 从0.1到0.9取值,对 $\hat{y}_{t+T}$ 进行预测,取均方误差最小的 α 作为模型的参数,故本模型取 $\alpha=0.1$, α 的计算过程见表4-6。

表4-6 三次指数平滑预测中 α 与均方误差的对应表(农村)

α	0.1	0.2	0.3	0.4	0.5	0.6	0.7	0.8	0.9
均方误差	21.999	22.271	24.007	26.560	30.204	35.515	43.333	54.808	71.582

取 $\alpha=0.1$、步长为1进行逐步观测。三次指数平滑法的预测结果(农村)见表4-7。

表4-7 三次指数平滑法(农村)的中间计算过程($\alpha=0.1$)

观测期	y_t	$S_t^{(1)}$	$S_t^{(2)}$	$S_t^{(3)}$	a_t	b_t	c_t	$\hat{y}_{t+t}$
1	66.97	66.970	66.970	66.970	66.970	0	0	66.970
2	62.93	66.566	66.930	66.966	65.875	−0.012	−0.002	65.8616
3	57.72	65.681	66.805	66.950	63.580	−0.035	−0.006	63.5388
4	62.87	65.400	66.664	66.921	63.129	−0.037	−0.006	63.0858
5	43.80	63.240	66.322	66.861	57.616	−0.092	−0.016	57.5083
6	61.29	63.045	65.994	66.775	57.928	−0.082	−0.013	57.8318
7	57.95	62.536	65.648	66.662	57.324	−0.083	−0.013	57.2284
8	58.92	62.174	65.301	66.526	57.145	−0.078	−0.012	57.0555
9	53.75	61.332	64.904	66.364	55.647	−0.088	−0.013	55.5457
10	54.62	60.661	64.480	66.175	54.718	−0.091	−0.013	54.6138

通过表4-7的计算,得到基于三次指数平滑法的湖北省冷链物流系统(农村)需求预测模型为:

$$F(T) = 54.718 - 0.091T - 0.013T^2$$

2. 预测模型的拟合检验与外推检验

1) 拟合检验

(1) 样本均方误差(MSE):

城镇部分: $\text{MSE} = \dfrac{1}{n}\sum_{i=1}^{n}(y_t - \hat{y}_t)^2 = 20.7939$

农村部分: $\text{MSE} = \dfrac{1}{n}\sum_{i=1}^{n}(y_t - \hat{y}_t)^2 = 27.7331$

(2) 拟合度(CD):

城镇部分: $R = \dfrac{\sum_{t=1}^{n}(\hat{y}_t \times y_t)}{\sqrt{\sum_{t=1}^{n}(\hat{y}_t)^2 \times \sum_{t=1}^{n}(y_t)^2}} = 0.9985$

农村部分: $R = \dfrac{\sum_{t=1}^{n}(\hat{y}_t \times y_t)}{\sqrt{\sum_{t=1}^{n}(\hat{y}_t)^2 \times \sum_{t=1}^{n}(y_t)^2}} = 0.9938$

2) 外推检验

(1) 平均预测误差(MD):

城镇部分: $\text{MD} = \dfrac{1}{n}\sum_{i=1}^{n}(y_t - \hat{y}_t) = -1.8384$

农村部分: $\text{MD} = \dfrac{1}{n}\sum_{i=1}^{n}(y_t - \hat{y}_t) = 3.4196$

(2) 平均绝对百分误差(MAPE):

城镇部分: $\text{MAPE} = \dfrac{1}{n}\sum_{i=1}^{n}\left|\dfrac{y_t - \hat{y}_t}{y_t}\right| = 3.7397\%$

农村部分: $\text{MAPE} = \dfrac{1}{n}\sum_{i=1}^{n}\left|\dfrac{y_t - \hat{y}_t}{y_t}\right| = 9.1900\%$

综上,通过以上各项检验性实验的实验数据可以看出,采用基于三次指数平滑的预测模型对湖北省城乡食品冷链物流系统需求进行预测时,预测模型均能通过各项检验,说明该预测模型可行。但是从样本均方差的数值来看，该预测模型对历史统计数据的拟合效果并不理想，导致预测模型的预测精度并不高，尤其是农村部分的平均绝对百分比误差已经接近临界值。

3. 基于三次指数平滑法的2010—2014年湖北省城乡食品冷链物流系统需求预测结果

1) 城镇部分

基于三次指数平滑预测法的2010—2014年湖北省食品冷链物流系统发展（城镇）预测结果见表4-8，拟合与预测结果如图4-2所示，预测结果的误差情况如图4-3所示。

表4-8　　基于三次平滑预测法的 2010—2014 年
湖北省食品冷链物流系统（城镇）需求预测结果

年份	2010	2011	2012	2013	2014
预测数据（万吨）	98.472	102.702	104.833	106.502	107.709

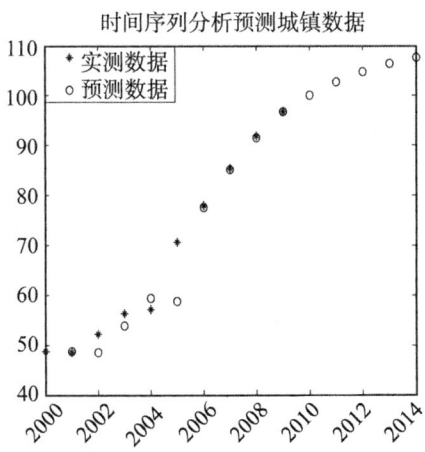

图 4-2　基于三次平滑预测法的湖北省食品冷链物流系统
（城镇）需求预测的拟合与预测图

2) 农村部分

基于三次平滑预测法的2010—2014年湖北省食品冷链物流系统（农村）需求预测数据见表4-9，拟合与预测结果如图4-4所示，预测结果的误差情况如图4-5所示。

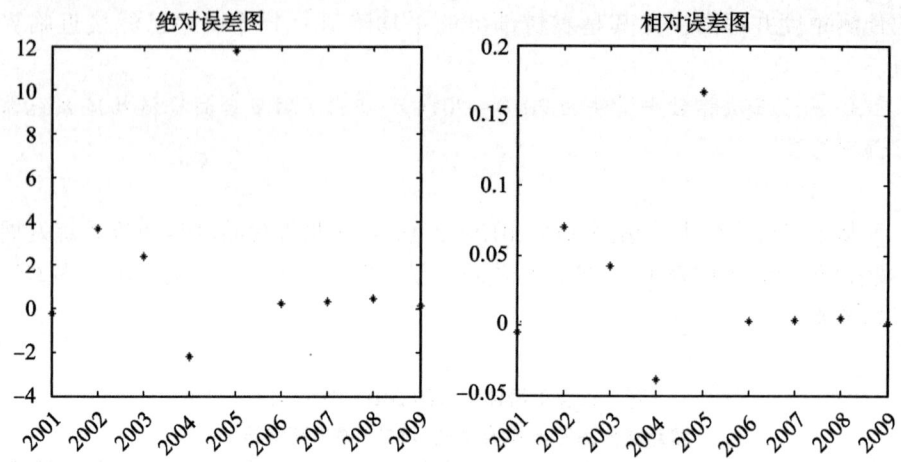

图 4-3 基于三次平滑预测法的湖北省食品冷链物流系统
(城镇)需求预测的绝对和相对误差图

表 4-9 基于三次平滑法的 2010—2014 年
湖北省食品冷链物流系统(农村)需求预测数据

年份	2010	2011	2012	2013	2014
预测数据(万吨)	54.5593	54.4836	54.3271	54.1444	53.9355

4.5.3 基于灰色预测法的湖北省城乡食品冷链物流系统需求预测

1. 常规的灰色预测方法

灰色系统理论是由我国控制界著名学者邓聚龙于 20 世纪 80 年代初提出的,他在 System & Control Letter 上发表了第一篇关于灰色系统的论文"The control problem of grey system",并提出了灰色预测理论[125]。灰色预测理论提出的意义在于其方法论充分体现了系统学思想,是科学方法论领域的重大进步,具有原创性的科学意义和深远的学术影响;它的创新之处在于将控制学的观点扩展到经济管理学科,是自动控制科学与运筹学方法有机结合的优秀典范,并且获得显著的社会和经济效益。

客观世界是物质的世界,是信息的世界。在浩瀚的信息世界里,有大量

4.5 常规定量预测法的算例分析

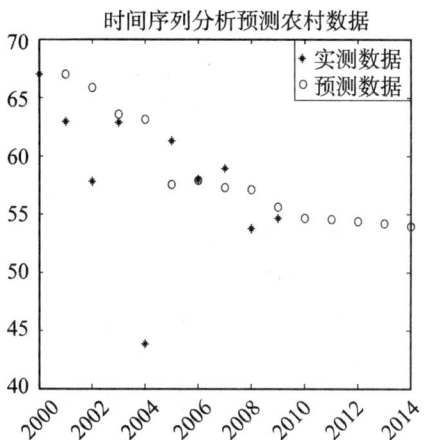

图4-4 基于三次平滑预测法的湖北省食品冷链物流系统
（农村）需求预测的拟合与预测图

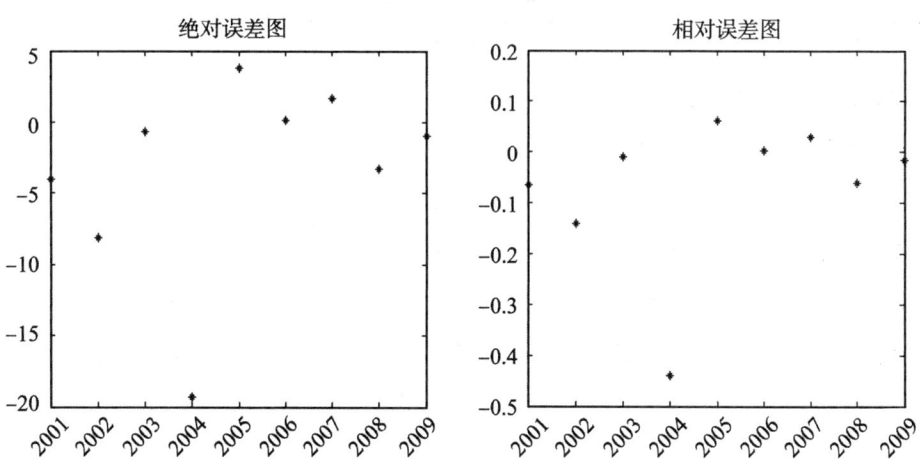

图4-5 基于三次平滑预测法的湖北省食品冷链物流系统
（农村）需求预测的绝对和相对误差图

已知且确定的信息，我们称之为白色信息；还有大量未知且不确定的信息，我们称之为黑色信息；居于黑色和白色之间的，由已知和未知信息共同构成的系统，我们称之为灰色系统。灰色系统广泛存在于各种应用之中。

灰色系统理论认为，系统的行为是模糊而朦胧的，数据是繁冗而复杂的，

75

但是其中仍然有一定的秩序，因此系统可以体现出一定的整体功能。灰色系统预测法就是从杂乱的、少量的、不完全信息(即一个贫信息系统)中鉴别出系统因素之间发展趋势的相异程度，即进行关联分析，并通过对原始数据进行生成处理寻找系统变化的规律，然后利用在相等的时间内观测到的能够反映目标对象特征的一系列数据建立灰色预测模型，最后利用灰色模型完成预测工作。生成处理是灰色系统预测方法的核心步骤，它的目的是弱化原始时间序列的随机性，即在建立灰色预测模型之前，需要先对原始的时间序列进行数据处理，经过数据处理后的时间序列被称为生成序列，生成序列的形成过程被称为灰色过程[126]。由于灰色系统预测法的结构关系复杂、层次模糊、状态随机变化程度大，和目标对象在行为中所反映出来的离乱现象相似[127]，因此，它可以对模糊性事物的发展规律做出长期描述。常见的对模糊性事物和不确定性系统进行分析和处理的方法有灰色系统理论、概率统计和模糊数学。表4-10给出了这三种典型分析方法的对比情况。

表4-10　　　分析不确定性系统三种典型方法的对比分析

项目	灰色系统	概率统计	模糊数学
研究对象	贫信息不确定	随机不确定	认知不确定
基础集合	灰色朦胧集	康托集	模糊集
方法	信息覆盖	映射	映射
途径手段	灰序列算子	概率统计	截集
数据要求	任意分布	典型分布	隶属度
侧重点	外延、内涵均不确定	外延明确，内涵不确定	外延不确定
目标	现实规律	历史统计规律	认知表达
特色	小样本	大样本	经验

1) 灰色预测法的优点

(1) 用灰色思想构建模型，不直接使用原始数据；

(2) 可以建立微分方程的动态模型；

(3) 用关联分析替代了回归分析。

2) 灰色系统预测方法的缺点

(1) 不存在严格意义上的灰色系统，理论支撑不强；

(2) 人为地得到生成数据，会对原始数据造成一定的破坏；
(3) 很难确定影响系统的关键因素。

3) 灰色预测法的分类

(1) 灰色时间序列预测，是指用观察到的反映预测对象特征的时间序列构造灰色预测模型，并用其预测未来某时刻的特征量或达到某特征量的时间的预测方法。

(2) 畸变(灾变、异常)灰预测，又称为灾变灰预测或异常灰预测，是指对跳变点的时分布进行建模，并预测跳变点未来会出现的区域的一种预测方法。即：预测的是在一定时间内是否发生灾变，或某种异常的数据可能在哪些时点上发生。

(3) 系统灰预测，是指由多个行为变量构成的灰微分方程组，通过灰色建模嵌套方法，预测多个行为变量的发展变化的一种预测方法，由于系统灰预测采用了微分方程，因此可以避免求解高阶特征方程，计算难度得到了有效的降低。

(4) 拓扑灰预测，是指采用预测拓扑基的时分布灰色拟合摆动序列，并用其对目标对象未来发展态势进行预测的一种预测方法；即对于大幅度摆动的序列，按点集拓扑基选取时分布序列作为一次灰色累加序列，并利用该序列进行建模。拓扑灰预测是一种全波形预测，属于整体预测。

正确获取灰色生成序列是灰色系统建模的关键[128]。灰色生成序列的获得方式有两种：一种是正向的累加生成(AGO)，这种方式使用较为频繁；另一种是反向的累加生成的逆运算，即累减生成(IAGO)。累加生成是指对原始时间轴上的数据依次进行累加，从而生成一个新的数据序列。累加前的数列称为原始序列，累加后的数列称为生成序列。累加生成是使灰色过程由灰变白的一种方法，它在灰色系统理论中占有极其重要的地位。通过累加生成可以看出目标对象在积累过程中的发展态势，使离乱的原始数据中蕴含的积分特性或规律凸显出来[129]。累加生成(AGO)将原始序列的第一个数据作为生成序列的第一个数据，将原始序列的第二个数据加到原始序列的第一个数据上，二者之和作为生成序列的第二个数据；再将原始序列的第三个数据加到生成列的第二个数据上，其和作为生成序列的第三个数据；按此规则进行下去，便可以得到生成序列。对于非负的数据，累加次数越多，则随机性弱化越多，累加次数足够大后，可认为时间序列已由随机序列变为非随机序列，非随机序列大多可用指数曲线逼近[130]。和累加生成相反，累减生成是由原始序列前后两个数据相减得到。另外，累减操作还可以将累加生成序列还原成原始序列,可以在建模中获得增量信息。

以累加生成为例,设有原始数列 $x^{(0)} = \{x^{(0)}(1), x^{(0)}(2), \cdots, x^{(0)}(k), \cdots, x^{(0)}(n)\}$,若对其作 r 次累加操作,会得到 r 次累加生成数列 $x^{(r)} = \{x^{(r)}(1), x^{(r)}(2), \cdots, x^{(r)}(k), \cdots, x^{(r)}(n)\}$,累加计算公式为:

$$x^{(0)}(k) = \sum_{i=1}^{k} x^{(r-1)}(i) = \text{AGO} x^{(r-1)}(k) \quad k = 1, 2, \cdots, n \quad (4\text{-}42)$$

将上式进行变化,得到

$$\begin{aligned} x^{(r)}(k) &= [x^{(r-1)}(1) + x^{(r-1)}(2) + \cdots + x^{(r-1)}(k-1)] + x^{(r-1)}(k) \\ &= \sum_{i=1}^{k-1} x^{(r-1)}(i) + x^{(r-1)}(k) \\ &= x^{(r)}(k-1) + x^{(r-1)}(k) \end{aligned} \quad (4\text{-}43)$$

在灰色系统理论中,GM(n, h) 表示的意义是该灰色预测模型是一个 n 阶模型,且含有 h 个变量。灰色预测模型多采用含有 1 个变量的 n 阶模型,n 控制在 3 以内。在现实应用过程中,灰色预测模型 GM(1, 1) 的应用最为广泛。对于 GM(1, 1) 模型,可以将 $x^{(1)}(k)$ 拟合为一阶微分方程:

$$\frac{dx^{(1)}}{dt} + ax^{(1)} = u \quad (4\text{-}44)$$

其中,a 称为发展灰数;u 称为内生控制灰数。

设 $\hat{\alpha}$ 为待估参数向量,$\hat{\alpha} = \begin{bmatrix} a \\ u \end{bmatrix}$,可以利用最小二乘法求解。

解得:

$$\hat{\alpha} = (B^{\mathrm{T}} B)^{-1} B^{\mathrm{T}} Y_n \quad (4\text{-}45)$$

将公式(4-45)离散化,得到:

$$x^{(0)}(k+1) + a\left\{\frac{1}{2}[x^{(1)}(k) + x^{(1)}(k+1)]\right\} = u \quad (4\text{-}46)$$

$$\Rightarrow x^{(0)}(k+1) = a\left\{-\frac{1}{2}[x^{(1)}(k) + x^{(1)}(k+1)]\right\} + u$$

$$\Rightarrow x^{(0)}(k+1) = a\chi^{(1)}(k+1) + u \quad (4\text{-}47)$$

$$\chi^{(1)}(k+1) = -\frac{1}{2}[x^{(1)}(k) + x^{(1)}(k+1)] \quad (4\text{-}48)$$

由上式可以解出 $\chi^{(1)}(k+1)$。

用最小二乘法求解参数 a、u 的估计值,得:

$$\hat{x}^{(1)}(k+1) = \left[x^{(0)}(1) - \frac{\hat{u}}{\hat{a}}\right] e^{-\hat{a}k} + \frac{\hat{u}}{\hat{a}} \quad (4\text{-}49)$$

式中,k 表示时间序列各期序号。

2. 数据分析

将湖北省城乡市场冷链食品总消耗量的历史数据视为一个模糊的、灰色的时间数据序列,对该原始时间序列做一次累加生成,得到一次灰色生成序列(分为城镇和农村两个部分)。即

原始数据为:
$$x^{(0)} = \{x^{(0)}(1), x^{(0)}(2), \cdots, x^{(0)}(k), \cdots, x^{(0)}(n)\}$$

处理为:

$x^{(1)}(1) = x^{(0)}(1)$
$x^{(1)}(2) = x^{(0)}(1) + x^{(0)}(2)$
$x^{(1)}(3) = x^{(0)}(1) + x^{(0)}(2) + x^{(0)}(3)$
……

得到:$x^{(1)} = \{x^{(1)}(1), x^{(1)}(2), \cdots, x^{(1)}(k), \cdots, x^{(1)}(n)\}$

分别对原始数据和一次灰色生成序列作散点图,如图 4-6 和图 4-7 所示。可以很明显地看出:原始数据有明显摆动,而经过一次累加生成之后的数据已经消除随机性,起伏减少,呈现逐渐上升递增的趋势。

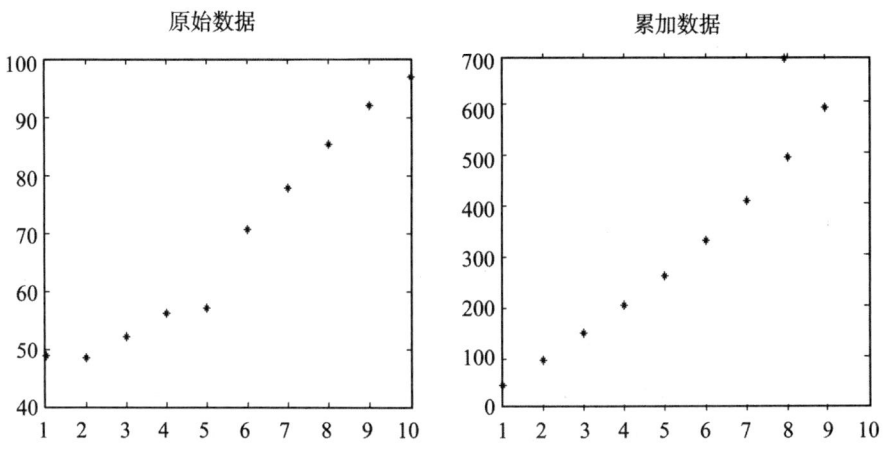

图 4-6　湖北省食品冷链物流系统(城镇)冷链食品历史消耗量的原始数据与一次累加数据散点图

3. 模型建立

1) 数据预处理

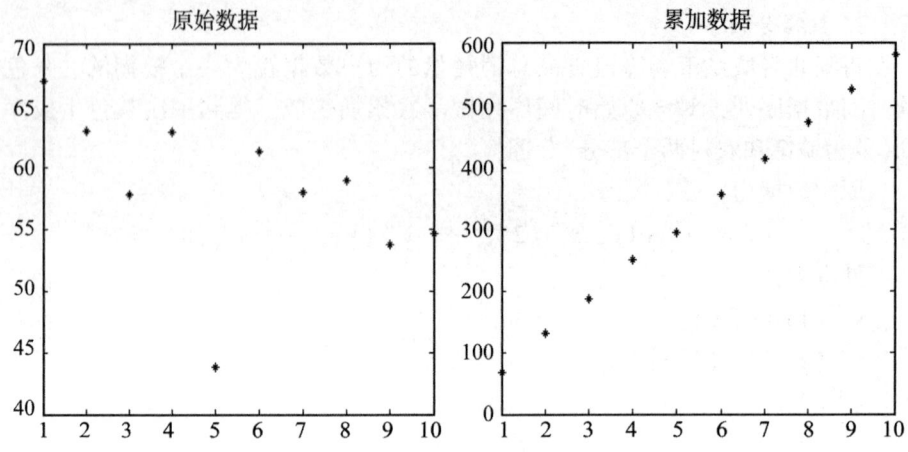

图 4-7　湖北省食品冷链物流系统(农村)冷链食品历史
消耗量的原始数据与一次累加数据散点图

要求建模之前对原始数据序列做一次累加，且原始数据序列为非负；否则，累加时会正负抵消，达不到使数据序列随时间递增的目的。如果原始数据中出现了负数，可以对原始数据进行"整体提升"处理。

2) 建立常微分方程

设

$$\frac{\mathrm{d}y^{(1)}}{\mathrm{d}t}+ay^{(1)}=u \tag{4-50}$$

对等间隔取样的离散值，解之得：

$$y^{(1)}(k+1)=\left(y^{(1)}(1)-\frac{u}{a}\right)\mathrm{e}^{-ak}+\frac{u}{a} \tag{4-51}$$

3) 推导求解矩阵 $y=B\alpha$

将 $y^{(1)}(1)$ 看成初值，将 $y^{(1)}(2)$，…，$y^{(1)}(k)$，…，$y^{(1)}(n)$ 代入上式，用差分代替微分，又因为是均等间隔取样，$\Delta t=(t+1)-t=1$，故得：

$$\begin{cases}\dfrac{\Delta y^{(1)}(2)}{\Delta t}=\Delta y^{(1)}(2)=y^{(1)}(2)-y^{(1)}(1)=y^{(0)}(2)\\ \cdots\cdots\\ \dfrac{\Delta y^{(1)}(n)}{\Delta t}=\Delta y^{(1)}(n)=y^{(1)}(n)-y^{(1)}(n-1)=y^{(0)}(n)\end{cases} \tag{4-52}$$

因此：

$$\begin{cases} y^{(0)}(2)+ay^{(1)}(2)=u \\ y^{(0)}(3)+ay^{(1)}(3)=u \\ \cdots\cdots \\ y^{(0)}(n)+ay^{(1)}(n)=u \end{cases} \quad (4\text{-}53)$$

$$\Rightarrow \begin{cases} y^{(0)}(2)=[-y^{(1)}(2),\ 1]\begin{bmatrix}a\\u\end{bmatrix} \\ y^{(0)}(3)=[-y^{(1)}(3),\ 1]\begin{bmatrix}a\\u\end{bmatrix} \\ \cdots\cdots \\ y^{(0)}(n)=[-y^{(1)}(n),\ 1]\begin{bmatrix}a\\u\end{bmatrix} \end{cases} \quad (4\text{-}54)$$

由于 $\dfrac{\Delta y^{(1)}}{\Delta t}$ 涉及累加序列 $x^{(1)}$ 的两个时刻的值，$y^{(1)}(i)$ 取前后两个时刻的平均值，即：

$$y^{(1)}(i)=\frac{1}{2}[y^{(1)}(i)+y^{(1)}(i-1)], \quad i=2,\ 3,\ \cdots,\ n \quad (4\text{-}55)$$

代入公式(5-62)，得到

$$y=\begin{bmatrix}y^{(0)}(2)\\y^{(0)}(3)\\\vdots\\y^{(0)}(n)\end{bmatrix}=\begin{bmatrix}-\dfrac{1}{2}[y^{(1)}(2)+y^{(1)}(1)] & 1 \\ -\dfrac{1}{2}[y^{(1)}(3)+y^{(1)}(2)] & 1 \\ \vdots & \\ -\dfrac{1}{2}[y^{(1)}(n)+y^{(1)}(n-1)] & 1 \end{bmatrix}\begin{bmatrix}a\\u\end{bmatrix} \quad (4\text{-}56)$$

令

$$\begin{bmatrix}-\dfrac{1}{2}[y^{(1)}(2)+y^{(1)}(1)] & 1 \\ -\dfrac{1}{2}[y^{(1)}(3)+y^{(1)}(2)] & 1 \\ \vdots & \\ -\dfrac{1}{2}[y^{(1)}(n)+y^{(1)}(n-1)] & 1 \end{bmatrix}=B,\ \begin{bmatrix}a\\u\end{bmatrix}=\alpha$$

得到

$$y=B\alpha \quad (4\text{-}57)$$

4)求解估计值 $\hat{a}$, $\hat{u}$

根据最小二乘法可得：

$$\hat{\alpha} = \begin{bmatrix} \hat{a} \\ \hat{u} \end{bmatrix} = (B^{\mathrm{T}}B)^{-1}B^{\mathrm{T}}y \tag{4-58}$$

5)根据响应方程，计算一次累加序列的拟合值

得到时间响应方程

$$\hat{y}^{(1)}(k+1) = \left(y^{(1)}(1) - \frac{\hat{u}}{\hat{a}}\right)e^{-\hat{a}k} + \frac{\hat{a}}{\hat{u}} \tag{4-59}$$

当 $k=1, 2, \cdots, n-1$ 时，$\hat{y}^{(1)}(k+1)$ 为一次累加序列的拟合值；
当 $k \geq n$ 时，$\hat{y}^{(1)}(k+1)$ 为一次累加序列的预测值；

6)后减还原

当 $k=1, 2, \cdots, n-1$ 时，$\hat{y}^{(0)}(k+1)$ 为原始序列的拟合值；
当 $k \geq n$ 时，$\hat{y}^{(0)}(k+1)$ 为原始序列的预测值。

4. 模型检验

1)残差检验

按照预测模型计算 $\hat{y}^{(1)}(i)$，并将 $\hat{y}^{(1)}(i)$ 累减生成 $\hat{y}^{(0)}(i)$，然后计算原始序列 $y^{(0)}(i)$ 与 $\hat{y}^{(0)}(i)$ 的绝对误差序列以及相对误差序列：

$$\Delta^{(0)}(i) = |y^{(0)}(i) - \hat{y}^{(0)}(i)|, \quad i=1, 2, \cdots, n \tag{4-60}$$

$$\varphi(i) = \frac{\Delta^{(0)}(i)}{\hat{y}^{(0)}(i)} \times 100\%, \quad i=1, 2, \cdots, n \tag{4-61}$$

灰色预测模型残差检验的标准：如果模型的相对误差（残差）的平均值在1%及以下，说明预测模型的精度等级为一级；如果大于1%且小于等于5%，说明模型的精度等级为二级；如果大于5%且小于等于10%，说明模型的精度等级为三级；如果大于10%且小于等于20%，则模型的精度等级为四级。

城镇部分基于灰色预测模型的残差检验（城镇）的平均值为2.65725%（表4-11）。

表4-11　　　　基于灰色预测模型的残差检验（城镇）

i	1	2	3	4	5	6	7	8	9	10
$\varphi(i)$	0	2.5381	0.2646	1.4842	8.8891	2.7759	3.2944	3.2612	1.2851	2.7799

农村部分基于灰色预测模型的残差检验(城镇)的平均值为 5.78826%(表 4-12)。

表 4-12　　　　　　基于灰色预测模型的残差检验(农村)

i	1	2	3	4	5	6	7	8	9	10
$\varphi(i)$	0	5.3097	2.2907	7.6595	24.128	7.3982	2.7212	5.6498	2.5047	0.2204

2)关联度检验

关联度检验是用来定量描述目标对象的预测误差。关联度越大,说明预测值和实际值越接近。关联度大于 0.5 是可以接受的。

(1)灰色绝对关联度。灰色绝对关联度 ε 只与预测值 y 和真实值 x_i 的几何位置相关,与其他无关,也就是说,平移不改变绝对关联度的值,即 y 与 x_i 的几何位置越接近,绝对关联度 ε 越大。当 y 或 x_i 中任一观测数据变化了,ε 将随之发生变化。

设
$$y^{(0)} = \{y^{(0)}(1), y^{(0)}(2), \cdots, y^{(0)}(k), \cdots, y^{(0)}(n)\}$$
$$x_i^{(0)} = \{x_i^{(0)}(1), x_i^{(0)}(2), \cdots, x_i^{(0)}(k), \cdots, x_i^{(0)}(n)\}$$

为 y_i,x_i 的始点化像,

即
$$y^0(k) = y(k) - y(1)$$
$$x_i^0(k) = x_i(k) - x_i(1)$$

记:
$$|s_0| = \left| \sum_{k=2}^{n-1} y^0(k) + \frac{1}{2} y^0(n) \right|$$
$$|s_i| = \left| \sum_{k=2}^{n-1} x_i^0(k) + \frac{1}{2} x_i^0(n) \right| \tag{4-62}$$
$$|s_i - s_0| = \left| \sum_{k=2}^{n-1} [x_i^0(k) - y^0(k)] + \frac{1}{2} [x_i^0(n) - y^0(n)] \right|$$

令 ε 为绝对关联度,则
$$\varepsilon = \frac{1 + |s_0| + |s_i|}{1 + |s_0| + |s_i| + |s_i - s_0|} \tag{4-63}$$

城镇部分见表 4-13。

表4-13　基于灰色预测模型的灰色绝对关联度检验(城镇)

i	1	2	3	4	5	6	7	8	9
ε	0.5036	0.5254	0.5079	0.5086	0.5086	0.9110	0.5311	0.5018	0.5110

农村部分见表4-14。

表4-14　基于灰色预测模型的灰色绝对关联度检验(农村)

i	1	2	3	4	5	6	7	8	9
ε	0.5003	0.5019	0.5006	0.5006	0.5006	0.5303	0.5048	0.5001	0.5021

(2)灰色相对关联度。如果 y 与 x_i 的长度相同，且初值皆不等于零，$y^{(0)'}$ 和 $x_i^{(0)'}$ 分别为 y_i 与 x_i 的初值像，则称 $y^{(0)'}$ 和 $x_i^{(0)'}$ 的灰色绝对关联度为 y 与 x_i 的灰色相对关联度，记为 R。R 只与 y 与 x_i 的相对于始点的变化率有关(数列的变化率)，而与各观测值无关，也就是说，数乘不改变相对关联度的值。y 与 x_i 相对于始点的变化率越接近，R 越大；当 y 与 x_i 当中任一值发生变化，或者其长度发生变化，则 R 变化。

设

$$y^{(0)'} = \{y^{(0)'}(1), y^{(0)'}(2), \cdots, y^{(0)'}(k), \cdots, y^{(0)'}(n)\}$$
$$x_i^{(0)'} = \{x_i^{(0)'}(1), x_i^{(0)'}(2), \cdots, x_i^{(0)'}(k), \cdots, x_i^{(0)'}(n)\}$$

为 y_i，x_i 的初值像，

即：

$$y^0(k) = \frac{y(k)}{y(1)}$$
$$x_i^0(k) = \frac{x_i(k)}{x_i(1)}$$

以及

$$y^{0'}(k) = y^0(k) - y^0(1)$$
$$x_i^{0'}(k) = x_i^0(k) - x_i^0(1)$$

记：

$$|s_0'| = \left| \sum_{k=2}^{n-1} y^{0'}(k) + \frac{1}{2} y^{0'}(n) \right|$$
$$|s_i'| = \left| \sum_{k=2}^{n-1} x_i^{0'}(k) + \frac{1}{2} x_i^{0'}(n) \right| \quad (4-64)$$
$$|s_i' - s_0'| = \left| \sum_{k=2}^{n-1} [x_i^{0'}(k) - y^{0'}(k)] + \frac{1}{2} [x_i^{0'}(n) - y^{0'}(n)] \right|$$

令 R 为灰色相对关联度，则

$$R = \frac{1+|s_0'|+|s_i'|}{1+|s_0'|+|s_i'|+|s_i'-s_0'|} \quad (4\text{-}65)$$

城镇部分见表 4-15。

表 4-15　基于灰色预测模型的灰色相对关联度检验（城镇）

i	1	2	3	4	5	6	7	8	9
ε	0.8625	0.9231	0.8417	0.8606	0.9045	0.6202	0.8642	0.8798	0.9541

农村部分见表 4-16。

表 4-16　基于灰色预测模型的灰色相对关联度检验（农村）

i	1	2	3	4	5	6	7	8	9
ε	0.7242	0.7617	0.7114	0.7230	0.7502	0.5743	0.9833	0.7349	0.8017

（3）灰色综合关联度。设序列 y 与 x_i 长度相同，且初值皆不等于零。ε 和 R 分别表示 y 与 x_i 的灰色绝对关联度和相对关联度，则

$$\rho = \theta\varepsilon + (1-\theta)R, \quad \theta \in [0, 1] \quad (4\text{-}66)$$

公式（4-65）称为 y 与 x_i 的灰色综合关联度，简称综合关联度。综合关联度既体现了曲线 y 与 x_i 的相似程度，又反映了 y 与 x_i 相对于始点的变化速率的接近程度，是较为全面的表征序列之间联系是否紧密的一个数量指标。

城镇部分见表 4-17。

表 4-17　基于灰色预测模型的灰色综合关联度检验（城镇）

i	1	2	3	4	5	6	7	8	9
ε	0.6830	0.7243	0.6748	0.6846	0.7066	0.7656	0.6977	0.6908	0.7325

农村部分见表 4-18。

表 4-18　　基于灰色预测模型的灰色综合关联度检验(农村)

i	1	2	3	4	5	6	7	8	9
ε	0.6122	0.6318	0.6060	0.6118	0.6254	0.5523	0.7440	0.6175	0.6519

4) 后验差检验

后验差检验是检验灰色预测模型的可信性,是对灰色预测模型在预测精度的等级标准上做出的合理评价,可以按照后验差比值和小误差概率两个指标进行评定。下面我们用这个指标对灰色预测模型的预测结果进行检验。

$$p = p\{|x^{(0)}(i) - \bar{x}^{(0)}| < 0.6745 s_1\}$$

其中:
$$s_1 = \sqrt{\frac{\sum[e^{(0)}(i) - \bar{e}^{(0)}]^2}{n-1}} \tag{4-67}$$

$$s_2 = \sqrt{\frac{\sum[E^{(0)}(i) - \bar{E}^{(0)}]^2}{n-1}}$$

若指标如表 4-19 所列,则:

表 4-19

p	c	精度等级
>0.95	<0.35	一级(好)
>0.80	<0.5	二级(合格)
>0.75	<0.65	三级(勉强及格)
≤0.70	≥0.65	四级(不合格)

城镇部分见表 4-20, $s_1 = 6.0773$, $s_2 = 0.8552$。

$$c = s_2/s_1 = 0.1407 < 0.35$$

$$p(|e_i| < 0.6745 s_1) = p(|e_i| < 4.1537) = 9/10 = 0.9 > 0.8$$

表 4-20　　基于灰色预测模型的原始序列差检验(城镇)

i	1	2	3	4	5	6	7	8	9	10
E_i	0.0414	-1.1606	-0.0961	0.8880	5.6055	-1.8654	-2.4421	-2.6566	-1.1254	2.8113

农村部分见表4-21,$s_1 = 2.1410$,$s_2 = 1.7845$。

$$c = s_2/s_1 = 0.8335 > 0.65$$

$$p(|e_i| < 0.6745s_1) = p(|e_i| < 1.4441) = 4/10 = 0.4 < 0.7$$

表4-21　　　　基于灰色预测模型的原始序列差检验(农村)

i	1	2	3	4	5	6	7	8	9	10
E_i	0.0011	-3.1718	1.3543	-4.4718	13.9298	-4.2209	-1.534	-3.1497	1.382	-0.119

5. 预测模型的拟合检验与外推检验

1) 拟合检验

(1) 样本均方误差(MSE):

城镇部分:　　$\text{MSE} = \frac{1}{n}\sum_{i=1}^{n}(y_t - \hat{y}_t)^2 = 6.5841$

农村部分:　　$\text{MSE} = \frac{1}{n}\sum_{i=1}^{n}(y_t - \hat{y}_t)^2 = 28.6606$

(2) 拟合度(CD):

城镇部分:　　$R = \dfrac{\sum_{t=1}^{n}(\hat{y}_t \times y_t)}{\sqrt{\sum_{t=1}^{n}(\hat{y}_t)^2 \times \sum_{t=1}^{n}(y_t)^2}} = 0.9994$

农村部分:　　$R = \dfrac{\sum_{t=1}^{n}(\hat{y}_t \times y_t)}{\sqrt{\sum_{t=1}^{n}(\hat{y}_t)^2 \times \sum_{t=1}^{n}(y_t)^2}} = 0.9962$

2) 外推检验

(1) 平均预测误差(MD):

城镇部分:　　$\text{MD} = \frac{1}{n}\sum_{i=1}^{n}(y_t - \hat{y}_t) = -0.0414$

农村部分:　　$\text{MD} = \frac{1}{n}\sum_{i=1}^{n}(y_t - \hat{y}_t) = -0.0011$

(2) 平均绝对百分误差(MAPE):

城镇部分： $\text{MAPE} = \dfrac{1}{n}\sum_{i=1}^{n}\left|\dfrac{y_t - \hat{y}_t}{y_t}\right| = 2.7179\%$

农村部分： $\text{MAPE} = \dfrac{1}{n}\sum_{i=1}^{n}\left|\dfrac{y_t - \hat{y}_t}{y_t}\right| = 6.3976\%$

综上，通过基于灰色预测模型的各项检验性实验数据可以发现，虽然利用灰色预测模型对湖北省城乡食品冷链物流系统需求进行预测的效果一般，但预测模型均能够通过残差检验、关联度检验和后验差比值检验（基于农村数据的灰色预测模型可以通过残差检验和关联度检验，但是没有通过后验差比值检验）。检验的结果表明模型可行。其中，又以城镇数据为样本构建的灰色预测模型的预测效果较好；而以农村数据样本构建的灰色预测模型虽然可行，但是各项检验数据都接近临界值，说明模型的预测精度存在一定的问题。我们分析，问题产生的原因可能在于农村的统计数据波动和随机性较大，而一次灰色生成序列操作恰恰减弱和抵消了这种波动，没能表现出农村食品冷链市场的变化规律和趋势。因此，最终的预测结果精度不高。

6. 基于灰色预测的 2010—2014 年湖北省城乡食品冷链物流系统需求预测

1）城镇部分

基于灰色预测法的 2010—2014 年湖北省冷链物流系统（城镇）需求的预测数据见表 4-22，拟合与预测结果如图 4-8 所示，预测结果的误差情况如图 4-9 所示。

表 4-22　基于灰色预测模型的 2010—2014 年湖北省食品冷链物流系统（城镇）需求预测数据

年份	2010	2011	2012	2013	2014
预测值（万吨）	109.3486	120.0033	131.6962	144.5284	158.6110

2）农村部分

基于灰色预测法的 2010—2014 年湖北省食品冷链物流系统（农村）需求的预测数据见表 4-23，拟合与预测结果如图 4-10 所示，预测结果的绝对误差和相对误差情况如图 4-11 所示。

4.5 常规定量预测法的算例分析

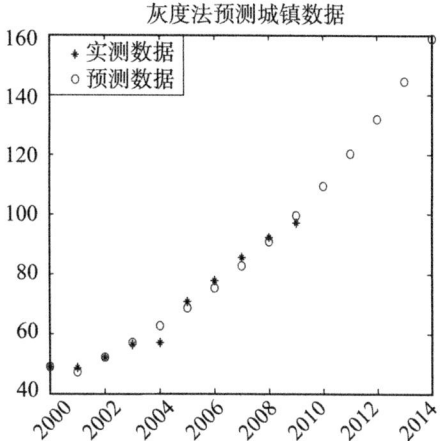

图 4-8 基于灰色预测模型的湖北省食品冷链物流系统(城镇)需求拟合与预测图

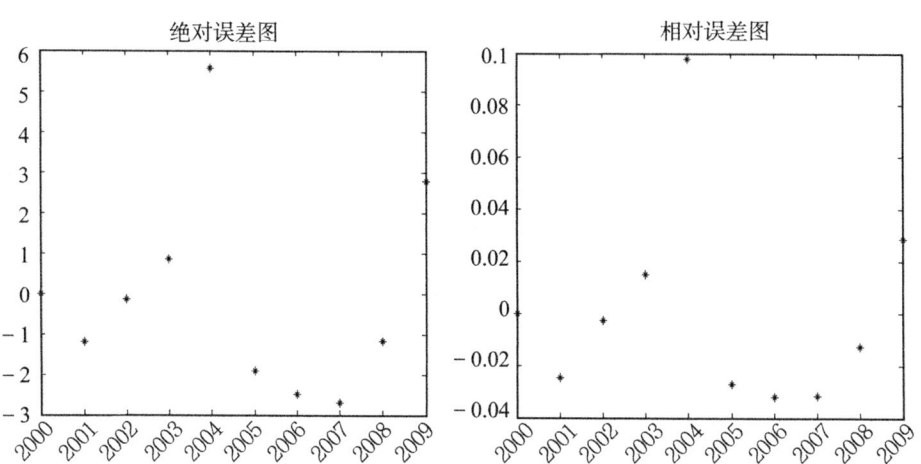

图 4-9 基于灰色预测模型的湖北省食品冷链物流系统(城镇)需求预测结果的绝对误差和相对误差图

表 4-23 基于灰色预测模型的 2010—2014 年湖北省食品冷链物流系统(农村)需求预测数据

年份	2010	2011	2012	2013	2014
预测值(万吨)	53.8761	53.2595	52.6500	52.0474	51.4517

89

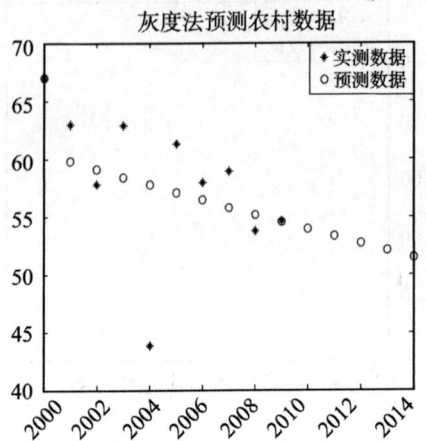

图 4-10　基于灰色预测模型的湖北省食品冷链物流系统
（农村）需求的拟合与预测结果图

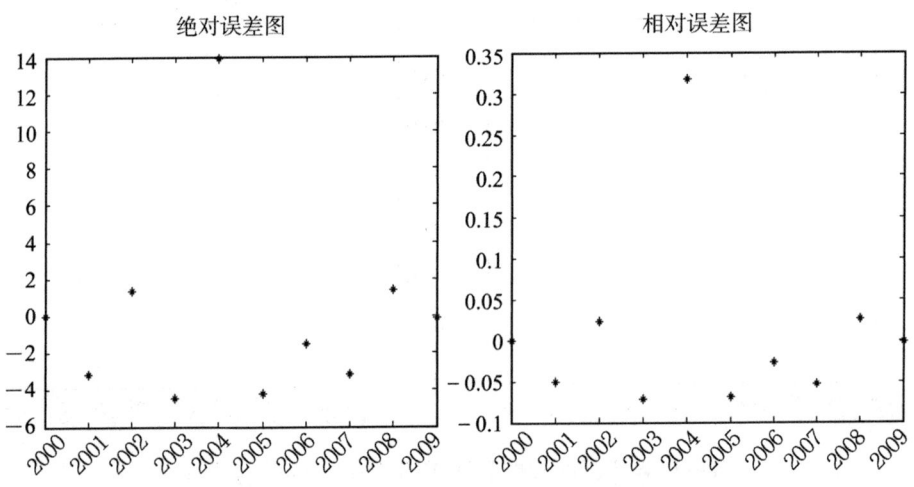

图 4-11　基于灰色预测模型的湖北省食品冷链物流系统（农村）
需求预测结果的绝对误差和相对误差图

第5章 基于优化神经网络的湖北省城乡食品冷链物流系统需求预测

5.1 人工神经网络及算例分析

5.1.1 人工神经网络概述

1. 人工神经网络概述

从上述对各种经典预测方法及相关实际算例的分析中可以看出，在对典型的复杂非线性的食品冷链物流系统需求进行预测时，经典预测方法的最大困难是数学模型的建立以及模型参数的估计。如果建立的预测模型不能很好地拟合原始的统计数据，或是参数估计略有偏差，将极大地影响预测结果的精度。

在当前诸多预测方法和技术中，人工神经网络特别适合对复杂的非线性系统进行预测，因此成为当前系统预测研究领域内最主要和重要的研究方向和内容。人工神经网络能够在不依靠数学模型的前提下，准确地反映外界环境中各种因素与目标对象之间复杂的函数映射关系，可以大幅度地降低数学建模和模型求解的难度，是目前复杂非线性系统预测领域内的主流方法。

人工神经网络(artificial neural network，ANN)是一种由人工构造，可以模拟人类大脑的神经，并且实现某种功能的复杂网络。它将人脑的神经网络的结构和功能模型化，其本质是一种由大量的简单元件经过相互连接而成，能够进行复杂逻辑操作和处理非线性关系的信息处理系统[131]。由于人工神经网络可以对许多难以建模和求解的复杂系统问题展开定量分析，且具有智能化、高度非线性化、无需数学模型等特点，因此它的应用领域非常广泛。

2. 人工神经网络的发展历程和研究现状

1)人工神经网络的发展历程

学术界对人工神经网络的研究已有 60 多年的历史。人工神经网络的发展大致可以分为 5 个阶段[132]：

第一阶段：萌芽期(20 世纪 40 年代)。

20 世纪 40 年代，随着信息技术、计算机技术和网络技术等高精尖技术的出现，人工神经网络科学开始萌芽。数学家匹茨(Pitts)和心理学家麦克卡洛克(Mc Culloch)研究和总结了生物神经元的结构和一些生理特性，建立了著名的阈值加权模型(M-P 模型)，并将其研究成果在数学生物物理研究学会刊 *Bulletin of Mathematical Biophy* 上发表，这是神经网络研究启蒙的标志。

第二阶段：蓬勃发展期(1950—1965 年)。

1949 年，心理学家 D. O. Hebb 提出了神经元之间的突触强度可以由函数表示的假设，这表示神经网络的数理化研究又向前迈出了一大步，标志着人工神经网络进入了蓬勃发展期。20 世纪 50 年代末，Rosenblatt 开创性地在噪音环境下建立了基于随机网络的、有自主学习和组织能力的人工神经网络，第一次将人工神经网络从理论界带入到工程实践中。60 年代，美国科学家 Minsky 和 Papert 在其著作《感知机》中指出，如果适当增加神经网络的层次，并在隐含层中增加神经元个数，则可以有效地提高神经网络的预测精度。

这些在 20 世纪五六十年代先后出现的关于神经网络的理论，极大地引发了人们对神经网络研究的兴趣和热潮，人们对神经网络的发展和应用前景充满了期许。因此，包括美国军方在内，有上百家企业和科研单位的实验室投入力量，开展对神经网络的研究，并且在声呐信号识别等领域取得了一定的成绩。

第三阶段：低潮萧条期(1968—1980 年)。

20 世纪 70 年代，日本研制的第五代感知机远没有达到人们预期的水平，人工智能表现出越来越严重的局限性，人们开始意识到自己对人工神经网络的估计过于乐观。科学家们发现人工神经网络远远不是将几个神经元进行简单的互联就能够模拟人类思维那么简单，还需要继续深入探究人们习以为常的视、听、说等认知功能的实现过程；同时，由于人工神经网络的算法实现比较困难以及其他因素的共同影响，人工神经网络的研究陷入萧条期。

第四阶段：第二次高潮期(20 世纪 80 年代)。

到了 20 世纪 80 年代，人们逐渐认识到，只有不拘泥于现状，开拓新的思路，才是实现人类智能的途径。1982 年，美国加州理工学院生物学家 J. Hopfield 教授提出了 Hopfield 神经网络模型。Hopfield 神经网络模型的提出，被学术界公认为是人工神经网络研究第二次高潮到来的标志。Hopfield 神经网络模型采用非线性化的方式阐明了神经网络与动力学的关系,引入了 LyaPunov 能量函数,不仅具有联想记忆能力,而且还可以将信息存储在神经网络的神经元上。这一成果的取得,使神经网络的研究取得了突破性的进展。1984 年,J. Hopfield 教授使用电子线路模拟神经网络,指出可以在电子线路中用放大器取代神经网络中的神经元,这一设想为神经网络的工程化指明了方向,从而带领神经网络的理论和实践研究进入到第二次高潮期。

第五阶段:后发展期(20 世纪 90 年代后期至今)。

从 20 世纪 90 年代直到现在,人工神经网络理论和实践研究的热潮仍在继续。这一阶段的研究已经开始往更深更广的领域拓展,主要体现在三个方面:第一,人们已经开始关注神经网络的理论模型向实践化发展的趋势,并在实际应用中不断地对人工神经网络模型进行优化和改进,以提高神经网络模型的各项性能指标。第二,在理论上寻找新的支撑和突破,由于人工神经网络是在模拟人脑的基础上形成的,其模型和算法的理论基础较为薄弱;研究学者们正在致力于研究其人工神经网络模型及算法的框架、运行机理等,希望夯实人工神经网络的理论基础,找到人工神经网络模型的运行规律,建立通用型的模型和算法。第三,通过对生物神经网络的进一步研究,不断丰富对人脑的更深的理解和认识。

2)人工神经网络的研究现状

从应用的角度看,和传统的经典预测方法相比,人工神经网络在对复杂非线性系统的处理上具有天然的、无法比拟和复制的优势,因此已经被广泛地运用在很多应用领域,如模式识别、自动控制、信号处理、预测、辅助决策、人工智能等。从研究的角度看,研究学者们在神经网络的各个研究领域内也都取得了长足的进展。但到目前为止,由于人们还没有掌握神经网络运行的本质规律,还无法提供神经网络模型的理论支撑和证明以及形成神经网络的通用性的模型框架和算法,因此为一个特定的系统问题设计神经网络模型,并不是一件十分容易的事情,仍然需要人们的经验和不断摸索尝试。人工神经网络困扰人们的主要难点问题有两个:一个是人工神经网络的结构问题;另一个是人工神经网络的算法问题。

(1)人工神经网络的结构优化。

人工神经网络的结构优化问题可以看做是人工神经网络在结构空间求最优解的问题。人工神经网络的结构空间包括:隐含层的层数及隐含层神经元的个数。隐含层的个数及隐含层神经元的个数对人工神经网络的训练速度、测试精度都有很大的影响。它们的数量如果过多，会导致人工神经网络收敛速度过慢和"过学习"现象；但是如果过少，就会导致网络不能充分学习，从而不能达到训练的精度要求。

相对于人工神经网络的参数优化而言，人工神经网络的结构优化要困难得多，至今尚无确定的方法和规律可以依循。目前，神经网络结构优化的常用方法有凑试法、删减法、增长法、增长删减法等[133~136]。凑试法主要通过训练和分析不同网络结构的性能来确定最终结构，使用较多的凑试法是交叉校验法[137]。增长法是指在训练过程中逐渐增加隐含层数以及隐含层的神经元个数，即由一个小规模的网络结构开始，根据实际问题对网络的要求，在训练过程中逐步增加网络结构的复杂度，直至满足性能要求为止。增长法可以解决神经网络过小的问题。修剪法与网络增长法相反，是指在网络训练过程中逐渐删除冗余的神经元，即初始给定一个含有冗余节点的大规模网络结构，然后在训练过程中逐步删除那些不必要的节点或权值，不断降低网络的复杂性，提高其泛化能力。修剪法能够解决神经网络过大的问题。上述几种神经网络结构优化的算法大多属于静态的优化方法，均是采用了预先设定的固定准则和贪婪搜索策略，导致人工神经网络的结构性能较差，极易陷入局部最优的结构陷阱中[138~142]。而最新出现的人工神经网络结构的自组织优化算法[143~146]可以动态地调整人工神经网络的结构，避免了增长型神经网络出现网络过度冗余的情况，同时也解决了删减型神经网络初始神经网络选取难的问题，最终能够获得结构简单、泛化能力强、学习速度快以及性能稳定的人工神经网络结构。虽然人工神经网络结构的动态优化方法尚未完善，但是较之静态的神经网络结构优化方法，动态的结构优化能够根据目标对象的实时输出数据同步修正和优化人工神经网络的结构，有效提升人工神经网络的性能[147]。

(2) 人工神经网络的算法优化。

人工神经网络中最典型的算法是 BP 算法。BP 算法的基本思想是：首先随机生成一组权值，然后利用梯度下降法计算权值的修正量，直到训练误差值达到目标精度范围。由于 BP 算法的权值计算利用的是线性的梯度下降法，无法动态地根据误差情况调整权值，很容易错过最优解，且无法修正，因此往往容易陷入局部最优，而且即使找到了局部最优点，也未必能够满足误差要求而结束寻优过程。因此 BP 算法必须经历多次选择初始点并重新开始计算的过程，在最坏情况下，需要遍历整个搜索空间才能找到解。所以 BP 算法最明显的缺陷是：收敛慢，甚至不收敛[148]。

针对人工神经网络算法的缺陷，不少学者提出了改进的优化算法，如共轭梯度法、准牛顿法、修正牛顿法、非线性最小二乘法、正交最小二乘法、分层学习算法等、动量法、自适应法以及各种组合算法[149~157]等。这些优化算法的总体思路是：在迭代过程中，通过计算目标函数的梯度确定出一个最速下降方向，然后在此基础上进行一系列的一维搜索。这些优化算法充分利用了目标函数的梯度和 Hessian 矩阵等局部信息，提高了收敛速度，增加了收敛的可能性，但其本质仍属于局部搜索算法，无法保证能够得到全局最优解。而且这些优化算法均要求目标函数至少是一阶连续可微，这些要求在很大程度上限制了算法的普适性应用。

3. 人工神经网络的特点

虽然人工神经网络还处于对人脑神经的低级模仿阶段，但作为一种特殊的人工智能，由于它的很多特点和功能与人脑神经非常相似，因此它与其他人工智能方法相比有较大的差异[158]。综合而言，人工神经网络的特点如下：

1）具有自学习和自组织性

人工神经网络中神经元之间的连接关系和连接强度决定了人工神经网络的结构和特性。其中，神经元之间的连接强度用连接权值表示。人工神经网络的连接权值随着训练过程，反复地自我学习、不断地变化和修正。最终随着连接权值强度的增加，连接关系逐渐稳定，自动组织成为人工神经网络的结构。

2）具有泛化能力

人工神经网络具有泛化能力。人工神经网络的泛化能力又称为综合推理能力，是指一个已经训练好的神经网络可以根据已有的知识自动识别新的输入，并对信息进行处理，而不需要重新训练网络，即能够得到精度很高的预测结果。

3）分布式信息存储

人工神经网络的信息是分布式存储的，分别存储于人工神经网络的各个神经元和连接神经元的权值上。因此，即使人工神经网络的局部突然受损失效，或部分输入信号因各种原因发生畸变，人工神经网络仍然能够保证输出的正确性。分布式的信息存储方式提高了人工神经网络的容错性。

4）信息的并行化处理

人工神经网络的结构具有多个层次，每个层次都有若干神经元在并行工作，即同一层次上的各个神经元是根据从上一级神经元收到的信息进行独立的运算和处理，最后将结果输出给下一级的神经元。人工神经网络的这种信息并行化处理的特点使人工神经网络具有十分强大的实用性。虽然单个神经元的结构单一、功能简单，但是大量的神经元并行工作，能够提高人工神经网络的计算效率，同时能够实现人工神经网络的各种丰富的功能。

5）大量的学习样本

人工神经网络需要大量的学习样本，经过成千上万次的训练才能形成稳定的结构，并展开稳定的工作。因此，学习样本的数量以及样本数据的连续性和规范性都是人工神经网络高精度和高可靠性的重要保证。

6）容易产生过度识别

人工神经网络在训练过程中不仅会学习到样本数据的一般特征，有时候还会记住某些本身不具有连续性的畸变数据的细微特征，而且还会将这种特征反馈给人工神经网络，使得网络的性能变差或变异，直接导致预测结果的精度下降。这种现象叫做人工神经网络的过度识别。

7）缺乏理论支撑

人工神经网络在系统预测领域的优势明显，但缺乏相关理论的证明。人工神经网络模型在构建过程没有明确的理论指导，也没有通用的模型框架和算法，只能依靠设计者本身的经验和知识。目前，人们一般是在同一环境下展开对多个人工神经网络模型之间的横向比较，从而证明某一个人工神经网络在结构或算法上的优势。人工神经网络的发展急需理论上的支撑和证明。

4. 人工神经网络应用于复杂非线性物流系统预测的可行性分析

（1）物流系统是一个典型的复杂非线性系统。而传统经典的定量预测方法几乎都是以数学模型为基础的，在处理复杂的非线性系统时捉襟见肘，无法精确地逼近高维曲线，导致最后的预测精度不能令人满意。1989年，Robert Heeht Nielson证明了一个具有三层结构和一定数量神经元的人工神经网络可以以任意精度逼近任意一个函数。因此，利用人工神经网络对复杂的非线性物流系统进行预测，具有天生的母体优势，是一种更为适合的预测方法。

（2）人工神经网络的学习规则简单，预测精度高，无需构建数学模型，求解的难度低，易于实现。

5.1.2 人工神经网络的模型和结构

1. 人工神经元及其数学模型

人工神经元是人工神经网络的基本处理单元,是基于对生物神经元的模拟而产生的。

生物神经元主要由三个部分构成:细胞体、轴突、树突(突触)。生物神经元之间通过突触传递信息。一个神经元通常有许多突触,其中有些是兴奋性的,有些是抑制性的。如果兴奋性突触的活动强度总和超过了抑制性突触活动强度的总和,并达到一定的阈值,就能使该神经元的轴突起始段发生动作电位,产生神经冲动。如果一旦出现神经冲动,则该神经元就表现为兴奋状态;反之,则表现为抑制状态。生物神经元的构成如图5-1所示。

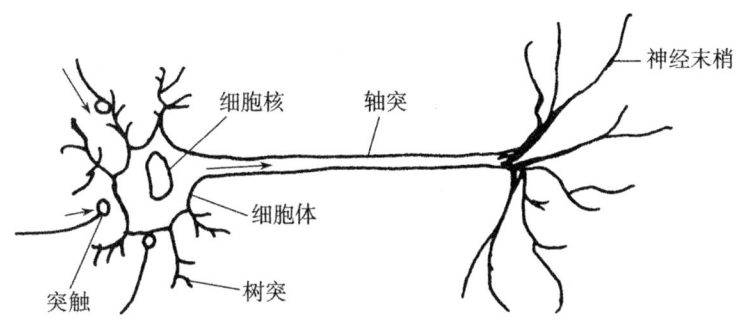

图 5-1 生物神经元示意图

人工神经元模型是生物神经元的模拟和抽象。通常来说,它是一个多输入单输出的非线性器件,其结构模型如图5-2所示。

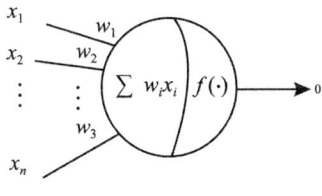

图 5-2 人工神经元模型

人工神经元包括三个基本要素：
(1) 一组连接权：权值为正表示激励，权值为负表示抑制；
(2) 一个求和单元：用于对输入数据进行线性加和；
(3) 一个激励函数：用于将输入信息限制在标准区间内。

人工神经元的数学表达式为：

$$u_i = \sum_{i=1}^{n} w_i x_i - \theta_i \tag{5-1}$$

$$y_i = F[u_i], \ i = 1, 2, \cdots, n \tag{5-2}$$

其中，$x_1, x_2, \cdots, x_n$ 分别是神经元 i 的 n 个输入；$w_1, w_2, \cdots, w_i$ 分别是神经元 i 对应于 n 个输入的权数，也是突触函数的传递效率；θ_i 是神经元 i 的阈值；u_i 是输入信号线性组合，是神经元 i 的净输入；$F[\ ]$ 是输入与输出之间的非线性函数，通常称为转移函数或是激发函数[159]，其作用就是将输入数据转变为标准范围内的输出，类似于生物神经元具有的非线性转移特性，它决定了神经元 i 收到输入之后，经过转变达到阈值时以何种方式输出；y_i 是神经元 i 的输出。人工神经元常见的传递函数形式如表 5-1 所示。

表 5-1　　　　　常见人工神经元传递函数形式表

转移函数 $F[\ ]$	函数表达式	函数曲线
阈值函数	$f(x)=\begin{cases} 1 & x \geqslant 0 \\ 0 & x<0 \end{cases}$	
线性函数	$f(x)=kx$	
对数 Sigmoid 函数	$f(x)=\dfrac{1}{1+e^{-x}}$	

续表

转移函数 $F[\ ]$	函数表达式	函数曲线
正切 Sigmoid 函数	$f(x)=\tanh(x)$	

2. 人工神经网络的结构

人工神经网络的结构大致可以分为层次型、互连型和信息流型三种结构。

1）层次型结构

将人工神经元按功能分成不同的层次，如输入层、隐含层和输出层。各层次间不同的连接形式构成了人工神经网络不同的层次型结构，具体如图 5-3、图 5-4、图 5-5 所示。

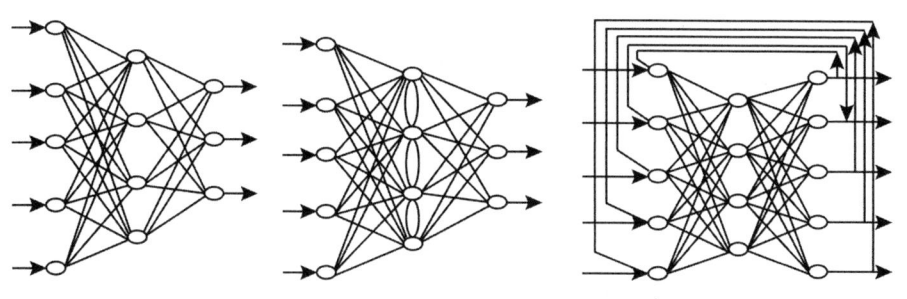

图 5-3 单纯层次型的人工神经网络结构　　图 5-4 层内互连型的人工神经网络结构　　图 5-5 输出层到输入层有连接的层次型人工神经网络结构

2）互连型结构

根据人工神经网络中人工神经元的互连方式，可以将互连型人工神经网络结构细分为局部互连型、全互连型和稀疏连接型三种情况：

（1）局部互连型：网络中的每个节点只与其邻近的节点有连接，如图 5-6 所示。

（2）全互连型：网络中的每个节点均与所有其他节点连接，如图 5-7 所示。

（3）稀疏连接型：网络中的节点只与少数相距较远的节点相连[160]，如图 5-8 所示。

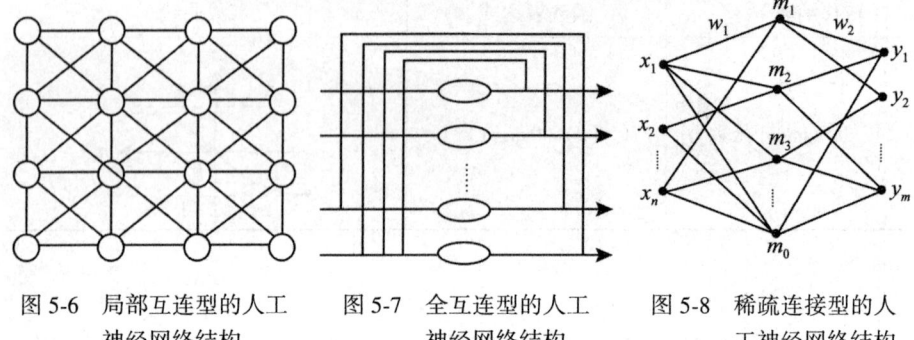

图 5-6 局部互连型的人工神经网络结构　　图 5-7 全互连型的人工神经网络结构　　图 5-8 稀疏连接型的人工神经网络结构

3）信息流型结构

（1）前馈型结构。前馈型人工神经网络是一个多层排列、信号由输入层向输出层单向传输的网络模型，其结构如图 5-9 所示。前馈型（亦称前向）人工神经网络的结构是分层的，其信息只能从输入层的神经元向前传输到它上一层的神经元，然后再向前，一层一层地传输。第一层的神经元与第二层所有的神经元相连，第二层又与其前面一层的所有的神经元相连。

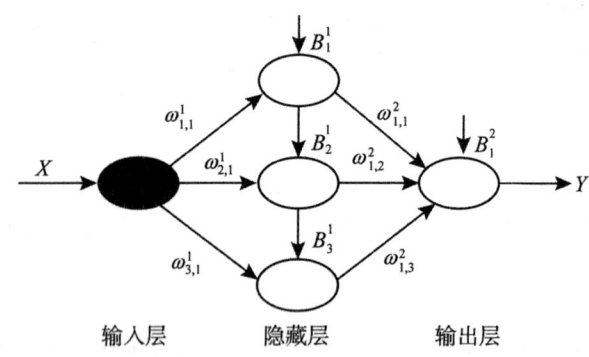

图 5-9 前馈型的人工神经网络结构

（2）反馈型结构。反馈型人工神经网络是一种从输出到输入具有反馈连接的网络，其结构比前馈型人工神经网络要复杂得多。典型的反馈型神经网络有 Elman 人工神经网络，以及 Hopfield 人工神经网络。

Elman 人工神经网络是一个两层反向传播的网络，其隐含层和输出层之间连接的神经元不仅是输出层的输入,而且反馈至隐含层,成为隐含层的输入。由于其输入表示了信号的空域信息,而反馈支路是一个延迟单元,反映了信号的时域信息,所以 Elman 网络可以在时域和空域进行模式识别。如图 5-10 所示。

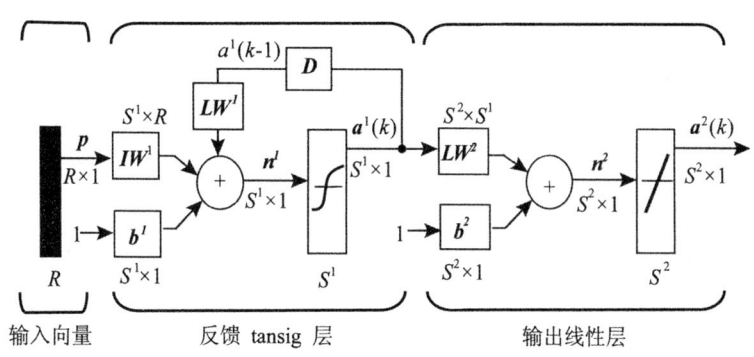

图 5-10 Elman 人工神经网络结构

Hopfield 人工神经网络又称为联想记忆网络,它常常存储了一个或多个稳定的目标向量,当人工神经网络的输入层输入相似的向量时,这些稳定的目标向量将"唤醒"网络记忆的模式,通过输出呈现出来。如图 5-11 所示。

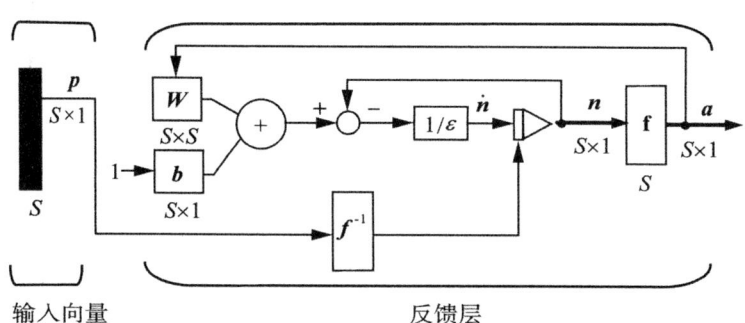

图 5-11 Hopfield 人工神经网络结构

3. 人工神经网络的学习与训练

人工神经网络的一个重要的特点就是学习和训练。人工神经网络的学习是指通过从训练样本中不断获得目标对象在发展变化过程中的数据信息,不断调整人工神经网络的结构以及连接权值，使人工神经网络的输出结果尽可能地接近期望的输出，最终形成稳定的人工神经网络的结构和连接权值，并能够对新的输入进行分析和处理的一种过程。人工神经网络的学习是基于对人工神经网络的大量训练。人工神经网络的学习和训练相辅相成、互为其中。人工神经网络的训练样本越多、训练量越大，学习的效果就越好，从而产生学习的进步。人工神经网络训练和学习的本质就是不断地调整网络的结构和连接权值，直至其稳定。

人工神经网络的学习方式有三种，具体说明如下：

1）监督学习方式（有教师的学习方式）

监督学习也称为有教师的学习方式。这种学习方式是基于"教师信号"的纠错原则，即在人工神经网络的训练过程中，不断地给网络提供一组输入数据和相应的期望输出（教师信号），并把人工神经网络的实际输出与期望输出进行对比，当对比结果不一致时，要依据差错的方向和程度按照一定的规则对连接权值进行调整，以提高下一次人工神经网络训练的输出结果的精度。人工神经网络的监督学习方式的具体形式如图 5-12 所示。

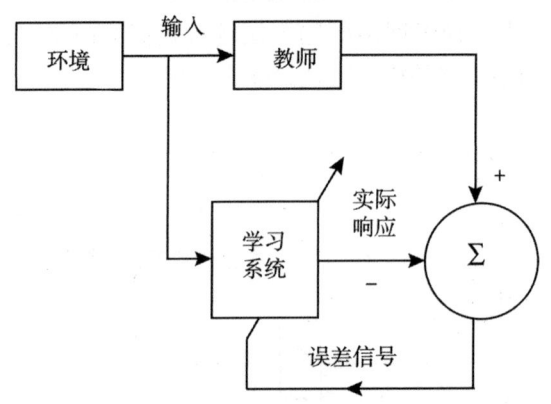

图 5-12　人工神经网络的监督学习方式

2）非监督学习方式（无教师的学习方式）

非监督学习方式也称为无教师的学习方式。这种学习方式是指在人工神经网络的训练过程中，不给网络提供输出的期望值（即教师信号），仅靠人工神经网络自身的学习能力完成训练过程。非监督学习方式体现了人工神经网络重要的自学习和自组织特征。在监督学习方式下，外界给人工神经网络提供了更丰富的信息和指导，人工神经网络的学习效率、学习效果以及解决问题的能力都会更好。但是，很多具体问题缺乏历史数据和先验知识等信息，这时，人工神经网络的非监督的学习方式就非常适用。人工神经网络的非监督学习方式的具体形式如图 5-13 所示。

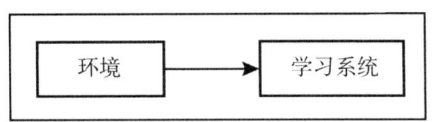

图 5-13 人工神经网络的非监督学习方式

3) 再励学习方式

人工神经网络的第三种学习方式介于监督学习和非监督学习方式之间，称为再励学习方式。再励学习方式是指在训练过程中没有具体的期望输出，但是外部的环境会对系统的输出给出相应的好与坏的评价信息。人工神经网络在学习过程中会强化那些受到好评价以及弱化那些受到坏评价的行为来调整和改善自身的结构和连接权值。人工神经网络的再励学习方式的具体形式如图 5-14 所示。

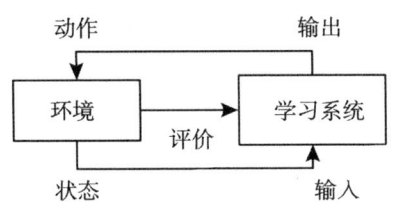

图 5-14 人工神经网络的再励学习方式

4. BP 神经网络

1) BP 神经网络的模型结构

BP 神经网络又称为多层前馈神经网络。BP 神经网络的学习算法是 Rumelhart 等人于 1986 年提出来的，其主要思想是：信息单向前向传播，连接权值的调整信息单向后向传播。由于 BP 神经网络简单易行，因此获得了广泛的实际应用。据统计，目前有 80%~90% 的人工神经网络是采用的 BP 神经网络模型或其变形形式。

BP 神经网络的结构通常由输入层、中间层(隐含层)和输出层构成,每个层次上都有若干个神经元。层与层之间通过连接权实现全连接,而层间的神经元没有连接。BP 神经网络的结构如图 5-15 所示。

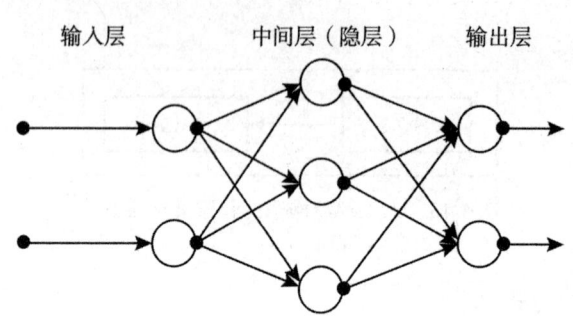

图 5-15　BP 神经网络结构

2) BP 神经网络模型的算法思想

BP 神经网络采用的算法是:输入信息前向传播,误差信息后向传播。BP 神经网络的算法流程是:第一,以训练样本作为输入,经由激活函数和连接权的调整和改变后,层层向前传递,直到产生输出;第二,若输出层的实际输出结果与期望输出(教师信号)不符,则按照减少误差的方向对连接权值进行调整,调整信号从输出层,经中间层,层层向后传播,直至回到输入层;第三,训练过程不断反复,直到输出误差减小到可以接受的程度,训练停止。

以图 5-16 所示的三层 BP 神经网络为例,说明 BP 神经网络的算法。

设:有 l 个样本,分别为 $Q_L = (q_1, q_2, \cdots, q_l)$;

网络输入向量为 $I_i = (x_1, x_2, \cdots, x_n)$;

中间层单元输入向量为 $A_j = (a_1, a_2, \cdots, a_m)$,输出向量为 $B_j = (b_1, b_2, \cdots, b_m)$;

输出层单元输入向量为 $C_k = (c_1, c_2, \cdots, c_p)$,输出向量为 $D_k = (d_1, d_2, \cdots, d_p)$;

网络目标向量为 $O_k = (o_1, o_2, \cdots, o_p)$;

输入层到中间层的连接权为 $w_{ij}(i=1, 2, \cdots, n; j=1, 2, \cdots, m)$;

中间层至输出层的连接权为 $v_{jk}(j=1, 2, \cdots, m; k=1, 2, \cdots p)$;

中间层各单元的输出阈值为 $\theta_j(j=1, 2, \cdots, m)$;

输出层各单元的输出阈值为 $\delta_k(i=1, 2, \cdots, p)$。

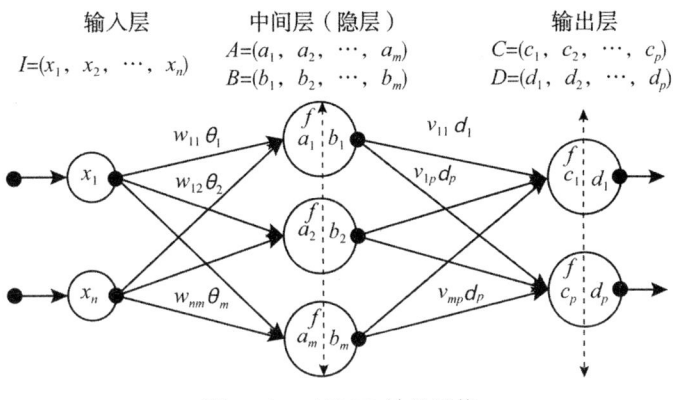

图 5-16 三层 BP 神经网络

第一步，初始化。给每个连接权值 w_{ij}、v_{jk} 和阈值 θ_j、δ_k 在区间 $(-1, 1)$ 之间随机赋予初始值。

第二步，随机选取一组输入样本 $I=(x_1, x_2, \cdots, x_n)$ 和目标样本 $O=(o_1, o_2, \cdots, o_p)$ 提供给网络；

第三步，根据输入样本 $I_i=(x_1, x_2, \cdots, x_n)$、连接权值 w_{ij} 和阈值 θ_j，计算各个中间层单元的输入 $A_j=(a_1, a_2, \cdots, a_m)$；然后通过传递函数和中间层的输入数据计算中间层各个单元的输出 $B_j=(b_1, b_2, \cdots, b_m)$。

计算公式为：

中间层输入： $\quad A_j = \sum_{i=1}^{n} w_{ij} x_i - \theta_j \quad (j = 1, 2, \cdots, m) \quad$ (5-3)

中间层输出： $\quad B_j = f(A_j) \, (j = 1, 2, \cdots, m) \quad$ (5-4)

第四步，利用中间层的输出 $B_j=(b_1, b_2, \cdots, b_m)$、连接权值 v_{jk} 和阈值 δ_k，计算输出层各单元的输入 $C_k=(c_1, c_2, \cdots, c_p)$，输出 $D_k=(d_1, d_2, \cdots, d_p)$。

计算公式为：

输出层输入： $\quad C_k = \sum_{j=1}^{m} v_{jk} B - \delta_k \quad (k = 1, 2, \cdots, p) \quad$ (5-5)

输出层输出： $\quad D_k = f(C_k) \quad$ (5-6)

第五步，计算输出层的一般化误差指标函数：

$$E = \frac{1}{2} \sum_{K=1}^{P} (O_K - D_K)^2 \quad (5-7)$$

第六步，根据规则修正各层之间的连接权值 v_{jk}、w_{ij} 和阈值 δ_k、θ_j。

第七步，随机选取下一个学习样本向量提供给网络，返回到第三步，直到网络全局误差小于预先设定的一个极小值，则网络收敛。

当有 l 个样本的时候，全局误差为：

$$E = \frac{1}{2l} \sum_{L=1}^{l} \sum_{k=1}^{p} (O_k^L - D_k^L)^2 \tag{5-8}$$

3) BP 神经网络的学习过程

第一步，输入数据由输入层经中间层向输出层逐层传递的"向前传播"过程；

第二步，误差由输出层经中间层向输入层逐层传递的"误差向后传播"过程；

第三步，由"信息向前传播"与"误差向后传播"反复交替的"训练"过程；

第四步，网络误差逐步减小，并收敛到问题要求的误差精度，学习结束。

5.1.3 基于多元回归和 BP 神经网络的湖北省城乡食品冷链物流系统需求预测

利用多元回归方法考虑了多种环境因素对系统的影响和 BP 神经网络非线性和简单易行的特点，我们尝试将多元回归预测方法和 BP 神经网络方法进行有机的结合，设计一种以湖北省城乡食品冷链物流系统为研究对象的基于多元回归和 BP 神经网络的预测方法。前文中对多元回归法的分析和结论均为新的预测算法的理论基础，并设前文中定性遴选出来的 9 个食品冷链物流系统的控制参量是新预测模型的输入，湖北省城乡食品冷链物流系统的冷链食品总消耗量是新预测模型的输出。

1. 模型的结构设计

1) 层次结构

一个含有输入层、隐含层和输出层的 BP 神经网络可以实现对任意连续型函数的逼近。在此基础上，如果输出层是线性的，则可以实现对闭区间内的任意连续有理函数的逼近；如果隐含层的激发函数是 S 型函数，则可以实现对任意函数的逼近。基于此，得出结论：在一定的结构下，一个 BP 神经网络可以完成任意的从 n 维到 m 维空间的映射，并且可以通过增加隐含层神经元的个数来提高 BP 神经网络的精度。因此，我们为基于多元回归和 BP 神经网络的预测模型设计一个含有输入层、隐含层和输出层的三层结构，其结构如

图 5-17 所示。

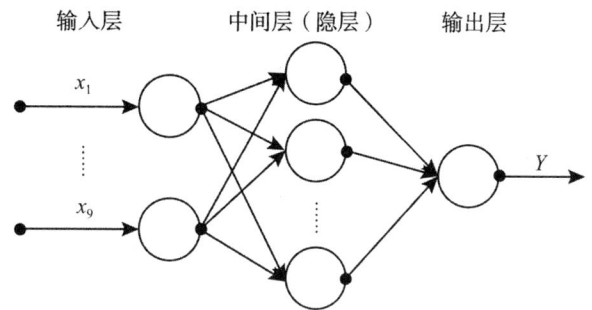

图 5-17　基于多元回归和 BP 神经网络的预测模型结构图

2) 各层的神经元数量

为了提高预测模型输出结果的精度,可以采用增加隐含层数量的方法,也可以采用增加隐含层神经元数量的方法。但在通常情况下,会选择设置一个隐含层,同时增加隐含层神经元个数的方法,因为这种方法比增加隐含层数量的方法实现起来要简单一些。在只有一个隐含层的前提下,隐含层神经元的数量对输出结果的精度影响很大。如果隐含层神经元的数目过少,预测模型对训练样本的识别率就会较低,难以实现训练的效果,同时,预测的精度和容错性能力都会较低;相反,如果隐含层的神经元数目过多,则会增大预测模型在训练过程中的计算量,延长训练时间,同时也会降低预测模型的泛化能力,影响最终的预测精度。目前,如何科学地确定隐含层数目和隐含层神经元数目缺乏理论的证明和指导,只能依靠经验去判断。一般来说,如果目标对象具有明显的波动或学习样本较大,就应该适当增加隐含层神经元的数量。

基于多元回归和 BP 神经网络的预测模型各层的神经元数量的确定原则是:

(1) 由具体的问题决定输入层和输出层的神经元的个数;

(2) 首先根据经验公式初步确定 2~3 个隐含层的神经元数目,然后通过对不同神经元数目下训练模型的输出误差之间的横向对比,最终确定隐含层神经元的数目。

确定隐含层神经元数目的经验公式有:

$$n = \sqrt{i+m} + a \tag{5-9}$$

$$n = 2i - 1 \tag{5-10}$$

$$n = i + m \tag{5-11}$$

其中，n为隐含层神经元数；i为输入层神经元个数；m为输出层神经元个数；a为1~10之间的常数。

基于此经验公式，同时考虑到作为输入的食品冷链物流系统的控制参量的数量，我们首先将隐含层的神经元个数分别设计为9、12和15；然后构建3个隐含层神经元个数不同的训练模型；最后根据训练的结果筛选出最适合的隐含层神经元个数，并确定最终的基于多元回归和BP神经网络的预测模型的模型结构。

2. 影响因素的确定以及数据来源

影响物流系统发展的因素数量众多、涉及面广，且十分复杂。从宏观层面上看，有国民经济发展水平、产业结构、社会消费水平等；从微观层面上看，有建设规模、生产布局、投资水平和力度等。

1）GDP对物流系统的影响

物流是国家或区域经济发展的先决条件，落后的物流水平必将制约经济的发展。一般来说，就长期发展而言，物流的发展速度会与GDP的发展速度保持一致，尤其会与第二、第三产业的发展速度呈正比例趋势。但在一定时期内，物流会出现调整阶段或节点，而且这一过程还有可能会重复出现。在这一阶段内，伴随着GDP的增长，物流的总社会成本会出现下降现象。根据中国物流与采购联合会、中国物流信息中心的统计分析，近年来，我国物流行业的各项经济指标呈现出持续快速增长的趋势，并且明显高于同期GDP的增长速度。物流行业的快速增长，表明全社会对物流的需求越来越大，同时也表明国家经济对物流行业的依赖程度也越来越强。

2）产业结构对物流系统的影响

一个地区或国家的产业结构对物流的影响是显著的，三大产业对物流服务的需求内容和数量均不相同。我国的产业结构正在以较快的速度升级，三大产业的比重已经发生了明显的变化，具体表现为：第一产业的比重显著降低，第二产业发展稳定，而以服务业为标志的第三产业的比重显著升高[161、162]。经济的发展和产业结构的升级直接产生对现代物流的需求。乐小兵[163]运用协整检验和灰色关联分析法定量分析了我国产业结构升级与现代物流总量效应和结构效应，研究结果发现：产业结构升级率和现代物流贡献率之间具有长期稳定的均衡关系,产业结构升级率每提高1个百分点,物流贡献率增加0.1个百分点左右,表明产业结构升级对现代物流的贡献具有显著的积极影响;同时,第二产业结构升级率与对物流贡献率的关联度大于第三产业结构升级率与对物流贡献率的关联度,这说明第二产业结构升级在我国现代物流发展过程中扮演着重要的角色。这个观点在相关文献[164]中也被验证。沈江、张婷[165]通过分析我国近十年来物流行业发展对中部地区产业结构优化的影响,指出物流行业的发展可以有效降低整个社会的商品流通成本,带动相关第三产业的发展,并有效提高第三产业占国民经济的比重,同时推动第一、第二产业内部的结构优化,从而促进整个产业结构的优化。物流发展较发达的国家和地区的产业结构和物流发展之间关系也证明了:地区或国家产业结构的每一次调整,都将使物流成本与GDP的比例趋于更加合理的数值。因此,我们在研究不同地区或国家的物流系统时,不能忽略产业结构对物流系统产生的影响,要关注来自不同主体的指标的可比性问题,避免较为轻易和简单地得出各种结论。

3)居民消费理念和消费水平对物流系统的影响

居民的消费理念和消费水平直接决定了一个国家或地区的经济水平,进而影响和推动了物流行业的发展。随着我国改革开放的深入,各种物资越来越丰富,物资的流动也越来越频繁,人们的收入及生活水平不断提高,消费观念不断改变,消费支出不断增长,这些变化对物流行业的影响是明显而深刻的。它们不仅对社会的物流需求产生了正面积极的影响,而且还促进了物流模式更快的改变。

4)交通运输等基础设施的建设规模和发展水平对物流系统的影响

交通运输等基础设施的规模和发展水平,是物流快速发展的基础和保障。基础设施的建设规模和发展水平不仅能够提高人们的生活质量、改善投资环境、培育新的经济增长点,而且还能够对组织物流服务和提高物流效率发挥积极的作用和意义。当然,交通运输等基础设施的建设,往往会占用大量的不可再生资源,产生污染排放,对资源的可持续性利用和生态环境产生不容忽视的负面影响。因此,我们应该正确认识基础设施建设和发展的两面性,对其进行合理的规划,避免建设中的重复和浪费现象。

根据相关文献[166~171]和前文对湖北省城乡食品冷链物流系统环境的分析,我们以定性的方法初步选出9个影响湖北省食品冷链物流系统发展的主要因素,收集并整理了它们从2000年到2009年的数据(数据来源于湖北省统计局),具体见表5-2,其中缺失的数据将以插值的方式补全。

(1)湖北省生产总值,以 x_1 表示;

(2)第一产业总产值,以 x_2 表示;

(3)第二产业总产值,以 x_3 表示;

(4)第三产业总产值,以 x_4 表示;

(5)区域社会消费品零售总额,以 x_5 表示;

(6)运输仓储业固定资产投资,以 x_6 表示;

(7)区域内城镇人口数(区域内农村人口数),分别以 x_7 和 x_7' 表示;

(8)在岗人均工资水平,以 x_8 表示;

(9)区域内城镇居民食品消费水平(区域内农村居民食品消费水平),分别以 x_9 和 x_9' 表示;

其中: x_1 考虑了湖北省经济规模大小对食品冷链物流系统需求的影响;

x_2、x_3、x_4 考虑了湖北省的经济结构对食品冷链物流系统需求的影响;

x_5 考虑到社会总体商业流通情况是湖北省食品冷链物流系统需求的重要参照;

x_6 考虑到虽然目前食品冷链物流的总成本无法界定和计算,但从微观层面上看,食品冷链物流行业中最重要的两个功能——运输和仓储的基础设施建设与食品冷链物流系统需求关系密切,其变化趋势的一致性应该非常显著;

x_7、x_7'、x_8、x_9、x_9' 考虑到人口与食品消费量关系密切,因此人口总数、人均工资和食品消费水平都会对湖北省食品冷链物流系统需求产生重要的影响。

以上9个影响因素均和湖北省食品冷链物流系统需求存在较大的相关性,基本能够全面反映外界环境对食品冷链物流行业的影响。因此,首先应定性地选择它们作为影响湖北省城乡食品冷链物流系统需求的影响因素。

3. 数据处理

1) 数据预处理

在基于多元回归和BP神经网络的预测模型的训练过程中,输入层不同神经元的输入数据通常具有不同的量纲。为了保证客观反映训练样本数据对输出结果的真实影响,首先要对BP神经网络的输入和输出数据进行一定的预处理。

第一步,数据的归一化处理:为了消除训练样本中某些畸变数据的高噪

表 5-2　2000—2009 年影响湖北省城乡食品冷链物流系统需求的主要因素及数据

年份　影响因素	2000	2001	2002	2003	2004	2005	2006	2007	2008	2009	
湖北省生产总值（亿元）	3545.39	3880.53	4212.82	4757.45	5633.24	6520.14	7581.32	9230.68	11330.38	12961.1	x_1
第一产业生产总值（亿元）	662.3	692.17	707	798.35	1020.09	1082.13	1140.41	1378.00	1780.00	1795.90	x_2
第二产业生产总值（亿元）	1437.38	1574.40	1709.90	1956.02	2320.60	2810.01	3365.08	3966.68	4,963.61	6,038.08	x_3
第三产业生产总值（亿元）	1445.71	1613.97	1795.93	2003.08	2292.55	2628.00	3075.83	3886.00	4586.77	5127.12	x_4
区域社会消费品零售总额（亿元）	1789.35		2129.38	2358.69	2619.47	2964.58	3412.00	4028.50	4965.82	4982.05	x_5
运输仓储业固定资产投资（亿元）					29.17	36.38	58.59	62.88	63.93	95.72	x_6
区域内城镇人口总数（万人）	2412.2	2308.50	2348.20	2387.70	2427.30	2466.70	2493.50	2524.70	2581.40	2631.20	x_7
区域内农村人口总数（万人）	3547.80	3349.5	3323.80	3297.30	2466.70	3243.30	3199.20	3174.30	3129.60	3088.80	x_7'
在岗人均工资水平（元）	7565	8619	9611	10692	11855	13330	15172	17397	22739	23709	x_8
人均食品消费水平（元）	1779.40	1799.40	2087.80	2279.60	2516.20	2625.40	2868.39	3456.00	3996.00	4160.5	x_9
农村人均食品消费水平（元）	827.3	856.3	872.5	931.0	1076.40	1192.30	1278.88	1479.04	1711.34	1668.35	x_9'

声,减弱这些数据的变化对训练过程造成的麻痹影响,应该在训练之前对输入的样本进行归一化处理。归一化处理的方法有很多,采用 S 型的函数将输入和输出的样本数据控制在[0,1]区间的做法较为常见。

输入样本:
$$x^1 = \frac{x - x_{min}}{x_{max} - x_{min}} \tag{5-12}$$

目标样本:
$$y^1 = \frac{y - y_{min}}{y_{max} - y_{min}} \tag{5-13}$$

第二步,数据的修正处理:采用归一化的方法将输入和输出的样本数据规范到[0,1]区间之后,原始数据序列中的那个最小值经过预处理后必然为 0,而最大的那个值经过预处理后必然为 1,而这恰好是激活函数 Sigmoid 的极小值和极大值。通过观察 Sigmoid 函数的曲线可以很容易发现,该函数在两个极值区域的变化非常缓慢。如果数据落在这个区间,连接权值必须足够大,才能充分地将误差信息向后传播;否则,会导致训练次数的增加和训练时间的延长。为了避免出现这种现象,可以在数据预处理的时候,让所有的样本数据都避开这两个极值区间,并控制在[0.15,0.85]范围内,由于在这个范围内 Sigmoid 函数的曲率较大,因此连接权值的些许变化就能带来误差反馈的传递,这样可以减少 BP 神经网络的训练的次数,加快学习的速度。

输入样本:
$$x^2 = 1 - \frac{1}{e^{0.1625 + \frac{(1.8971 - 0.1625)(x^1 - x_{min})}{x_{max} - x_{min}}}} \tag{5-14}$$

目标样本:
$$y^2 = 1 - \frac{1}{e^{0.1625 + \frac{(1.8971 - 0.1625)(y^1 - y_{min})}{y_{max} - y_{min}}}} \tag{5-15}$$

2)数据后处理

也就是反归一化处理,按如下公式进行:

$$\bar{y} = \frac{\bar{y}_{max} - \bar{y}_{min}}{1.8971 - 0.1625}\left(\ln \frac{1}{1 - y'} - 0.1625\right) + \bar{y}_{min} \tag{5-16}$$

其中,$\bar{y}$ 为反归一化后的实际结果;y' 为预测模型的输出结果。

我们以 2000—2009 年影响湖北省城乡食品冷链物流系统需求的 9 个主要影响因素的历史统计数据作为样本数据。首先对样本数据进行预处理,预处理后的结果见表 5-3、表 5-4。

表5-3 影响湖北省食品冷链物流系统(城镇)需求的主要因素的预处理数据

样本年份	x_1	x_2	x_3	x_4	x_5	x_6	x_7	x_8	x_9	y_1
2000	0.1500	0.1500	0.1500	0.1500	0.1500	0.1500	0.3337	0.1500	0.1500	0.1570
2001	0.1715	0.1657	0.1679	0.1777	0.1722	0.1809	0.1500	0.1903	0.1555	0.1500
2002	0.1922	0.1734	0.1853	0.2067	0.2133	0.2212	0.2256	0.2265	0.2307	0.2517
2003	0.2251	0.2193	0.2159	0.2384	0.2533	0.2694	0.2942	0.2640	0.2770	0.3537
2004	0.2752	0.3203	0.2592	0.2806	0.2963	0.3175	0.3569	0.3024	0.3303	0.3729
2005	0.3227	0.3461	0.3135	0.3266	0.3494	0.3640	0.4137	0.3483	0.3535	0.6147
2006	0.3754	0.3695	0.3703	0.3835	0.4124	0.4881	0.4495	0.4013	0.4024	0.7033
2007	0.4493	0.4565	0.4266	0.4745	0.4893	0.5091	0.4883	0.4597	0.5059	0.7738
2008	0.5308	0.5772	0.5090	0.5423	0.5874	0.5142	0.5521	0.5776	0.5851	0.8211
2009	0.5857	0.5814	0.5846	0.5885	0.5889	0.6439	0.6015	0.5960	0.6066	0.8500
2010	0.6511	0.6602	0.6442	0.6567	0.6690	0.6784	0.6671	0.6647	0.6746	
2011	0.7099	0.7163	0.7052	0.7138	0.7224	0.7288	0.7203	0.7192	0.7262	
2012	0.7630	0.7669	0.7602	0.7653	0.7705	0.7744	0.7689	0.7686	0.7728	
2013	0.8098	0.8115	0.8086	0.8108	0.8131	0.8148	0.8122	0.8122	0.8141	
2014	0.8500	0.8500	0.8500	0.8500	0.8500	0.8500	0.8500	0.8500	0.8500	

表5-4 影响湖北省食品冷链物流系统(农村)需求的主要因素的预处理数据

样本年份	x_1	x_2	x_3	x_4	x_5	x_6	x_7	x_8	x_9	y_1
2000	0.1500	0.1500	0.1500	0.1500	0.1500	0.1500	0.8500	0.1500	0.1500	0.8500
2001	0.1715	0.1657	0.1679	0.1777	0.1722	0.1809	0.7938	0.1903	0.1709	0.7970
2002	0.1922	0.1734	0.1853	0.2067	0.2133	0.2212	0.7851	0.2265	0.1823	0.7002
2003	0.2251	0.2193	0.2159	0.2384	0.2533	0.2694	0.7758	0.2640	0.2224	0.7961
2004	0.2752	0.3203	0.2592	0.2806	0.2963	0.3175	0.1500	0.3024	0.3136	0.1500
2005	0.3227	0.3461	0.3135	0.3266	0.3494	0.3640	0.7555	0.3483	0.3785	0.7705
2006	0.3754	0.3695	0.3703	0.3835	0.4124	0.4881	0.7377	0.4013	0.4230	0.7053
2007	0.4493	0.4565	0.4266	0.4745	0.4893	0.5091	0.7269	0.4597	0.5141	0.7259
2008	0.5308	0.5772	0.5090	0.5423	0.5874	0.5142	0.7066	0.5776	0.6019	0.5964

续表

样本年份	x_1	x_2	x_3	x_4	x_5	x_6	x_7	x_8	x_9	y_1
2009	0.5857	0.5814	0.5846	0.5885	0.5889	0.6439	0.6867	0.5960	0.5869	0.6219
2010	0.6511	0.6602	0.6442	0.6567	0.6690	0.6784	0.6764	0.6647	0.6762	
2011	0.7099	0.7163	0.7052	0.7138	0.7224	0.7288	0.6592	0.7192	0.7274	
2012	0.7630	0.7669	0.7602	0.7653	0.7705	0.7744	0.6412	0.7686	0.7736	
2013	0.8098	0.8115	0.8086	0.8108	0.8131	0.8148	0.6221	0.8122	0.8145	
2014	0.8500	0.8500	0.8500	0.8500	0.8500	0.8500	0.8500	0.8500	0.8500	

4. 初始参数的设计

已有研究证明，BP 神经网络最后的输出结果对初始参数有较高的依赖度。产生这个现象的根本原因是 BP 神经网络是一个非线性系统，初始值的设计对输出误差是否能够收敛和训练时间的长短都有较大的影响。如果初始值设计得不适当，会使得数据在传播的过程中一直处于 Sigmoid 函数的极值区，连接权值的调节程度过小，而导致输出结果无法收敛。因此，在 BP 神经网络初始参数的设计上，一般是尽可能地让每个神经元的输出值为 0，其目的是保证每个神经元的输出结果处于激活 Sigmoid 函数曲率的最大变化区域，能够让连接权值对数据进行充分的调整和修正，提高训练效率，加快收敛速度。

（1）传递函数：Sigmoid 函数

（2）权值和阈值：初始权值和阈值由随机函数在[-1,1]中产生；

（3）期望误差：公式(5-7)。

5. 训练过程

分别取隐含层神经元数目为 9、12、15，建立基于多元回归和 BP 神经网络的训练模型。采用 2000—2009 年湖北省城乡食品冷链物流系统的 9 个控制参量的统计数据作为基于多元回归和 BP 神经网络训练模型的输入，采用 2000—2009 年湖北省城乡冷链食品的总消耗量作为预测模型的输出。

1）基于多元回归和 BP 神经网络的训练模型(城镇)的训练过程

隐含层神经元个数分别为 9、12、15 时，相应的训练收敛和误差情况如图 5-18、图 5-19 和图 5-20 所示，误差值见表 5-5。

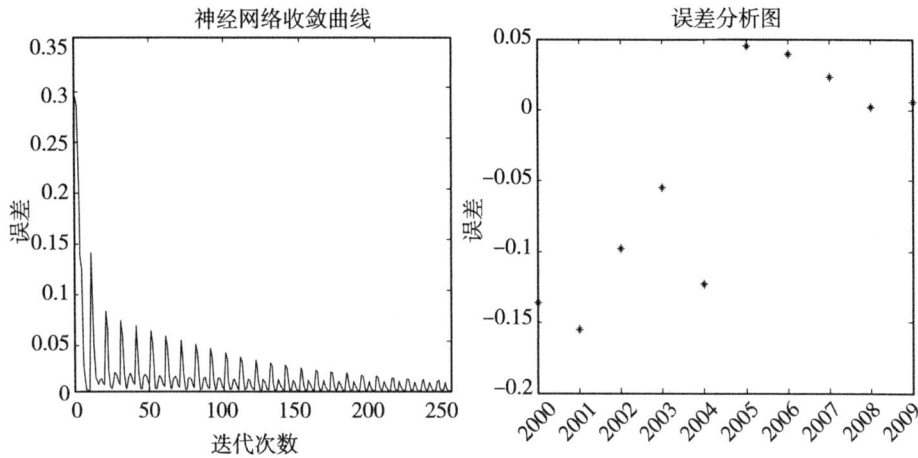

图 5-18 隐含层神经元个数为 9 时,训练模型(城镇)的收敛和误差情况

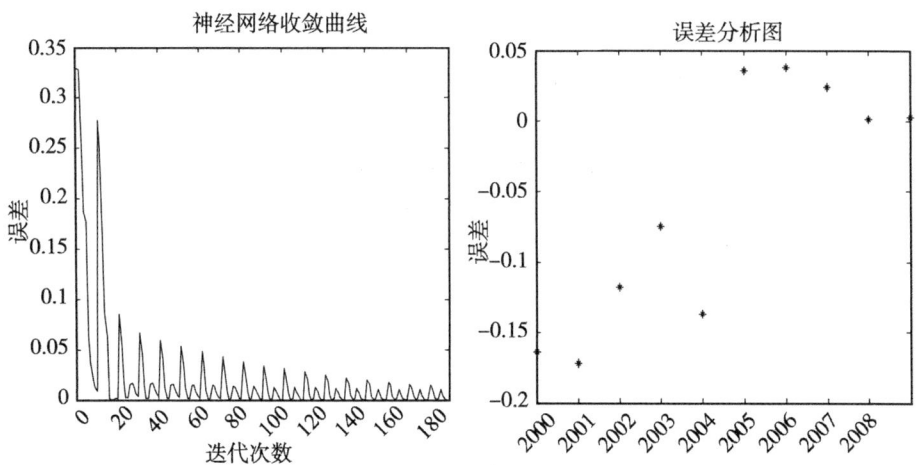

图 5-19 隐含层神经元个数为 12 时,训练模型(城镇)的收敛和误差情况

虽然误差水平跟初始值有一定的关系,不过以平均的观点来看,在以上训练过程中,当基于多元回归和 BP 神经网络的训练模型的隐含层神经元个数为 12 时,模型的收敛速度更快,收敛相对稳定。因此,我们将选择隐含层神经元个数为 12 的训练作为湖北省食品冷链物流系统(城镇)需求的预测模型。

2)基于多元回归和 BP 神经网络的训练模型(农村)的训练过程

第5章 基于优化神经网络的湖北省城乡食品冷链物流系统需求预测

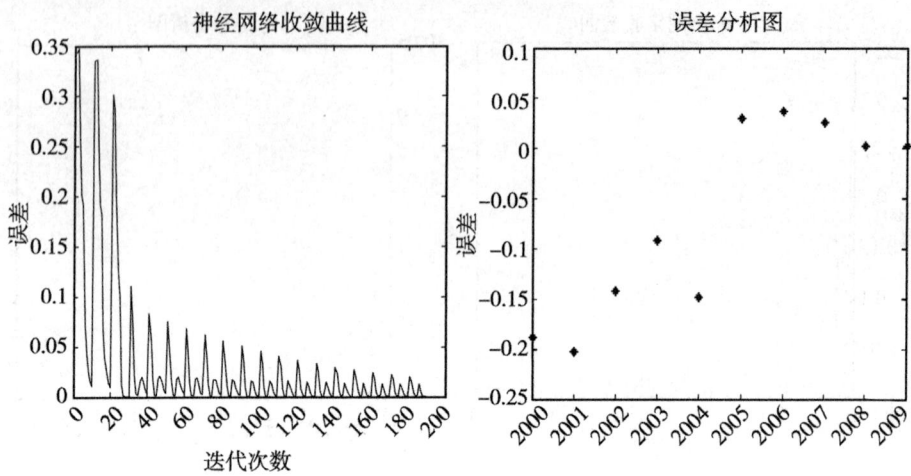

图 5-20 隐含层神经元个数为 15 时,训练模型(城镇)的收敛和误差情况

隐含层神经元个数分别为 9、12、15 时,相应的训练收敛和误差情况如图 5-21、图 5-22 和图 5-23 所示,误差值见表 5-6。

表 5-5　　　　　　　　训练过程收敛迭代次数与误差值

隐含层 神经元个数	达到精确值后迭代 停止的次数	误差值 Error
9	249	0.6830
12	179	0.7673
15	189	0.8696

表 5-6　　　　　　　训练过程收敛迭代次数与误差值(农村)

隐含层 神经元个数	达到精确值后迭代 停止的次数	误差值 Error
9	28	1.5544
12	420	0.8502
15	173	1.2641

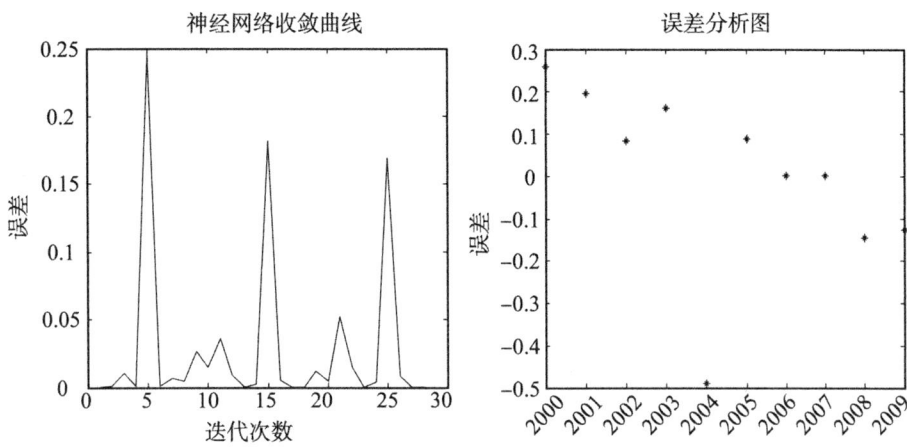

图 5-21　隐含层神经元个数为 9 时，训练模型(农村)的收敛和误差情况

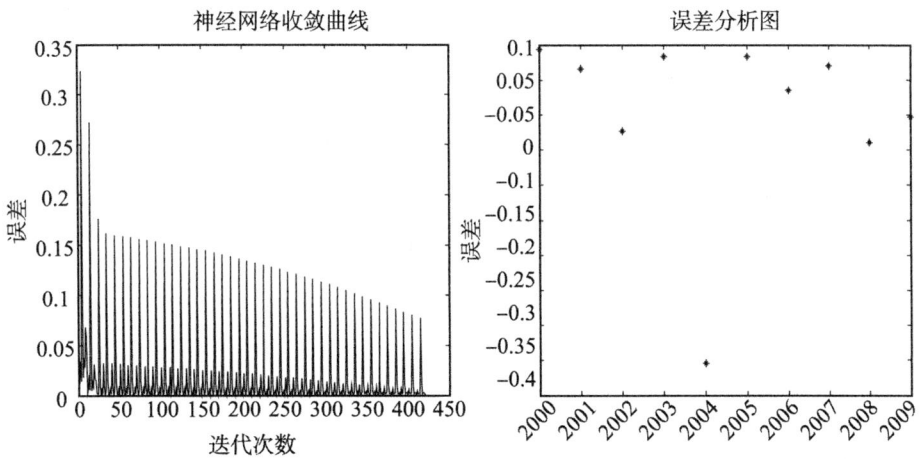

图 5-22　隐含层神经元个数为 12 时，训练模型(农村)的收敛和误差情况

从以上训练的平均数据来看，当基于多元回归和 BP 神经网络的训练模型的隐含层神经元个数为 12 时，模型的收敛速度更快，收敛相对稳定。因此，我们选择隐含层神经元个数为 12 的训练模型作为湖北省食品冷链物流系统(农村)需求的预测模型。

6. 误差分析

1) 拟合优度检验：

(1) 样本均方误差(MSE)：

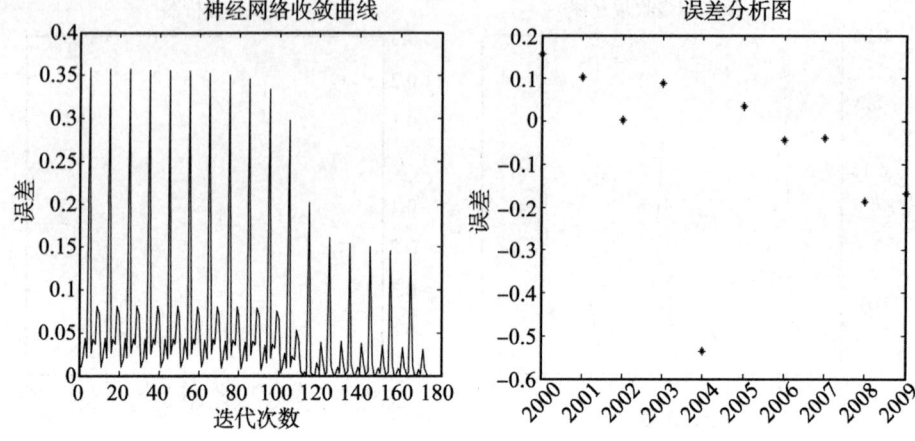

图 5-23 隐含层神经元个数为 15 时，训练模型(农村)的收敛和误差情况

城镇部分： $\text{MSE} = \dfrac{1}{n} \sum_{i=1}^{n} (y_i - \hat{y}_i)^2 = 0.0346$

农村部分： $\text{MSE} = \dfrac{1}{n} \sum_{i=1}^{n} (y_i - \hat{y}_i)^2 = 0.0400$

(2) 拟合度(CD)：

城镇部分： $R = \dfrac{\sum\limits_{i=1}^{n} (\hat{y}_i \times y_i)}{\sqrt{\sum\limits_{i=1}^{n} (\hat{y}_i)^2 \times \sum\limits_{i=1}^{n} (y_i)^2}} = 0.9837$

农村部分： $R = \dfrac{\sum\limits_{i=1}^{n} (\hat{y}_i \times y_i)}{\sqrt{\sum\limits_{i=1}^{n} (\hat{y}_i)^2 \times \sum\limits_{i=1}^{n} (y_i)^2}} = 0.9835$

2) 外推检验

(1) 平均预测误差(MD)：

城镇部分： $\text{MD} = \dfrac{1}{n} \sum_{i=1}^{n} (y_i - \hat{y}_i) = -0.0650$

农村部分： $\text{MD} = \dfrac{1}{n} \sum_{i=1}^{n} (y_i - \hat{y}_i) = 0.0010$

(2) 平均绝对百分误差(MAPE)：

城镇部分： $\mathrm{MAPE} = \frac{1}{n}\sum\left|\frac{y-\hat{y}}{y}\times 100\%\right| = 8.3566\%$

农村部分： $\mathrm{MAPE} = \frac{1}{n}\sum\left|\frac{y-\hat{y}}{y}\times 100\%\right| = 8.5015\%$

从以上各项检验性实验的结果看,无论是针对城镇部分,还是针对农村部分,基于多元回归和 BP 神经网络的预测模型都能顺利通过各项检验,说明预测模型可行、有效。

7. 预测

1) 基于多元回归和 BP 神经网络的预测模型(城镇)的预测结果

用已经训练好的基于多元回归和 BP 神经网络的预测模型(城镇)对湖北省食品冷链物流系统(城镇)的需求进行预测,输入是 2000—2009 年湖北省食品冷链物流系统(城镇)控制参量的统计数据,输出是 2000—2014 年的湖北食品冷链物流系统(城镇)的总消耗量。其中,预测结果的拟合和误差如图 5-24 所示,预测数据见表 5-7。

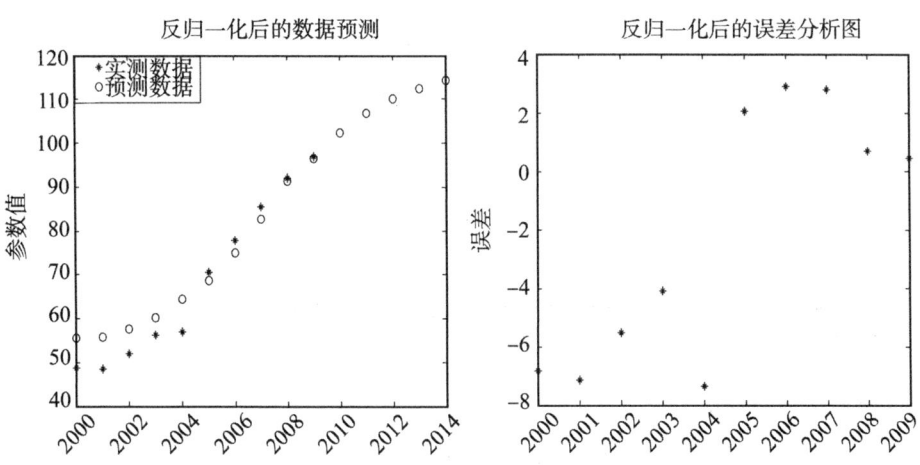

图 5-24 基于多元回归和 BP 神经网络的预测模型(城镇)的预测拟合图和误差图

表 5-7 基于多元回归和 BP 神经网络的预测模型(城镇)的预测数据

年份	2010	2011	2012	2013	2014
预测值	0.8772	0.8949	0.9065	0.9142	0.9195
反归一化值	102.4506	106.7705	110.0275	112.4317	114.1886

2) 基于多元回归和 BP 神经网络的预测模型(农村)的预测结果

用已经训练好的基于多元回归和 BP 神经网络的预测模型(农村)对湖北省食品冷链物流系统(农村)的需求进行预测,将 2000—2009 年湖北省食品冷链物流系统(农村)的控制参量的统计数据作为输入,输出为 2000—2014 年的湖北食品冷链物流系统(城镇)的总消耗量,其中,预测结果的拟合和误差如图 5-25 所示,预测数据见表 5-8。

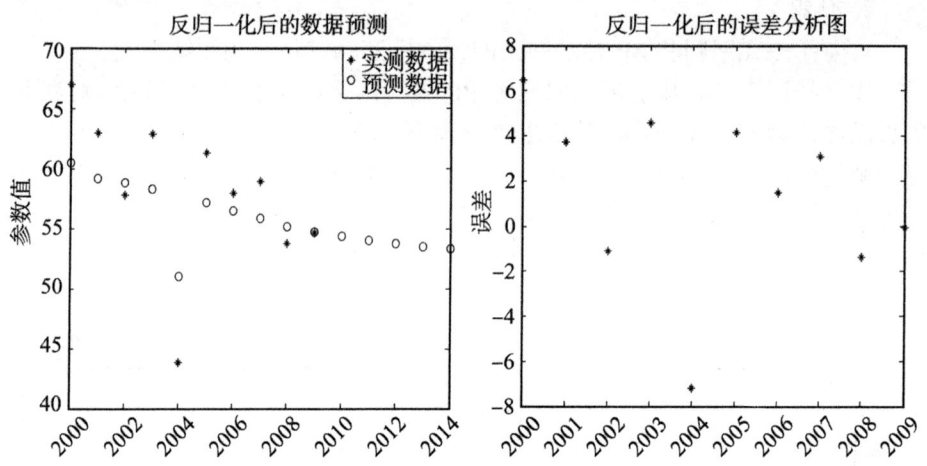

图 5-25　基于多元回归和 BP 神经网络的预测模型(农村)的预测拟合图和误差图

表 5-8　基于多元回归和 BP 神经网络的预测模型(农村)的预测数据

年份	2010	2011	2012	2013	2014
预测值	0.6140	0.6042	0.5958	0.5887	0.5825
反归一化值	54.3453	54.0093	53.7295	53.4953	53.2969

5.1.4　基于时间序列和 BP 神经网络的湖北省城乡食品冷链物流系统需求预测

利用纵向时间轴数据的易得性和综合性以及 BP 神经网络天生的非线性特征,我们尝试将时间序列预测法和 BP 神经网络方法进行有机的结合,设计一种以湖北省城乡食品冷链物流系统为研究对象的基于时间序列和 BP 神经网络的预测方法。

1. 模型的结构设计

1)层次结构

为基于时间序列和BP神经网络的预测模型设计一个含有输入层、隐含层和输出层的三层结构。

2)层间神经元数目

(1)隐含层神经元数目的确定。

输入层的神经元个数为1,输出层的神经元个数为1。

根据经验公式,将隐含层神经元个数分别设为9、12和15,然后构建3个隐含层神经元个数不同的基于时间序列和BP神经网络的训练模型,最后根据训练的结果,选择最适合的隐含层神经元个数,并确定最终的预测模型的结构。

(2)训练样本维度的确定。

设:给定平稳离散时间序列$\{x(1), x(2), \cdots, x(t), x(t+1), \cdots, x(n)\}$;将时间序列$\{x(1), x(2), \cdots, x(t), x(t+1), \cdots, x(n)\}$按连续个$m+r$数量进行分组,其中前$m$个数据是网络的输入,后$r$个数据是网络的目标输出。

输入和输出数据对应的映射关系为:

$$\{x(i), x(i+1), \cdots, x(i+m)\} \rightarrow \{x(i+m+1), \cdots, x(i+m+r)\}$$
$$(i=1, 2, \cdots, k)$$

则称m为时间序列的嵌入维数,或训练样本维度,它是指能最大限度地反映一组时间序列数据内在相关性最少的连续时间数。

选择不同的m值,可以得到不同维数的训练样本。从预测的精确性上看,基于时间序列的最理想的训练样本应该是用当前时刻的数据去预测下一时刻的数据。但在实际的操作中,对m值的选择原则是:m值不可以太大,也不可以太小。如果m值过大,第一,会将数据的局部季节性和伪周期性带入训练样本,造成预测模型失真;第二,会降低网络的泛化能力。反过来,如果m值过小,第一,时间序列数据之间将失去其高度相关性;第二,无法保留时间序列内在动态信息,难以获得很高的预测精度。

利用前馈神经网络对目标函数进行拟合的实质是在欧氏空间中把m维子空间x映射成r维子空间y,设$y=f(x)$,则有$f: x \subset R^m \rightarrow y \subset R^r$,其中$m$

为网络的输入层节点数，r 为网络的输出层节点数，当 $r=1$ 时，即是一个从多维空间 m（m 为待定的嵌入维数）到一维空间的降维映射过程。当通过降维映射把 m 维输入向量 $X=\{x(i), x(i+1), \cdots, x(i+m)\}$ 变换成 1 维输出向量 $y=x(i+m+1)$ 时，总是希望 x 与 y 的空间散布方式能尽量一致，使得由于降维映射而导致丢失的信息最少。对于按上式构造的时间序列训练样本对 (x, y)，输出向量 y 的空间结构信息（或空间散布方式）隐含了时间序列数据的内在相关性，输入向量 X 的空间结构信息则与向量维数 m 的选择有关。因此，只要选择合适的 m，使时间序列样本输入向量的空间结构信息能较精确地反映输出向量所保留的时间序列数据相关性信息，即可获得较高精度的预测模型；这种时间序列样本在信息结构上的一致性称为时间序列相关信息拟合程度。

在平稳过程序列中数据之间的相关性很强，因此应该采用斜交叉法计算两个输入向量之间的距离，则 m 的确定方式为：

$$E_G = \sum_{r=1}^{n-1}\sum_{s=r+1}^{n} |X(r)-X(s)|$$
$$= \sum_{r=1}^{n-1}\sum_{s=r+1}^{n} \frac{1}{2}\sqrt{\sum_{i=1}^{m}\sum_{j=1}^{m}(x_{ri}-x_{si})(x_{rj}-x_{rj})\delta_{ij}} \quad (5\text{-}17)$$

$$\delta_{ij} = \frac{\sum_{p=1}^{n}(x_{pi}-\bar{x}_i)(x_{pj}-\bar{x}_j)}{\sqrt{\sum_{p=1}^{n}(x_{pi}-\bar{x}_i)^2}\sqrt{\sum_{p=1}^{n}(x_{pj}-\bar{x}_j)^2}} \quad (5\text{-}18)$$

$$E_O = \sum_{r=1}^{n-1}\sum_{s=r+1}^{n} |Y_r-Y_s| \quad (5\text{-}19)$$

$$m = \min\{i \mid |E_G-E_O|\} \quad (i=1, 2, \cdots, \max) \quad (5\text{-}20)$$

其中，$|X(r)-X(s)|$ 表示输入向量之间的距离；$\bar{x}_i$ 表示输入向量 X 的第 i 个分量的均值；$\bar{x}_j$ 表示输入向量 X 的第 j 个分量的均值；X 是由 m 个连续时序数据组成的 m 维向量；max 表示人为指定的网络输入层节点数的上限。这样的 m 个输入向量与输出向量之间的相关信息拟合程度最好。

基于以上公式，我们给出了基于时间序列和 BP 神经网络的训练模型结构和相应的训练样本维度，具体见表 5-9~表 5-12，其中表 5-10 中的年份代表其对应的数据是当年湖北省城乡冷链食品的总消耗量。

表 5-9　　　　　基于时间序列和 BP 神经网络的训练模型结构

	训练模型 1	训练模型 2	训练模型 3
输入层	4	5	6
隐含层	9	12	15
输出层	1	1	1

表 5-10　　　　　　训练模型 1 的输入和输出数据

样本	输入样本数据				目标输出数据
1	2000	2001	2002	2003	2004
2	2001	2002	2003	2004	2005
3	2002	2003	2004	2005	2006
4	2003	2004	2005	2006	2007
5	2004	2005	2006	2007	2008
6	2005	2006	2007	2008	2009

表 5-11　　　　　　训练模型 2 的输入和输出数据

样本	输入样本数据					目标输出数据
1	2000	2001	2002	2003	2004	2005
2	2001	2002	2003	2004	2005	2005
3	2002	2003	2004	2005	2006	2006
4	2003	2004	2005	2006	2007	2007
5	2004	2005	2006	2007	2008	2009

表 5-12　　　　　　训练模型 3 的输入和输出数据

样本	输入样本数据						目标输出数据
1	2000	2001	2002	2003	2004	2005	2006
2	2001	2002	2003	2004	2005	2006	2007
3	2002	2003	2004	2005	2006	2007	2008
4	2003	2004	2005	2006	2007	2008	2009

2. 数据处理

将湖北省城乡食品冷链物流系统 2000—2009 年冷链食品的总消耗量作为样本数据，首先对样本数据进行预处理，预处理后的数据见表 5-13。

(1) 数据归一化处理：公式(5-12)、公式(5-13)；

(2) 数据的修正处理：公式(5-14)、公式(5-15)。

表 5-13　　　　　　　　　　预处理后的数据

年份 样本	2000	2001	2002	2003	2004	2005	2006	2007	2008	2009
y_1 城镇	0.1570	0.1500	0.2517	0.3537	0.3729	0.6147	0.7033	0.7738	0.8211	0.8500
y_2 农村	0.8500	0.7970	0.7002	0.7961	0.1500	0.7705	0.7053	0.7259	0.5964	0.6219

(2) 数据的处理

即反归一化处理：公式(5-16)。

3. 参数设定

(1) 传递函数：Sigmoid 函数；

(2) 权值和阈值：初始权值和阈值由随机函数在[-1, 1]区间产生；

(3) 期望误差：公式(5-7)。

4. 训练过程

1) 基于时间序列和 BP 神经网络的预测模型(城镇)的训练过程

隐含层神经元个数分别为 9、12、15 时，相应的训练收敛和误差情况如图 5-26、图 5-27 和图 5-28 所示，误差值见表 5-14。

表 5-14　　　　　训练过程收敛迭代次数与误差值(城镇)

隐含层 神经元个数	达到精确值后迭代 停止的次数	误差值 Error
9	240	0.2149
12	317	0.1174
15	79	0.0576

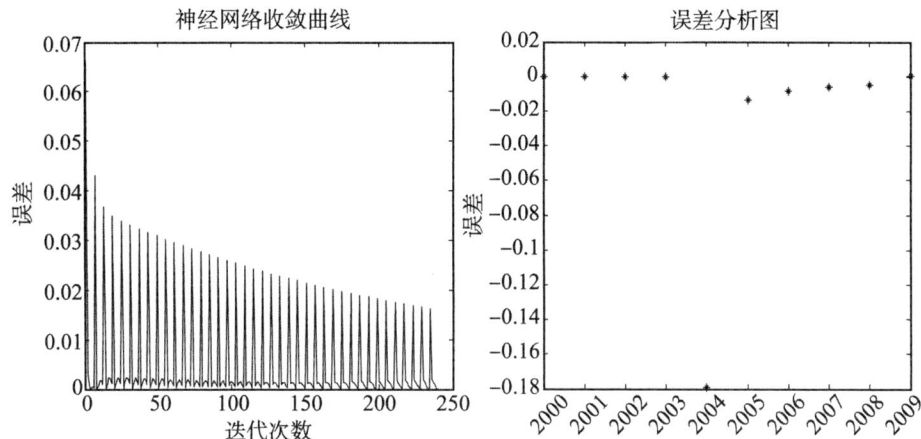

图 5-26　隐含层神经元个数为 9 时，预测模型(城镇)的收敛及误差情况

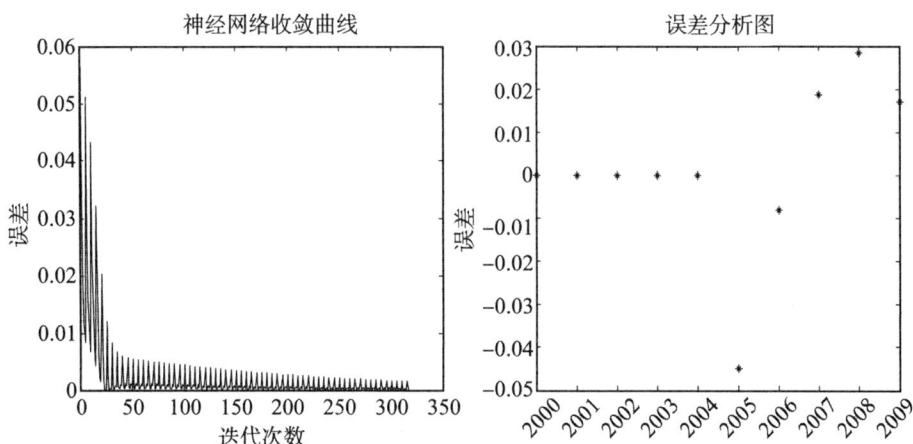

图 5-27　隐含层神经元个数为 12 时，预测模型(城镇)的收敛及误差情况

从训练数据的平均值看，在以上训练过程中，当基于时间序列和 BP 神经网络的训练模型的隐含层神经元个数为 15 时，模型收敛的速度更快。因此，我们选择隐含层神经元个数为 15 的训练模型作为湖北省食品冷链物流系统(城镇)需求的预测模型。

2) 基于时间序列和 BP 神经网络的预测模型(农村)的训练过程

隐含层神经元个数分别为 9、12、15 时，相应的训练收敛和误差情况如

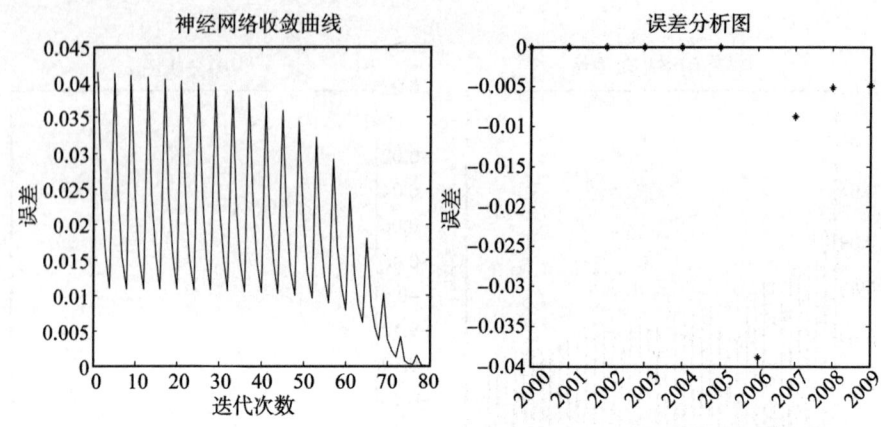

图 5-28　隐含层神经元个数为 15 时，预测模型(城镇)的收敛及误差情况

图 5-29、图 5-30 和图 5-31 所示，误差值见表 5-15。

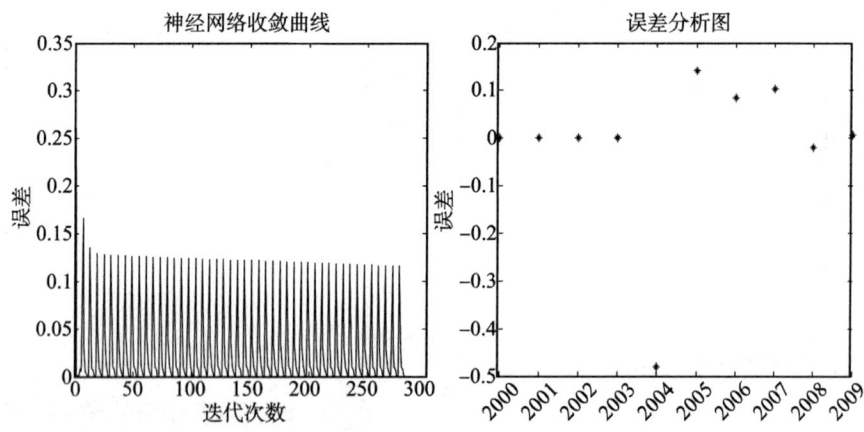

图 5-29　隐含层神经元个数为 9 时，训练模型(农村)的收敛及误差情况

表 5-15　　　　训练过程收敛迭代次数与误差值(农村)

隐含层 神经元个数	达到精确值后迭代 停止的次数	误差值 Error
9	282	0.8349
12	468	0.0428
15	465	0.0253

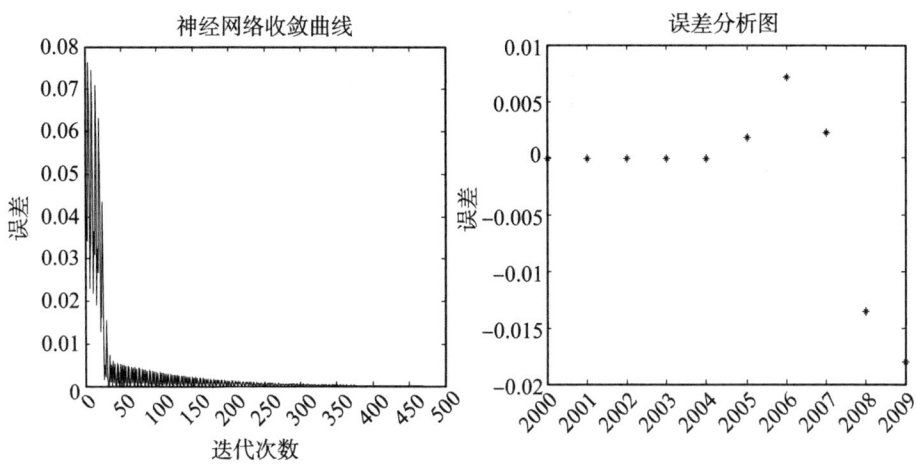

图 5-30　隐含层神经元个数为 12 时，训练模型（农村）的收敛及误差情况

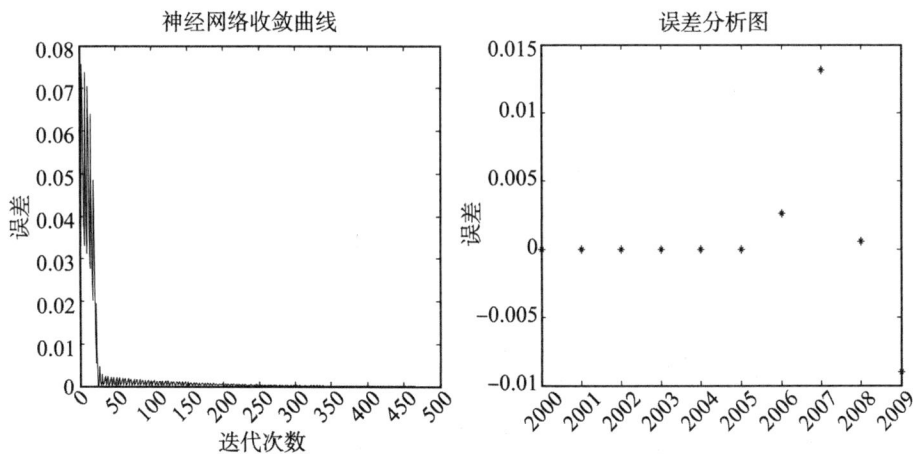

图 5-31　隐含层神经元个数为 15 时，训练模型（农村）的收敛及误差情况

从以上训练的平均数据看，当基于时间序列和 BP 神经网络的预测模型的隐含神经元个数为 15 时，模型的收敛速度更快，误差较小。因此，我们选择隐含层神经元个数为 15 的训练模型作为湖北省食品冷链物流系统（农村）需求的预测模型。

5. 误差分析

1）拟合优度检验

(1) 样本均方误差(MSE):

城镇部分: $\text{MSE} = \frac{1}{n}\sum_{i=1}^{n}(y_i - \hat{y}_i)^2 = 0.0040$

农村部分: $\text{MSE} = \frac{1}{n}\sum_{i=1}^{n}(y_i - \hat{y}_i)^2 = 0.0016$

(2) 拟合度(CD):

城镇部分: $R = \dfrac{\sum_{i=1}^{n}(\hat{y}_i \times y_i)}{\sqrt{\sum_{i=1}^{n}(\hat{y}_i)^2 \times \sum_{i=1}^{n}(y_i)^2}} = 0.9998$

农村部分: $R = \dfrac{\sum_{i=1}^{n}(\hat{y}_i \times y_i)}{\sqrt{\sum_{i=1}^{n}(\hat{y}_i)^2 \times \sum_{i=1}^{n}(y_i)^2}} = 1.0000$

2) 外推检验

(1) 平均预测误差(MD):

城镇部分: $\text{MD} = \frac{1}{n}\sum_{i=1}^{n}(y_i - \hat{y}_i) = -0.0058$

农村部分: $\text{MD} = \frac{1}{n}\sum_{i=1}^{n}(y_i - \hat{y}_i) = 7.3515 \times 10^{-4}$

(2) 平均绝对百分误差(MAPE):

城镇部分: $\text{MAPE} = \frac{1}{n}\sum\left|\frac{y-\hat{y}}{y} \times 100\%\right| = 0.5758\%$

农村部分: $\text{MAPE} = \frac{1}{n}\sum\left|\frac{y-\hat{y}}{y} \times 100\%\right| = 0.2534\%$

从以上各项检验性实验的结果看,无论是针对城镇部分,还是农村部分,基于时间序列和BP神经网络的预测模型均能顺利通过各项检验,说明预测模型可行、有效。

6. 预测

1) 基于时间序列和BP神经网络的预测模型(城镇)的预测结果

用已经训练好的基于时间序列和BP神经网络的预测模型(城镇)对湖北食品冷链物流系统(城镇)的需求进行预测,将2000—2009年湖北省冷链食品的总消耗量(城镇)作为输入,输出为2000—2014年的湖北食品冷链物流系统

(城镇)冷链食品的总消耗量①。其中,预测结果的拟合和误差如图 5-32 所示,预测数据见表 5-16。

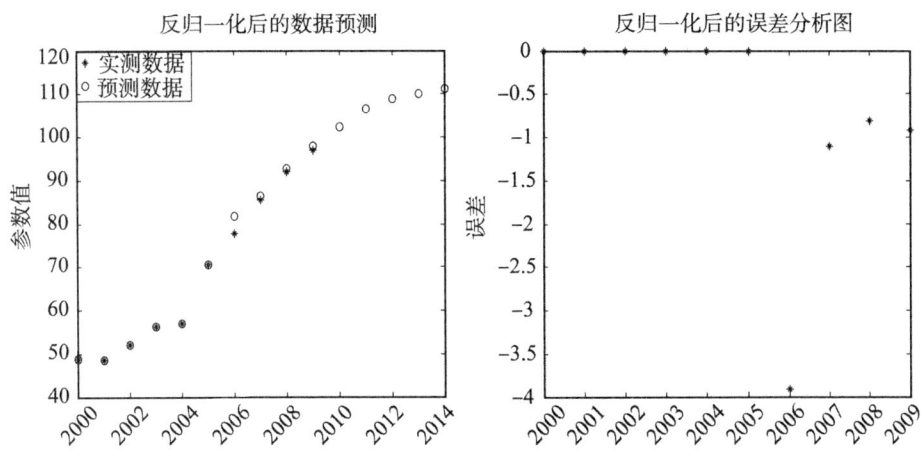

图 5-32　基于时间序列和 BP 神经网络的预测模型(城镇)预测结果的拟合图和误差图

表 5-16　基于时间序列和 BP 神经网络的预测模型(城镇)的预测数据

年份	2010	2011	2012	2013	2014
预测值	0.8767	0.8942	0.9023	0.9069	0.9102
反归一化值	102.3209	106.5880	108.8185	110.1439	111.1462

2) 基于时间序列和 BP 神经网络的预测模型(农村)的预测结果

用已经训练好的基于时间序列和 BP 神经网络的预测模型(农村)对湖北食品冷链物流系统(农村)的需求进行预测,将 2000—2009 年湖北省冷链食品的总消耗量(农村)作为输入,输出为 2000—2014 年的湖北食品冷链物流系统(农村)冷链食品的总消耗量②。其中,预测结果的拟合和误差如图 5-33 所示,

---

① 说明:2010—2013 年的城镇冷链食品消耗量既是输出的预测值,同时也是计算 2011—2014 年城镇冷链食品消耗量预测值的输入。

② 说明:2010—2013 年的农村冷链食品消耗量既是输出的预测值,同时也是计算 2011—2014 年农村冷链食品消耗量预测值的输入。

预测数据见表 5-17。

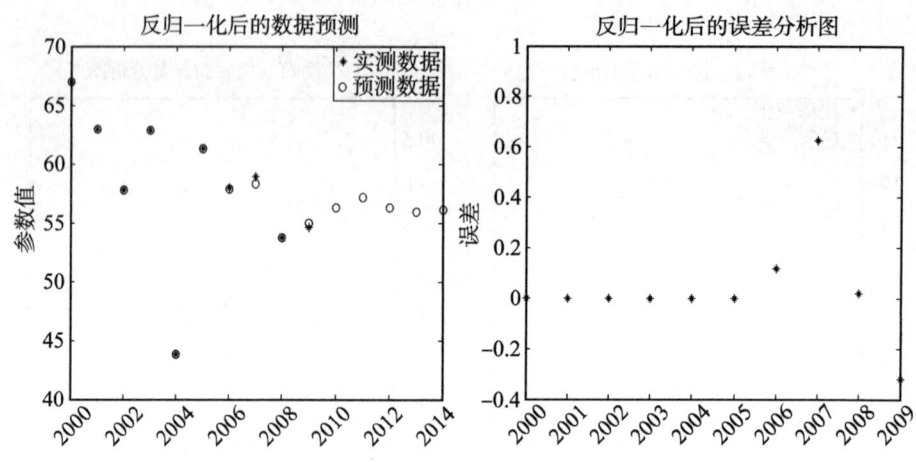

图 5-33　基于时间序列和 BP 神经网络的预测模型(农村)
预测结果的拟合图和误差图

表 5-17　基于时间序列和 BP 神经网络的预测模型(农村)的预测数据

年份	2010	2011	2012	2013	2014
预测值	0.6648	0.6864	0.6653	0.6568	0.6609
反归一化值	56.2314	57.1184	56.2508	55.9146	56.0758

5.2　基于 AW-BP 的预测方法及算例分析

由于 BP 神经网络具有天生的非线性、高维度、自适应和容错能力强、能够实现分布存储以及并行计算等优点，在诸多领域都得到了广泛的应用。但是 BP 神经网络也有其固有的缺点：

(1)收敛速度慢。常规 BP 神经网络搜索算法的本质是实际输出与期望输出之间误差信息的单向、逐层向后的线性梯度下降法。而线性梯度下降法是利用固定的学习步长 η 和动量(惯性)因子 α 对连接权值和阈值进行调整，由于这种调整是线性的，因此算法到了搜索后期不能以最适当的距离和速度靠近最优解，导致算法的收敛速度在训练后期变得缓慢[172]。

(2)容易陷入局部最优。由于 BP 神经网络的输入和输出之间是一种典型的非线性映射关系,所以 BP 神经网络的输出误差是一个具有多极点的曲面函数。而 BP 神经网络的梯度下降算法是一个线性方法,只能单调"下降",无法实现"爬坡"功能,使得算法的寻优过程一旦陷入局部最小值,就无法自拔,因而很难得到全局最优值。

(3)网络结构难以确定。由于缺乏理论的证明和指导,所以目前 BP 神经网络隐含层数目和隐含层的神经元数目一般是根据经验和比较实验来确定。这可能会导致 BP 神经网络在结构上存在较大的冗余,从而增加了 BP 神经网络训练的计算量和时间。

(4)泛化能力不能保证。BP 神经网络训练和学习过程的本质是希望 BP 神经网络通过高保真的拟合样本数据,学习和掌握样本数据中蕴含的内在变化规律,从而利用 BP 神经网络模型的泛化能力对未来情况进行高精度的预测[173]。但实际环境中会存在很多对 BP 神经网络的泛化能力产生影响的因素,而且这些因素本身的情况也很复杂,如网络的结构、训练样本的数量和质量、目标函数的复杂度、BP 神经网络的初始值等。因此,BP 神经网络的泛化能力很难保证。

由于 BP 神经网络存在这些固有的缺点,导致它在实际的应用当中会遇到一些难以解决的困难,妨碍了 BP 神经网络进一步的发展和应用。目前,BP 神经网络仍然是预测研究领域的热点和主要内容,其研究主要集中在上述的前三个缺点上,尤其是如何优化 BP 神经网络的结构,是其中的一个热点问题,而在如何提高 BP 神经网络的泛化能力的研究上,则涉猎较少。

基于以上问题,我们希望对 BP 神经网络进行修改和优化,并通过实际算例说明我们的修改和优化是富有成效的。首先,我们针对 BP 神经网络的收敛速度和容易陷入局部最优的问题进行修正和优化,设计了一种基于自适应权函数(adaptive weight-function)的 BP 神经网络优化算法,后文中将简称为 AW-BP 算法。然后,我们继续针对 BP 神经网络的结构进行修正和优化,设计了一种基于自适应权和小生境遗传算法(adaptive weight and niche genetic)的 BP 神经网络优化算法,后文中将简称 AWNG-BP 算法。

5.2.1 基于自适应权的 BP 神经网络预测优化算法(AW-BP)

常规的 BP 神经网络之所以容易陷入局部最优,是因为误差函数是一个多极点曲面,而 BP 神经网络的梯度下降法是一个线性的、非全局性的搜索算法,这两者之间存在天然的不适应,导致 BP 神经网络的搜索算法容易出现陷入局部最优以及搜索的后期速度变慢这两个问题。针对 BP 神经网络容易陷入局部最优的问题,有两种修改和优化的思路:第一,对 BP 神经网络的搜索算法进行修改和优化,引入全局搜索算法,如遗传算法等。已有很多研究学者依循这种思路对 BP 神经网络进行了改进和优化,取得了不错的效果。但是其代价是算法变得复杂,而且优化的效果取决于引入的搜索算法的效率。第二,对误差项进行优化,修改其函数形式,让其成为一个单极点函数,从根本上解决 BP 神经网络易陷入局部最优的问题。我们拟从第二种解决思路出发,同时对线性单向的梯度下降法进行优化,希望能在这两个问题上同时取得较大的突破。

1. 误差项的优化

进一步研究一般 BP 神经网络的误差项 $E = \frac{1}{2}\sum_{K=1}^{P}(O_K - D_K)^2$,可以发现:误差项的表达式是误差平方的一种变形形式。这种表达式在权空间上无法满足正定条件,不是凸二次型,误差函数的空间存在许多局部极小值。然而,BP 神经网络的梯度下降法是线性寻优的算法,无法处理多极值空间。因此,我们考虑可以将误差项的表达式改进为采用满足正定条件的凸二次型的误差函数,从而从根本上避免在误差函数的空间中出现局部极小值。

我们定义新的广义误差函数:

$$E = \frac{1}{2}\sum_{K=1}^{P}\left[O_K(O_K - D_K) + \frac{1}{2}\lambda(D_K^2 - O_K^2) + \frac{1}{2}\left(1 - \frac{D_K}{O_K}\right)^2\right] \quad (5-21)$$

2. 自适应的权值和阈值

常规的 BP 神经网络算法是利用固定的学习步长和惯性因子对连接权值和阈值进行调整的。这种线性的方法无法根据反馈的误差反映当前搜索的位置与最优值之间的关系,导致一旦错过最优点就会收敛变慢,甚至出现不收敛的现象[174]。因此,我们对其进行修改:根据 BP 神经网络层间的误差值,自适应地调整和修正其对应的连接权值 v_{jk}、w_{ij}。

具体思路为:权值是误差修正函数的重要参数,在一定程度上决定了 BP 神经网络的收敛速度。如果权值过小会导致误差的调整和修正量过小,进而导致网络的收敛速度过慢;但是,如果权值过大,又会导致搜索快速进入局部极值点附近,并在收敛过程中产生震荡,从而导致无法收敛的现象。鉴于此,我们将权值设定为可以自适应地、实地地随着误差信息的变化而变化的变量。即当当前误差远离目标误差时，说明当前的搜索离最优值较远，因此，此时应该适当增加相应的权值，加快 BP 神经网络在这一区域的寻优速度；而当当前误差靠近目标误差时，说明当前的搜索离最优值较近，因此，此时应当适当减小相应的权值，降低 BP 神经网络在这一区域的寻优速度，避免震荡加剧。这样有助于更好地寻找全局最优解，同时加快 BP 神经网络的收敛速度。

自适应权值的计算公式为：

$$v_{jk}(N+1) = v_{jk}(N)\left[1+\alpha(N)\frac{\partial E(N)}{\partial v_{jk}(N)}\right] \tag{5-22}$$

$$w_{ij}(N+1) = w_{ij}(N)\left[1+\alpha(N)\frac{\partial E(N)}{\partial v_{jk}(N)}\right] \tag{5-23}$$

其中，$k=1, 2, \cdots, p$；$j=1, 2, \cdots, m$；$i=1, 2, \cdots, n$；α 为符号变量。

符号变量 α 执行方式为：

$$\alpha(N) = \text{SGN}\frac{E(N)-E(N-1)}{E(N)} \tag{5-24}$$

3. AW-BP 算法流程

AW-BP 算法流程如图 5-34 所示。

5.2.2 基于 AW-BP 的各种预测模型的算例分析

预测的质量不仅与所使用的数据有关，而且与选用的模型密切相关，因此选择合适的模型是预测面临的关键问题。预测科学发展至今，已积累了许多行之有效的预测方法。从不同角度出发，对于实际问题的预测往往会选择不同的预测模型。尽管对单一预测模型的改进和完善在一定程度上能够提高模型的预测精度、减小误差，但其作用比较有限。同时，在预测的研究领域已经达成了共识：没有任何一种单一的预测方法能够适用于各种不同的情况，即使从一开始找到一个预测结果较为准确的模型；可是随着样本的变化、影响因素不确定性的增加以及模型自身的变化等因素的影响，最终该预测模型也会变得不再适合。因此，就某个问题的预测而言，可以首先根据样本数据选用不同的预测方法，得到各种各有优缺点的预测模型；在得到多个独立预测模型的研究结果后，再寻找能够博采众长，且预测效果更好的组合预测模型，以实现提高预测精度的目的。下面，我们将 AW-BP 方法与各种经典预测模型结合起来，形成一组全新的预测模型，计算、比较以及分析这些不同的

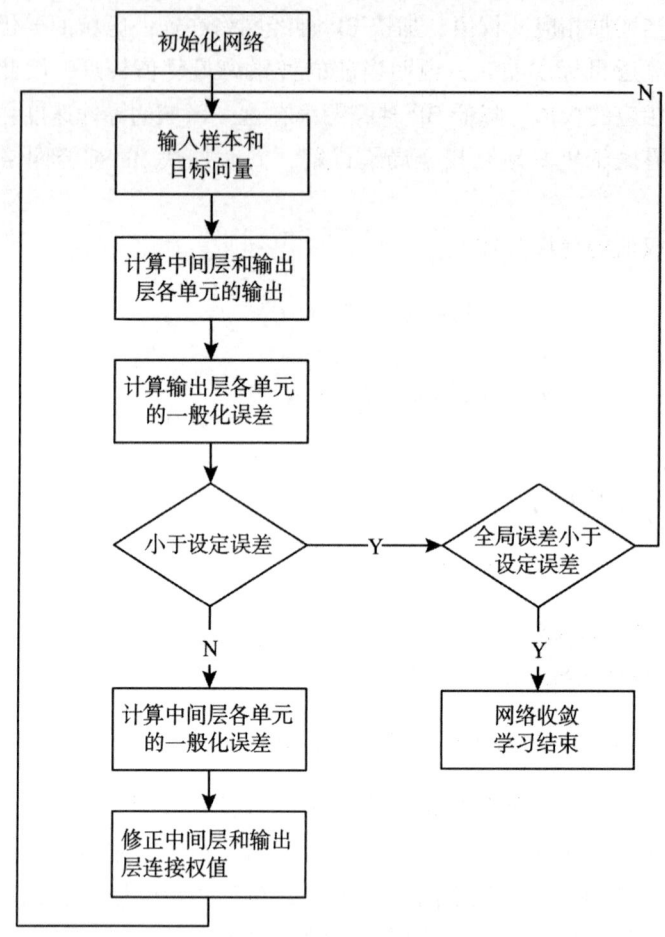

图 5-34　AW-BP 算法流程

预测模型对湖北省城乡食品冷链物流系统需求的预测效果。

1. 基于多元回归和 AW-BP 的预测模型的算例分析

在关于物流系统需求的预测中，历史统计数据往往具有样本小和非线性的特点。传统的多元回归预测模型是一种典型的线性模型，利用该模型对非线性系统进行预测时，会导致预测误差无法估计和控制。BP 神经网络虽然能够很好地解决非线性映射问题，却无法反映环境中各因素对系统的影响程度。因此，我们将传统的多元回归预测法和 BP 神经预测方法结合起来，按照上述改进思路对 BP 神经网络进行修正,形成基于多元回归和 AW-BP 的预测模型。

1)模型的结构设计

(1)层次结构:为基于多元回归和 AW-BP 的预测模型设计一个含有输入层、隐含层和输出层的三层结构。

(2)层间的神经元数目:根据前文关于湖北省城乡食品冷链物流系统控制参量的分析,输入层采用 9 个神经元;隐含层根据经验公式初步选择 9、12 和 15 个神经元;输出层采用 1 个神经元。

2)数据的处理

(1)数据归一化处理:

输入样本:公式(5-12);

目标样本:公式(5-13)。

(2)数据的修正处理:

输入样本:公式(5-14);

目标样本:公式(5-15);

(3)数据后处理,即反归一化处理:公式(5-16)。

3)参数设定

(1)传递函数:Sigmoid 函数;

(2)权值和阈值:初始权值和阈值由随机函数产生;

(3)期望误差:公式(5-21);

4)训练过程

(1)基于多元回归和 AW-BP 的预测模型(城镇)的训练过程。

以 2000—2009 年湖北省城乡食品冷链物流系统(城镇)的状态参量和控制参量的相关数据作为训练样本。取初始值 $\eta=0.3$,$\alpha=0.6$;η 和 α 动态自适应调整。训练收敛和误差结果如图 5-35、图 5-36、图 5-37 所示,误差值见表 5-18。

表 5-18　　基于多元回归和 AW-BP 的预测模型(城镇)的
训练过程收敛迭代次数与误差值

隐含层个数	达到精确值后迭代停止的次数	误差值 Error
9	1708	0.3389
12	1525	0.4078
15	1068	0.3921

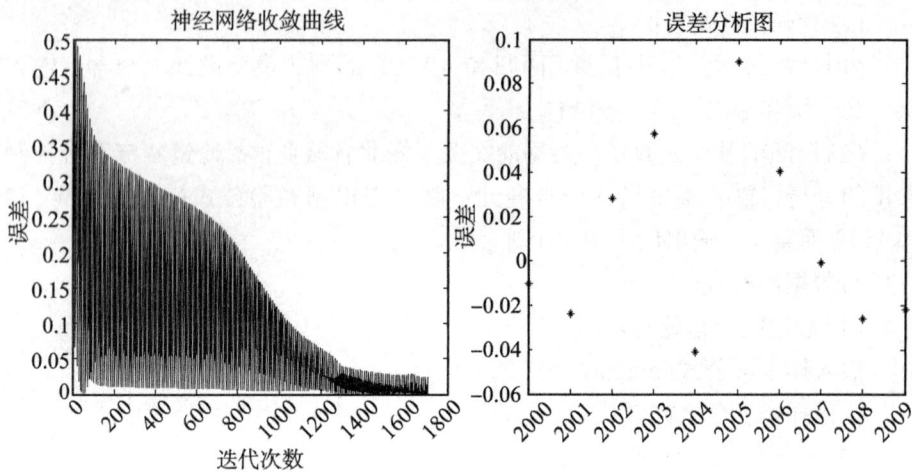

图 5-35　隐含层神经元个数为 9 时，基于多元回归和 AW-BP 的预测模型(城镇)的收敛及误差情况

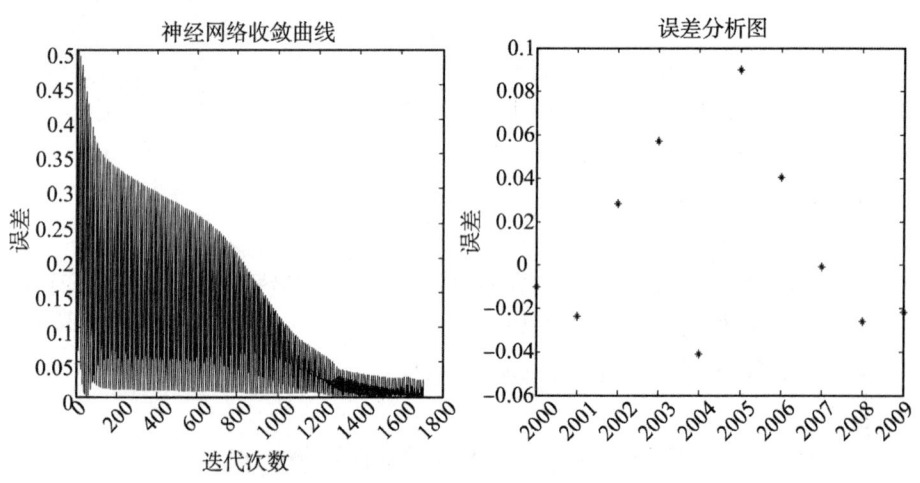

图 5-36　隐含层神经元个数为 12 时，基于多元回归和 AW-BP 的预测模型(城镇)的收敛及误差情况

从以上数据的平均效果来看，在训练过程中，当基于多元回归和 AW-BP 的预测模型(城镇)的隐含层神经元个数为 15 时，模型的收敛速度更快。因此，我们选择隐含层神经元个数为 15 的训练模型作为湖北省食品冷链物流系

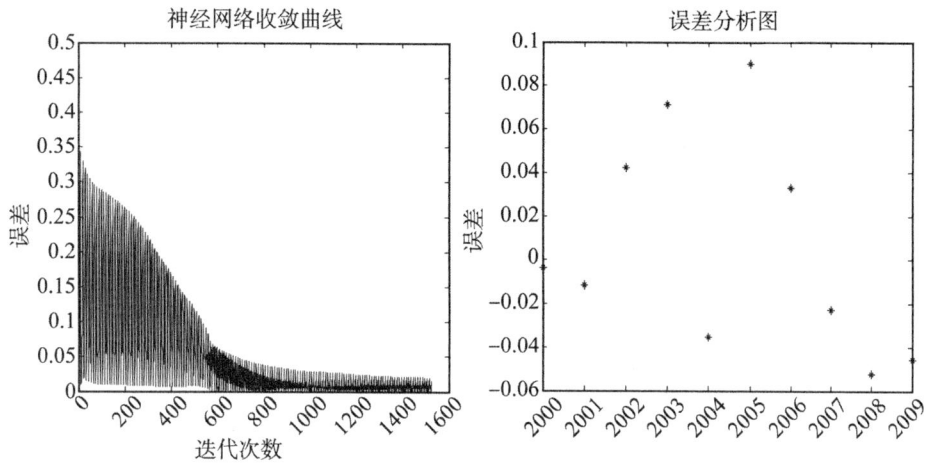

图 5-37 隐含层神经元个数为 15 时，基于多元回归和 AW-BP 的
预测模型(城镇)的收敛及误差情况

统(城镇)需求的预测模型。

(2)基于多元回归和 AW-BP 的预测模型(农村)的训练过程。

以 2000—2009 年湖北省食品冷链物流系统(农村)的状态参量和控制参量的相关数据作为训练样本。训练收敛和误差结果为图 5-38、图 5-39、图 5-40，误差值见表 5-19。

表 5-19　　基于多元回归和 **AW-BP** 的预测模型(农村)的
训练过程收敛迭代次数与误差值

隐含层个数	达到精确值后迭代 停止的次数	误差值 Error
9	1380	0.4011
12	1685	0.3400
15	910	0.4188

从以上数据的平均效果来看，在训练过程中，当基于多元回归和 AW-BP 的预测模型(农村)的隐含层神经元个数为 15 时，模型的收敛速度更快，

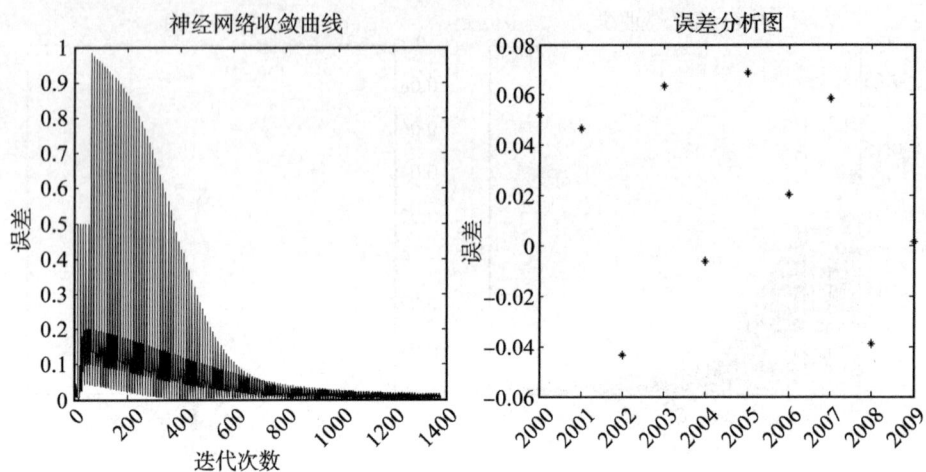

图 5-38　隐含层神经元个数为 9 时，基于多元回归和 AW-BP 的预测模型(农村)的收敛及误差情况

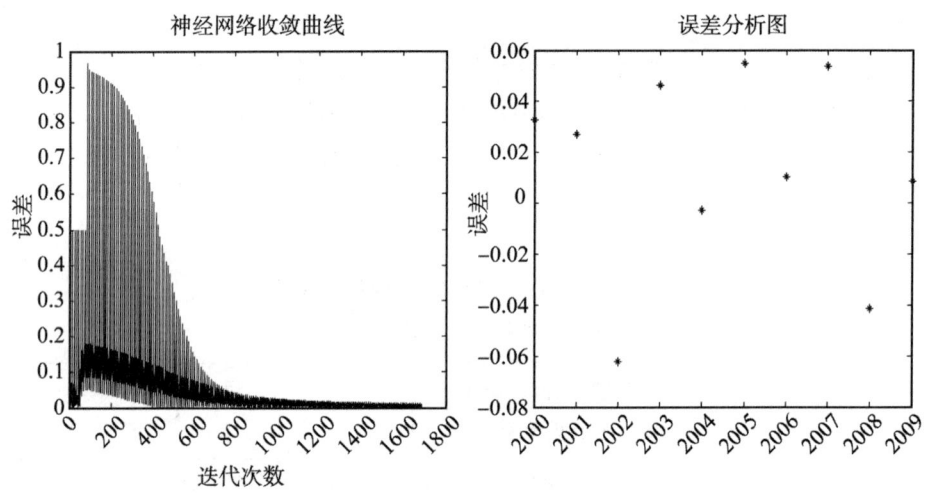

图 5-39　隐含层神经元个数为 12 时，基于多元回归和 AW-BP 的预测模型(农村)的收敛及误差情况

且更稳定。因此，我们选择隐含层神经元个数为 15 的预测模型作为湖北食品冷链物流系统(农村)需求的预测模型。

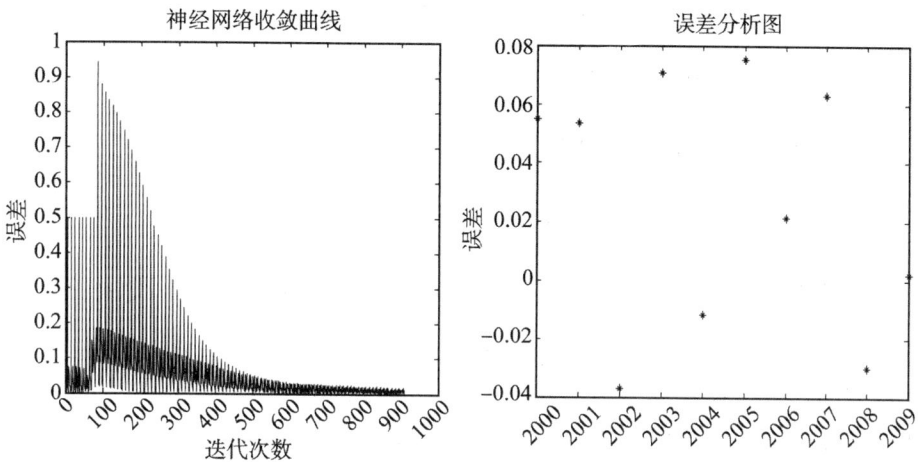

图 5-40 隐含层神经元个数为 15 时，基于多元回归和 AW-BP 的
预测模型（农村）的收敛及误差情况

5）误差分析
（1）拟合优度检验：
①样本均方误差（MSE）：

城镇部分： $\text{MSE} = \dfrac{1}{n}\sum\limits_{i=1}^{n}(y_i - \hat{y}_i)^2 = 0.0055$

农村部分： $\text{MSE} = \dfrac{1}{n}\sum\limits_{i=1}^{n}(y_i - \hat{y}_i)^2 = 0.0157$

②拟合度（CD）

城镇部分： $R = \dfrac{\sum\limits_{i=1}^{n}(\hat{y}_i \times y_i)}{\sqrt{\sum\limits_{i=1}^{n}(\hat{y}_i)^2 \times \sum\limits_{i=1}^{n}(y_i)^2}} = 0.9996$

农村部分： $R = \dfrac{\sum\limits_{i=1}^{n}(\hat{y}_i \times y_i)}{\sqrt{\sum\limits_{i=1}^{n}(\hat{y}_i)^2 \times \sum\limits_{i=1}^{n}(y_i)^2}} = 0.9934$

（2）外推检验：
①平均预测误差（MD）：

城镇部分： $MD = \frac{1}{n}\sum_{i=1}^{n}(y_i - \hat{y}_i) = 0.0093$

农村部分： $MD = \frac{1}{n}\sum_{i=1}^{n}(y_i - \hat{y}_i) = -0.0313$

②平均绝对百分误差(MAPE)：

城镇部分： $MAPE = \frac{1}{n}\sum\left|\frac{y-\hat{y}}{y} \times 100\%\right| = 1.5670\%$

农村部分： $MAPE = \frac{1}{n}\sum\left|\frac{y-\hat{y}}{y} \times 100\%\right| = 5.0600\%$

从以上各项检验性实验的结果可以看出，基于多元回归和 AW-BP 的预测模型的各项性能良好，模型可行、有效，预测精度很高，非常适合对湖北省城乡食品冷链物流系统的需求进行预测。

6）预测

（1）基于多元回归和 AW-BP 的预测模型（城镇）的预测结果。

用已经训练好的基于多元回归和 AW-BP 的预测模型（城镇）对湖北省食品冷链物流系统（城镇）的需求进行预测，将 2000—2010 年湖北省食品冷链物流系统（城镇）的控制参量的统计数据作为输入，输出为 2000—2014 年湖北食品冷链物流系统（城镇）总消耗量的预测值。其中，预测结果的拟合和误差结果如图 5-41 所示，预测数据见表 5-20。

表 5-20　基于多元回归和 **AW-BP** 的预测模型（城镇）的预测数据

年份	2010	2011	2012	2013	2014
预测值	0.9088	0.9210	0.9281	0.9325	0.9352
反归一化值	110.7347	114.7302	117.3689	119.1033	120.2513

（2）基于多元回归和 AW-BP 的预测模型（农村）的预测结果。

用已经训练好的基于多元回归和 AW-BP 的预测模型（农村）对湖北省食品冷链物流系统（农村）的需求进行预测，将 2000—2014 年湖北省食品冷链物流系统（农村）的控制参量的统计数据作为输入，输出为 2000—2014 年湖北食品冷链物流系统（农村）总消耗量的预测值。其中，预测结果的拟合和误差如图 5-42 所示，预测数据见表 5-21。

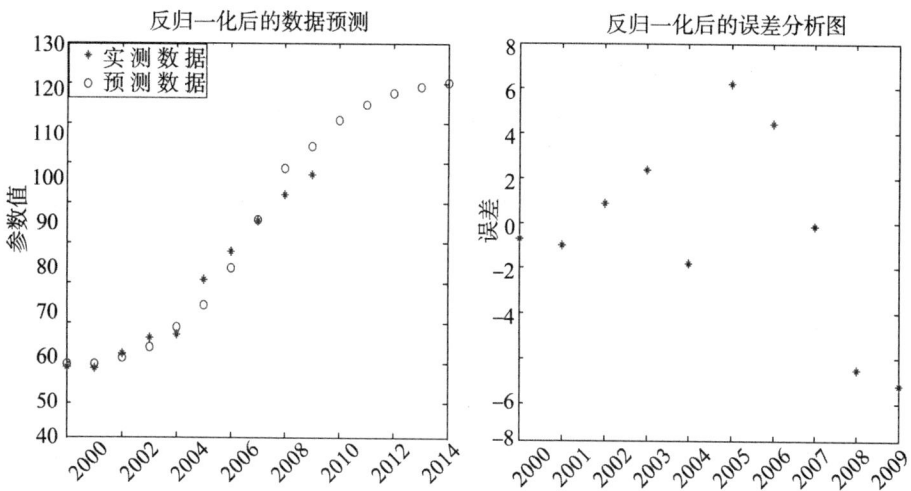

图 5-41 基于多元回归和 AW-BP 的预测模型(城镇)
预测结果的拟合图和误差图

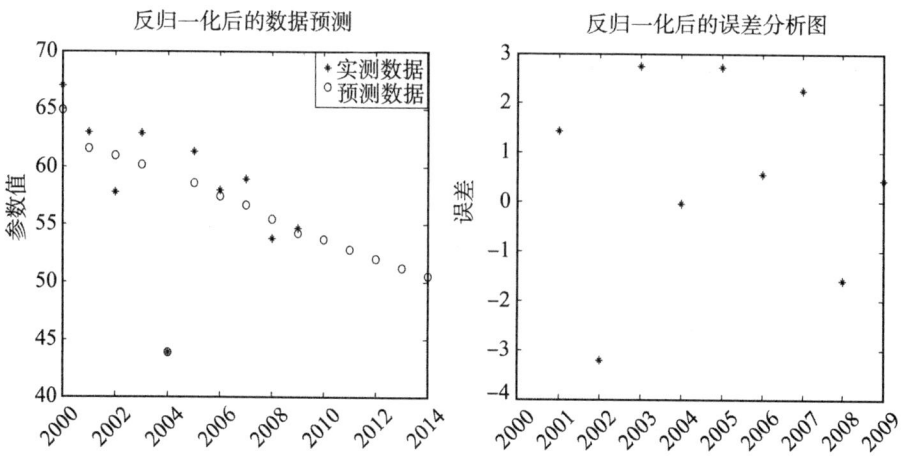

图 5-42 基于多元回归和 AW-BP 的预测模型(农村)的
预测结果的拟合图和误差图

表 5-21 基于多元回归和 AW-BP 的预测模型(农村)的预测数据

年份	2010	2011	2012	2013	2014
预测值	0.5919	0.5652	0.5380	0.5106	0.4831
反归一化值	53.6024	52.7530	51.9436	51.1742	50.4439

7)灵敏度分析

灵敏度分析(sensitivity analysis)主要是用来研究和分析系统参数或周围条件的变化对系统(或模型)状态或输出的影响程度的一种方法。在对湖北省城乡食品冷链物流系统需求进行预测的研究中,我们希望除了能够得到湖北省城乡食品冷链物流系统未来的发展趋势和需求规模的预测值之外,还希望能够掌握湖北省城乡食品冷链物流系统的控制参量对系统影响程度的量化值,这对于湖北省城乡食品冷链物流系统的规划与设计而言,是非常有价值的数据。

基于多元回归和AW-BP的湖北省城乡食品冷链物流系统需求的预测模型中有9个输入变量,我们用相同的方法逐一对这9个变量进行灵敏度分析。具体的方法为:令每个被预处理之后的输入变量的可变范围为[0.15, 0.85],以0.1为区隔,均分为8个阶段,即 x_i 分别等于这8个阶段的值(0.1500, 0.2500, 0.3500, 0.4500, 0.5500, 0.6500, 0.7500, 0.8500)。在 x_i 的每个变化过程中,其他8个输入变量的值始终保持不变,均为(0.1500, 0.1500, 0.1500, 0.1500, 0.1500, 0.1500, 0.1500, 0.1500)。将这些值作为输入,依次输入到已经训练好的预测模型中,在输出层可得到 y 值,且 y 值的范围应该在[0, 1]区间。为了直观地对9个输入变量的灵敏度进行比较和分析,我们把9个输入变量对应的输出 y 值在一张图中进行了叠加,具体结果见表5-22、表5-23和图5-43、图5-44。

(1)基于多元回归和AW-BP的预测模型(城镇)的灵敏度分析。

表5-22 基于多元回归和**AW-BP**的预测模型(城镇)的灵敏度分析数据

阶段	1	2	3	4	5	6	7	8
x_1	0.1500	0.2500	0.3500	0.4500	0.5500	0.6500	0.7500	0.8500
y_1	0.1611	0.1695	0.1788	0.1889	0.1999	0.2120	0.2251	0.2394
x_2	0.1500	0.2500	0.3500	0.4500	0.5500	0.6500	0.7500	0.8500
y_1	0.1611	0.1716	0.1832	0.1960	0.2101	0.2256	0.2425	0.2609
x_3	0.1500	0.2500	0.3500	0.4500	0.5500	0.6500	0.7500	0.8500
y_1	0.1611	0.1706	0.1811	0.1926	0.2051	0.2188	0.2337	0.2498

续表

阶段	1	2	3	4	5	6	7	8
x_4	0.1500	0.2500	0.3500	0.4500	0.5500	0.6500	0.7500	0.8500
y_1	0.1611	0.1718	0.1836	0.1967	0.2111	0.2268	0.2441	0.2628
x_5	0.1500	0.2500	0.3500	0.4500	0.5500	0.6500	0.7500	0.8500
y_1	0.1611	0.1706	0.1809	0.1923	0.2048	0.2183	0.2331	0.2490
x_6	0.1500	0.2500	0.3500	0.4500	0.5500	0.6500	0.7500	0.8500
y_1	0.1611	0.1709	0.1816	0.1934	0.2064	0.2207	0.2362	0.2530
x_7	0.1500	0.2500	0.3500	0.4500	0.5500	0.6500	0.7500	0.8500
y_1	0.1611	0.1706	0.1809	0.1921	0.2043	0.2175	0.2318	0.2471
x_8	0.1500	0.2500	0.3500	0.4500	0.5500	0.6500	0.7500	0.8500
y_1	0.1611	0.1726	0.1855	0.1998	0.2156	0.2331	0.2523	0.2733
x_9	0.1500	0.2500	0.3500	0.4500	0.5500	0.6500	0.7500	0.8500
y_1	0.1611	0.1735	0.1874	0.2030	0.2202	0.2393	0.2603	0.2834

表 5-23 基于多元回归和 **AW-BP** 的预测模型(农村)的灵敏度分析数据

阶段	1	2	3	4	5	6	7	8
x_1	0.1500	0.2500	0.3500	0.4500	0.5500	0.6500	0.7500	0.8500
y_1	0.1588	0.1596	0.1605	0.1614	0.1624	0.1634	0.1644	0.1655
x_2	0.1500	0.2500	0.3500	0.4500	0.5500	0.6500	0.7500	0.8500
y_1	0.1588	0.1546	0.1506	0.1469	0.1435	0.1403	0.1373	0.1345
x_3	0.1500	0.2500	0.3500	0.4500	0.5500	0.6500	0.7500	0.8500
y_1	0.1588	0.1604	0.1622	0.1639	0.1658	0.1677	0.1697	0.1718
x_4	0.1500	0.2500	0.3500	0.4500	0.5500	0.6500	0.7500	0.8500
y_1	0.1588	0.1586	0.1585	0.1586	0.1588	0.1591	0.1595	0.1601
x_5	0.1500	0.2500	0.3500	0.4500	0.5500	0.6500	0.7500	0.8500

续表

阶段	1	2	3	4	5	6	7	8
y_1	0.1588	0.1605	0.1624	0.1643	0.1663	0.1684	0.1706	0.1729
x_6	0.1500	0.2500	0.3500	0.4500	0.5500	0.6500	0.7500	0.8500
y_1	0.1588	0.1566	0.1545	0.1525	0.1506	0.1489	0.1472	0.1456
x_7	0.1500	0.2500	0.3500	0.4500	0.5500	0.6500	0.7500	0.8500
y_1	0.1588	0.2046	0.2720	0.3662	0.4853	0.6151	0.7333	0.8239
x_8	0.1500	0.2500	0.3500	0.4500	0.5500	0.6500	0.7500	0.8500
y_1	0.1588	0.1568	0.1549	0.1530	0.1513	0.1496	0.1479	0.1464
x_9	0.1500	0.2500	0.3500	0.4500	0.5500	0.6500	0.7500	0.8500
y_1	0.1588	0.1606	0.1625	0.1644	0.1665	0.1686	0.1708	0.1731

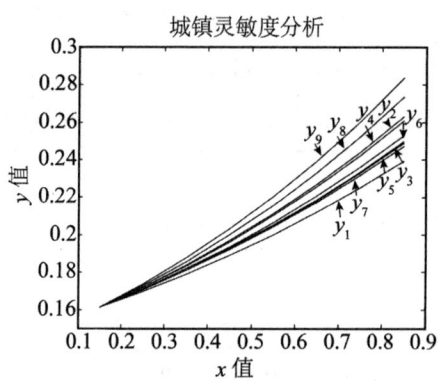

图 5-43 基于多元回归和 AW-BP 的预测模型(城镇)的灵敏度分析图

(2)基于多元回归和 AW-BP 的预测模型(农村)的灵敏度分析。

2. 基于时间序列和 AW-BP 预测模型的算例分析

时间序列预测法的本质是一种通过对时间轴数据的处理决定最佳时序模型的方法。它有两个缺点：一是模型的选择需要某些假设；二是以此法建立的模型一般难以有效地处理非线性或多维非线性相关的复杂时间序列。面对自然和社会经济现象中大量非线性、非平稳复杂的系统问题，传统的时间序列预测法的解决效果欠佳。而以神经网络为代表的智能计算方法则能够重建

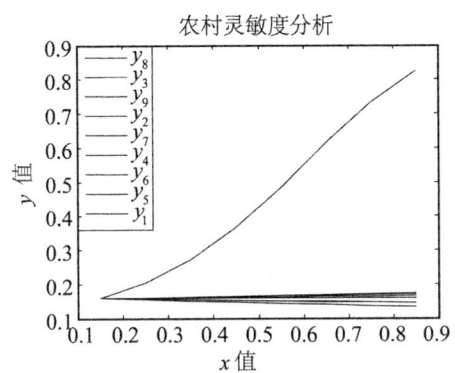

图 5-44 基于多元回归和 AW-BP 的预测模型(农村)的灵敏度分析图
（注：农村灵敏度分析图中，图像喇叭口边缘处从上到下分
别表示的 y 值的次序如图注所示）

任意的非线性连续函数。这使得时间序列和神经网络预测法的结合在预测的研究领域颇受关注[175]。我们将时间序列预测方法与 BP 神经网络预测方法进行有机的结合，并按照上文的思路对 BP 神经网络进行改进和优化，希望能够得到更高的效率和精度，并适用于湖北省城乡食品冷链物流系统需求预测的新方法。

1）模型的结构设计

(1)层次结构：为基于时间序列和 AW-BP 的预测模型设计一个含有输入层、隐含层和输出层的三层结构。

(2)层间神经元数目：根据前文关于输入层训练样本维度的分析，决定采用如表 5-9~表 5-12 所示的样本结构和训练模式；输出层始终为 1 个神经元。

2）数据的处理

(1)数据归一化处理：

输入样本：公式(5-12)；

目标样本：公式(5-13)。

(2)数据的修正处理：

输入样本：公式(5-14)；

目标样本：公式(5-15)。

(3)数据后处理，即反归一化处理：公式(5-16)。

3) 参数设定

(1) 传递函数：Sigmoid 函数；

(2) 权值和阈值：初始权值和阈值由随机函数产生；

(3) 期望误差：公式(5-21)。

4) 训练过程

(1) 基于时间序列和 AW-BP 的预测模型(城镇)的训练过程。

以 2000—2009 年湖北省食品冷链物流系统(城镇)各产品总消耗量作为样本数据，以及表 5-9~表 5-12 所示的网络结构和训练模式进行训练。相应的训练收敛和误差结果如图 5-45、图 5-46、图 5-47 所示，误差值见表 5-24。

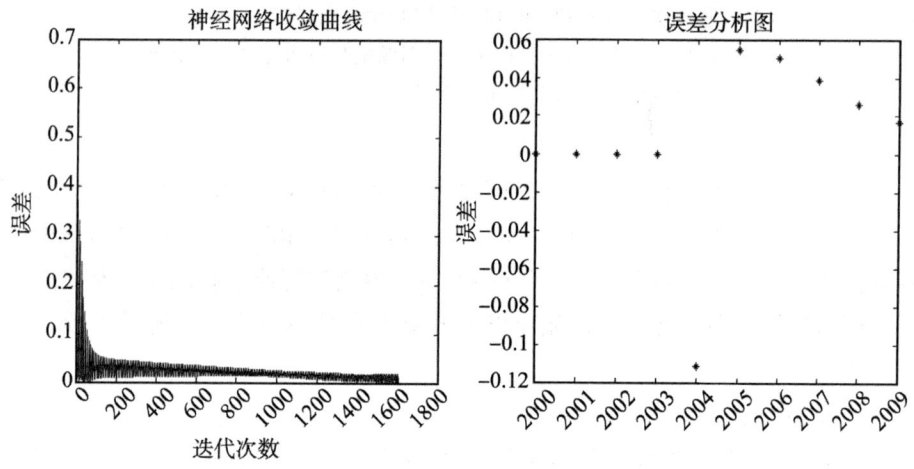

图 5-45　隐含层神经元个数为 9 时，基于时间序列和 AW-BP 的
预测模型(城镇)的收敛及误差情况

表 5-24　**基于时间序列和 AW-BP 的预测模型(城镇)训练过程收敛迭代和误差值**

输入个数	隐含层个数	输出个数	达到精确值后迭代停止的次数	误差值 Error
4	9	1	1608	0.2972
5	12	1	967	0.0373
6	15	1	376	0.0630

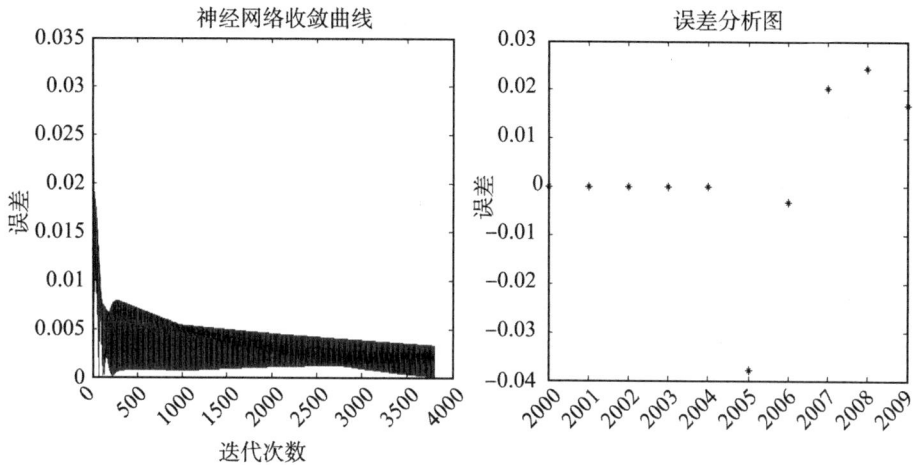

图 5-46　隐含层神经元个数为 12 时，基于时间序列和 AW-BP 的
　　　　　预测模型（城镇）的收敛及误差情况

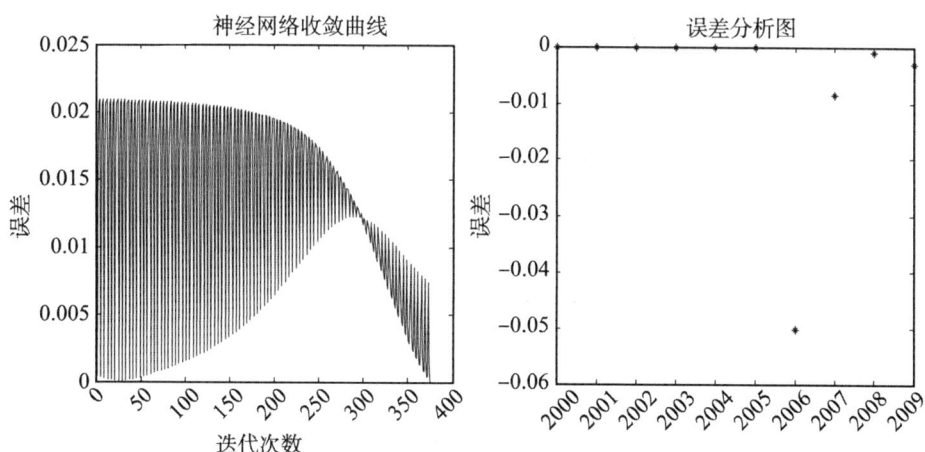

图 5-47　隐含层神经元个数为 15 时，基于时间序列和 AW-BP 的
　　　　　预测模型（城镇）的收敛及误差情况

从数据的平均值来看，在以上训练中，当基于时间序列和 AW-BP 的训练模型（城镇）的隐含层神经元为 12 时，模型的收敛速度和稳定性最好。因此，我们选择隐含层神经元个数为 12 的预测模型作为湖北省食品冷链物流系统

(城镇)需求的预测模型。

（2）基于时间序列和 AW-BP 的预测模型的湖北省食品冷链物流系统(农村)需求预测的训练过程。

以 2000—2009 年湖北省食品冷链物流系统(农村)各冷链食品总消耗量作为样本数据，以表 5-9~表 5-12 所示的模型结构和训练模式进行训练。相应的训练收敛和误差结果如图 5-48、图 5-49、图 5-50 所示，误差值见表 5-25。

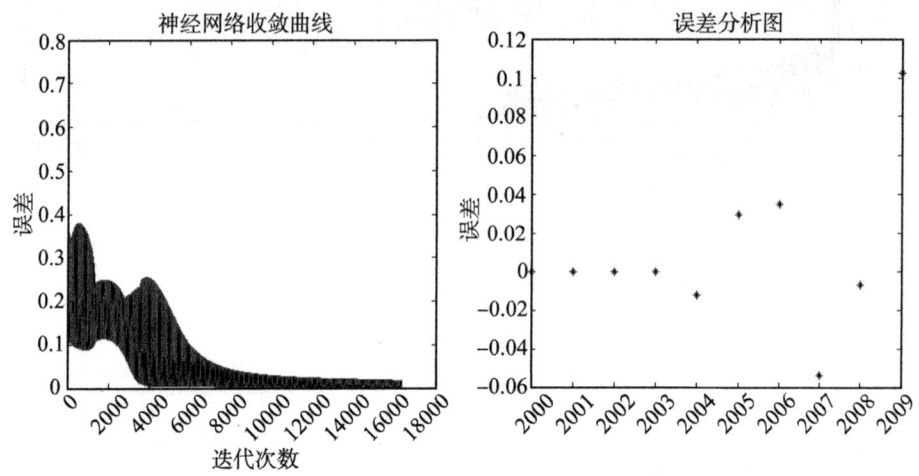

图 5-48 隐含层神经元个数为 9 时，基于时间序列和 AW-BP 的预测模型(农村)的收敛及误差情况

表 5-25　基于时间序列和 AW-BP 预测模型(农村)训练过程收敛迭代次数与误差值

输入个数	隐含层个数	输出个数	达到精确值后迭代停止的次数	误差值 Error
4	9	1	6473	0.3520
5	12	1	6083	0.0080
6	15	1	4889	0.0056

从以上数据的平均值看，在训练过程中，基于时间序列和 AW-BP 的训练模型(农村)的隐含层神经元个数为 15 时，模型的训练效果最好。因此，我们

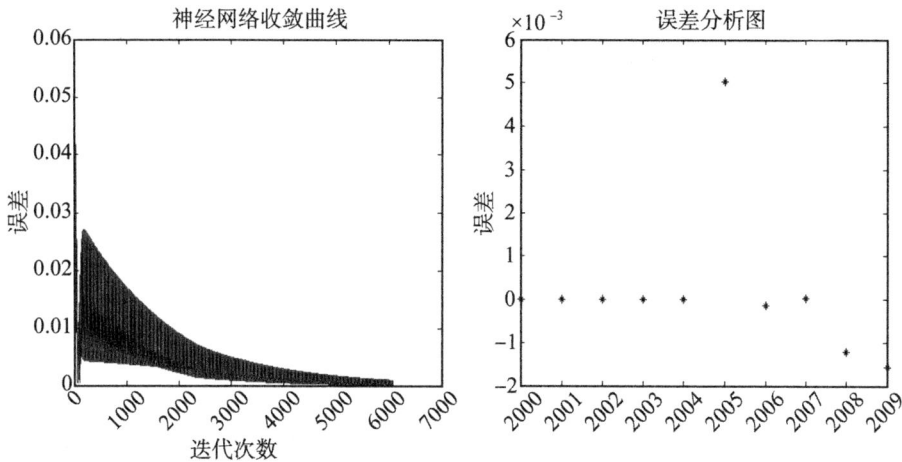

图 5-49　隐含层神经元个数为 12 时，基于时间序列和 AW-BP 的预测模型(农村)的收敛及误差情况

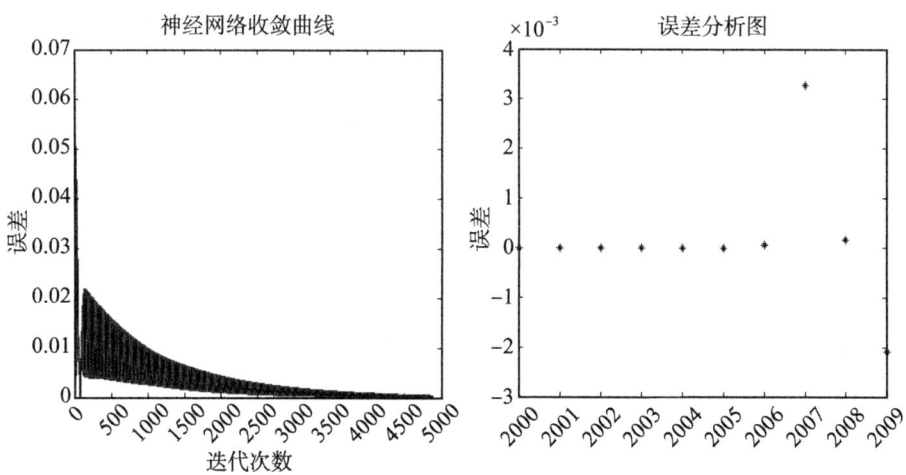

图 5-50　隐含层神经元个数为 15 时，基于时间序列和 AW-BP 的预测模型(农村)的收敛及误差情况

选择隐含层神经元个数为 15 的训练模型作为湖北省食品冷链物流系统(农村)需求的预测模型。

5)误差分析

(1)拟合优度检验。

①样本均方误差(MSE):

城镇部分: $\mathrm{MSE} = \dfrac{1}{n}\sum_{i=1}^{n}(y_i - \hat{y}_i)^2 = 0.0028$

农村部分: $\mathrm{MSE} = \dfrac{1}{n}\sum_{i=1}^{n}(y_i - \hat{y}_i)^2 = 2.2411 \times 10^{-4}$

②拟合度(CD):

城镇部分: $R = \dfrac{\sum_{i=1}^{n}(\hat{y}_i \times y_i)}{\sqrt{\sum_{i=1}^{n}(\hat{y}_i)^2 \times \sum_{i=1}^{n}(y_i)^2}} = 0.9999$

农村部分: $R = \dfrac{\sum_{i=1}^{n}(\hat{y}_i \times y_i)}{\sqrt{\sum_{i=1}^{n}(\hat{y}_i)^2 \times \sum_{i=1}^{n}(y_i)^2}} = 1.0000$

(2)外推检验。

①平均预测误差(MD):

城镇部分: $\mathrm{MD} = \dfrac{1}{n}\sum_{i=1}^{n}(y_i - \hat{y}_i) = -0.0034$

农村部分: $\mathrm{MD} = \dfrac{1}{n}\sum_{i=1}^{n}(y_i - \hat{y}_i) = -3.0100 \times 10^{-5}$

②平均绝对百分误差(MAPE):

城镇部分: $\mathrm{MAPE} = \dfrac{1}{n}\sum\left|\dfrac{y - \hat{y}}{y} \times 100\%\right| = 0.3379\%$

农村部分: $\mathrm{MAPE} = \dfrac{1}{n}\sum\left|\dfrac{y - \hat{y}}{y} \times 100\%\right| = 0.0356\%$

从以上各项检验性实验的结果可以看出,基于时间序列和AW-BP的预测模型的各项性能良好,模型可行、有效,预测精度很高,非常适合对湖北省城乡食品冷链物流系统需求进行预测。

6)预测

(1)基于时间序列和AW-BP的预测模型(城镇)的预测结果。

用已经训练好的基于时间序列和AW-BP的预测模型(城镇)对湖北省食品

冷链物流系统(城镇)的需求进行预测,将 2000—2013 年湖北省冷链食品的总消耗量(城镇)作为基于时间序列和 AW-BP 的预测模型的输入,输出为 2000—2014 年的湖北食品冷链物流系统(城镇)冷链食品总消耗量的预测值①。其中,预测结果的拟合和误差结果如图 5-51 所示,预测数据见表 5-26。

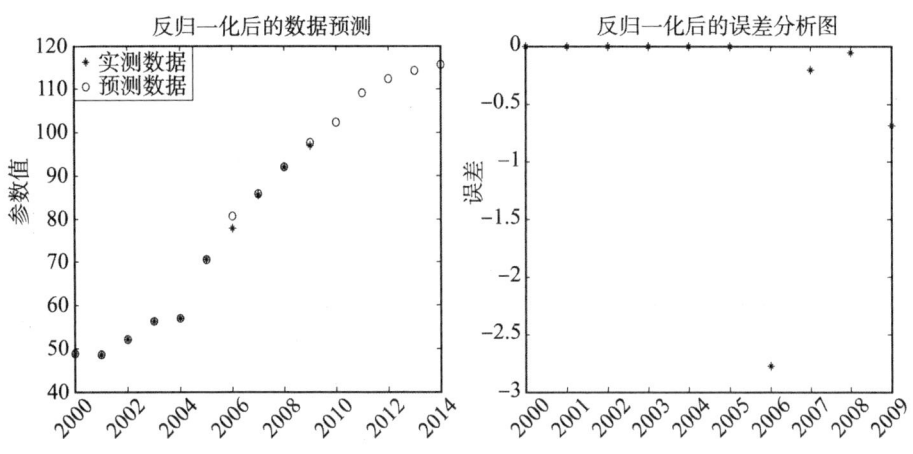

图 5-51　基于时间序列和 AW-BP 的预测模型(城镇)预测结果的拟合图和误差图

表 5-26　基于时间序列和 AW-BP 的预测模型的(城镇)预测数据

年份	2010	2011	2012	2013	2014
预测值	0.8772	0.9030	0.9140	0.9195	0.9236
反归一化值	102.4476	109.0221	112.3563	114.1883	115.6705

(2)基于时间序列和 AW-BP 的预测模型(农村)的预测结果。

用已经训练好的基于时间序列和 AW-BP 的预测模型(农村)对湖北省食品冷链物流系统(农村)的需求进行预测,将 2000—2013 年湖北省冷链食品的总消耗量(农村)作为基于时间序列和 AW-BP 的预测模型的输入,输出为

---

① 说明:2010—2013 年的城镇冷链食品消耗量既是系统输出的预测值,同时也是计算 2011—2014 年城镇冷链食品消耗量预测值的输入。

2000—2014年的湖北食品冷链物流系统(农村)冷链食品的总消耗量①。其中，预测结果的拟合和误差如图5-52所示，预测数据见表5-27。

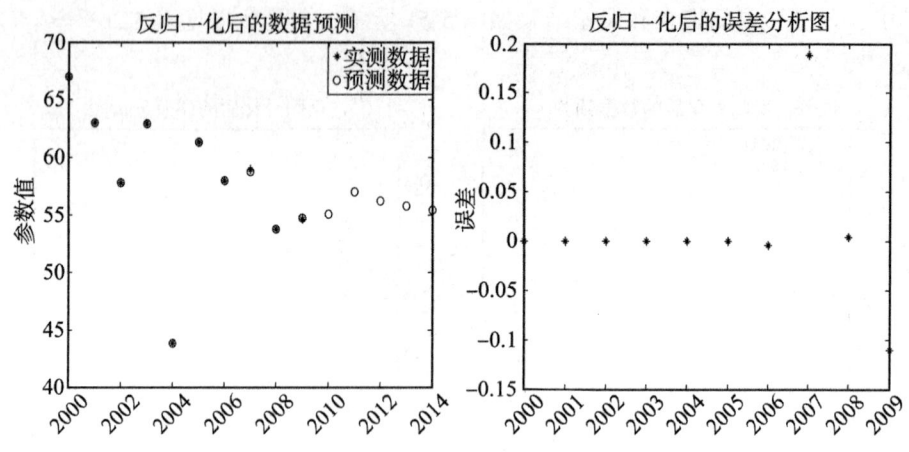

图5-52　基于时间序列和AW-BP的预测模型(农村)预测结果的拟合图和误差图

表5-27　基于时间序列和AW-BP的预测模型(农村)预测数据

年份	2010	2011	2012	2013	2014
预测值	0.6351	0.6833	0.6616	0.6510	0.6433
反归一化值	55.0956	56.9869	56.1042	55.6901	55.3975

3. 基于灰色和AW-BP的预测模型的算例分析

灰色预测模型的优点是：对数据的要求较少、能够消除畸变数据对目标对象的影响、运算简单易行等，特别适合食品冷链物流系统这种缺乏统计数学的情况。但是由于灰色预测模型只适用于指数型的数据，在逼近复杂的非线性函数方面存在困难，因此如果单独使用灰色预测模型对湖北省食品冷链物流系统进行预测，会出现较大的预测误差。BP神经网络具有非

---

① 说明：2010—2013年的农村冷链食品消耗量既是输出的预测值，同时也是计算2011—2014年农村冷链食品消耗量预测值的输入。

常强的非线性映射能力,同时还具有很强的鲁棒性。很明显,灰色预测方法与 BP 神经网络之间形成了很好的互补性。因此,我们尝试对这两种预测方法进行有机的组合,并用前文所述的改进和优化方法对 BP 神经网络进行修正,形成一种全新的基于灰色和 AW-BP 的预测模型,并利用该预测模型对湖北省城乡食品冷链物流系统需求进行预测的结果,验证和分析新的预测模型的各项性能。

具体的做法是:首先利用灰色预测模型对湖北省城乡食品冷链物流系统的需求进行预测,然后将灰色预测模型得到的预测值作为输入带入到 AW-BP 神经网络中,采用既定的结构对基于灰色和 AW-BP 的预测模型进行训练,最后根据训练的结果选择最适合的预测模型,实现对湖北省城乡食品冷链物流系统需求的预测。其具体的实现过程如图 5-53 所示。

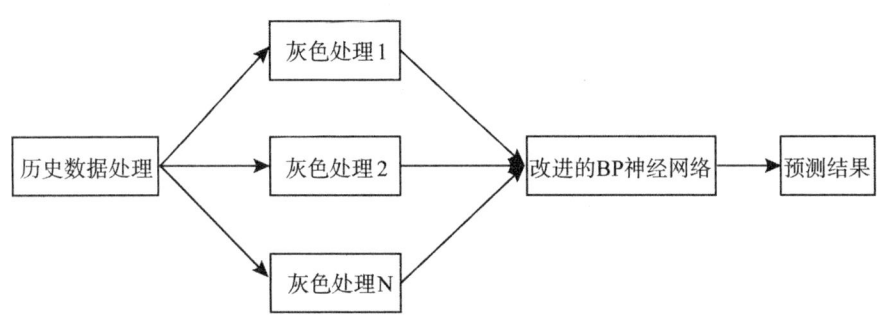

图 5-53 基于灰色和 AW-BP 预测模型的预测过程

1)模型的结构设计

(1)层次结构:为基于灰色和 BP 神经网络的预测模型设计一个含有输入层、隐含层和输出层的三层结构。

(2)层间的处理方式:见表 5-9~表 5-12,其中表 5-10~表 5-12 中的年份代表该年冷链食品总消耗量的灰色生成值。

2)数据的处理

对前文计算的基于灰色序列预测法的预测结果进行数据的预处理,处理之后的数据见表 5-28。

(1)数据归一化处理:

输入样本:公式(5-12);

目标样本：公式(5-13)。

(2)数据的修正处理：

输入样本：公式(5-14)；

目标样本：公式(5-15)。

表 5-28　　　　　　　　　预处理后的数据

年份	2000	2001	2002	2003	2004	2006	2007
y_1 城镇	0.1500	0.1305	0.1917	0.2538	0.3165	0.3793	0.4415
y_2 农村	0.8500	0.6641	0.6374	0.6089	0.5786	0.5463	0.5119
	2008	2009	2010	2011	2012	2013	2014
y_1 城镇	0.5622	0.6193	0.6734	0.7240	0.7705	0.8126	0.8500
y_2 农村	0.4366	0.3954	0.3518	0.3055	0.2565	0.2047	0.1500

(3)数据后处理，即反归一化处理：公式(5-16)。

(4)对 $\bar{y}$ 做后减还原，得到实际预测值。

3)参数设定

(1)传递函数：Sigmoid 函数

(2)权值和阈值：初始权值和阈值由随机函数产生。

(3)期望误差：公式(5-21)。

4)训练过程

(1)基于灰色和 AW-BP 的预测模型(城镇)的训练过程。

以 2000—2009 年湖北省食品冷链物流系统(城镇)食品总消耗量的灰色预测值作为样本，以及表 5-9～表 5-12 所示的模型结构和训练模式进行训练。相应的训练收敛和误差结果如图 5-54、图 5-55、图 5-56 所示，误差值见表 5-29。

表 5-29　　　　　训练过程收敛迭代和误差值(城镇)

输入个数	隐含层个数	输出个数	达到精确值后迭代停止的次数	误差值 Error
4	9	1	1694	0.9986
5	12	1	1121	1.1459
6	15	1	7520	0.0685

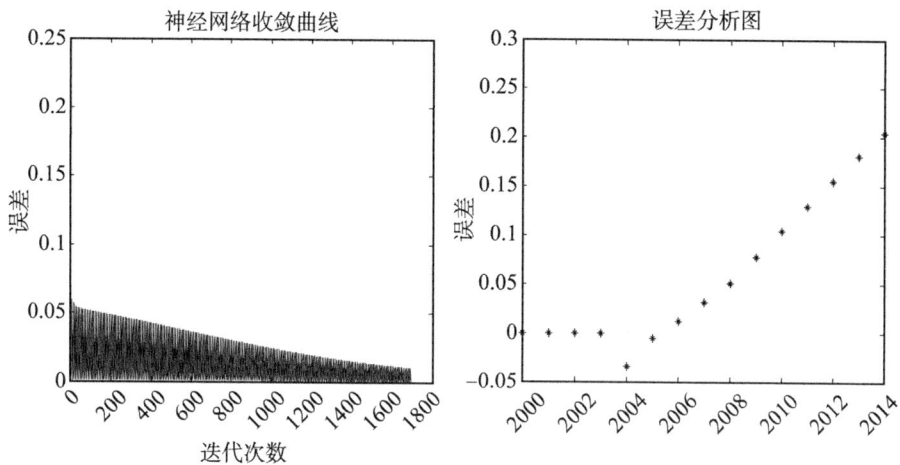

图 5-54　隐含层神经元个数为 9 时，基于灰色和 AW-BP 的
预测模型(城镇)的收敛及误差情况

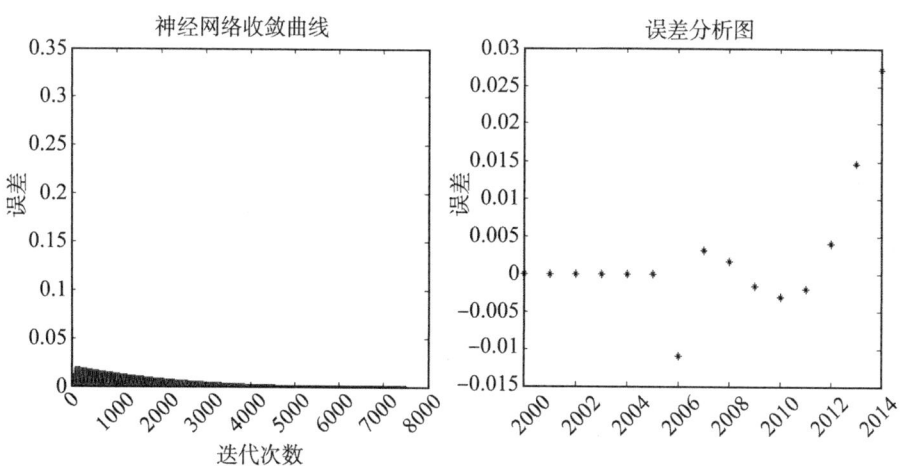

图 5-55　隐含层神经元个数为 12 时，基于灰色和 AW-BP 的
预测模型(城镇)的收敛及误差情况

从以上数据的平均值来看，训练模型 1 和 2 虽然在训练中收敛速度很快，但是收敛精度不高；而训练模型 3 虽然收敛速度较慢，但收敛精度很高。经过权衡，我们选择隐含层神经元个数为 15 的训练模型作为湖北省食品冷链物流系统(城镇)需求的预测模型。

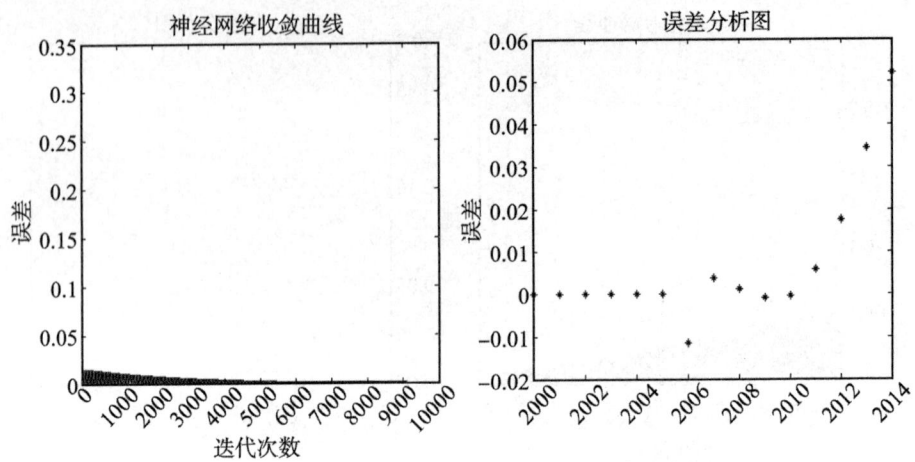

图 5-56　隐含层神经元个数为 15 时，基于灰色和 AW-BP 的
预测模型（城镇）的收敛及误差情况

（2）基于灰色和 AW-BP 的预测模型（农村）的训练过程。

以 2000—2009 年湖北省食品冷链物流系统（农村）食品总消耗量的灰色预测值作为样本，以及表 5-9~表 5-12 所示的模型结构和训练模式进行训练。相应的训练收敛和误差结果如图 5-57、图 5-58、图 5-59 所示，误差值见表 5-30。

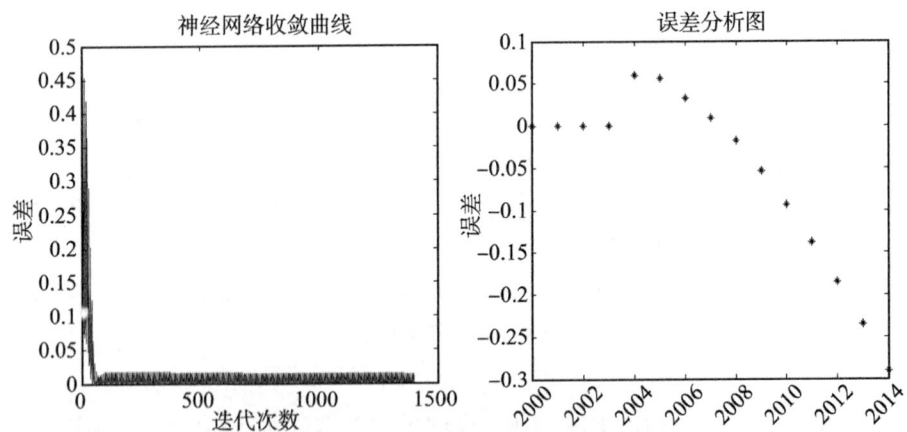

图 5-57　隐含层神经元个数为 9 时，基于灰色和 AW-BP 的
预测模型（农村）的收敛及误差情况

5.2 基于 AW-BP 的预测方法及算例分析

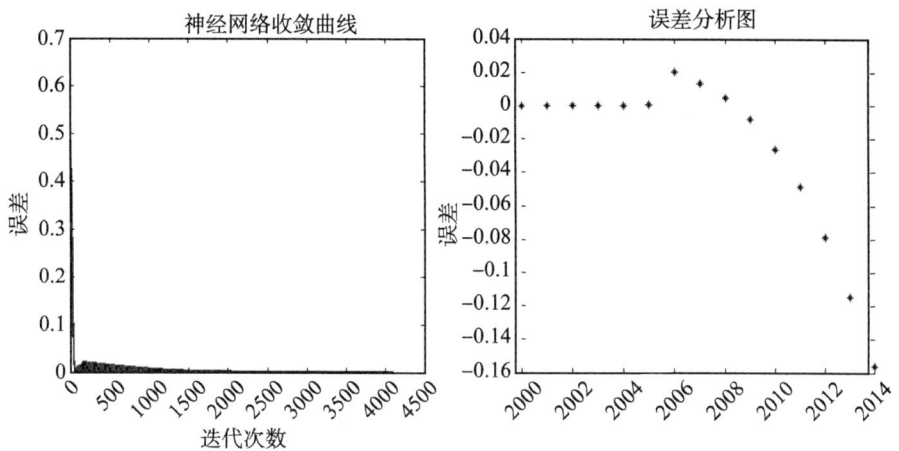

图 5-58 隐含层神经元个数为 12 时,基于灰色和 AW-BP 的预测模型(农村)的收敛及误差情况

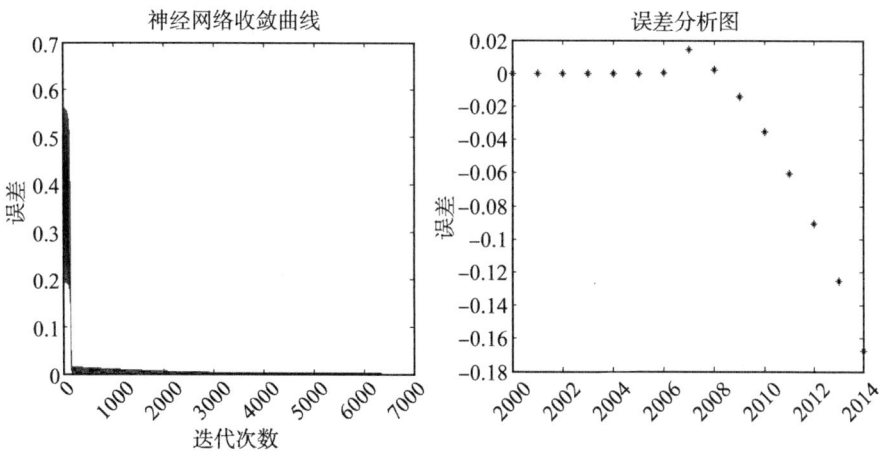

图 5-59 隐含层神经元个数为 15 时,基于灰色和 AW-BP 的预测模型(农村)的收敛及误差情况

表 5-30 训练过程收敛迭代和误差值(农村)

输入个数	隐含层个数	输出个数	达到精确值后迭代停止的次数	误差值 Error
4	9	1	1402	1.1703
5	12	1	4096	0.4607
6	15	1	6351	0.5094

157

从以上数据的平均值来看,在训练过程中,训练模型1虽然收敛速度很快,但是收敛精度不高;训练模型2和3收敛精度相当,但是训练模型2的收敛速度更快。因此,我们选择隐含层神经元个数为12的训练模型作为湖北省食品冷链物流系统(农村)需求的预测模型。

5) 误差分析

(1) 拟合优度检验。

①样本均方误差(MSE):

城镇部分: $\text{MSE} = \frac{1}{n} \sum_{i=1}^{n} (y_i - \hat{y}_i)^2 = 0.0033$

农村部分: $\text{MSE} = \frac{1}{n} \sum_{i=1}^{n} (y_i - \hat{y}_i)^2 = 0.0148$

②拟合度(CD):

城镇部分: $R = \dfrac{\sum_{i=1}^{n} (\hat{y}_i \times y_i)}{\sqrt{\sum_{i=1}^{n} (\hat{y}_i)^2 \times \sum_{i=1}^{n} (y_i)^2}} = 0.9999$

农村部分: $R = \dfrac{\sum_{i=1}^{n} (\hat{y}_i \times y_i)}{\sqrt{\sum_{i=1}^{n} (\hat{y}_i)^2 \times \sum_{i=1}^{n} (y_i)^2}} = 0.9940$

(2) 外推检验。

①平均预测误差(MD):

城镇部分: $\text{MD} = \frac{1}{n} \sum_{i=1}^{n} (y_i - \hat{y}_i) = 0.0033$

农村部分: $\text{MD} = \frac{1}{n} \sum_{i=1}^{n} (y_i - \hat{y}_i) = -0.0269$

②平均绝对百分误差(MAPE):

城镇部分: $\text{MAPE} = \frac{1}{n} \sum \left| \frac{y - \hat{y}}{y} \times 100\% \right| = 0.6854\%$

农村部分: $\text{MAPE} = \frac{1}{n} \sum \left| \frac{y - \hat{y}}{y} \times 100\% \right| = 4.8535\%$

从以上各项检验性实验的结果可以看出,基于灰色和AW-BP的预测模型的各项性能良好,模型可行、有效,预测精度很高,非常适合于对湖北省城乡食品冷链物流系统的需求进行预测。

6）预测

（1）基于灰色和 AW-BP 的预测模型（城镇）的预测结果。

用已经训练好的基于灰色和 AW-BP 的预测模型（城镇）对湖北省食品冷链物流系统（城镇）的需求进行预测，将 2000—2013 年湖北省冷链食品的总消耗量（城镇）的灰色预测值作为基于灰色和 AW-BP 的预测模型（城镇）的输入，输出为 2000—2014 年的湖北省食品冷链物流系统（城镇）冷链食品总消耗量的预测值。其中，预测结果的拟合和误差如图 5-60 所示，预测数据见表 5-31。

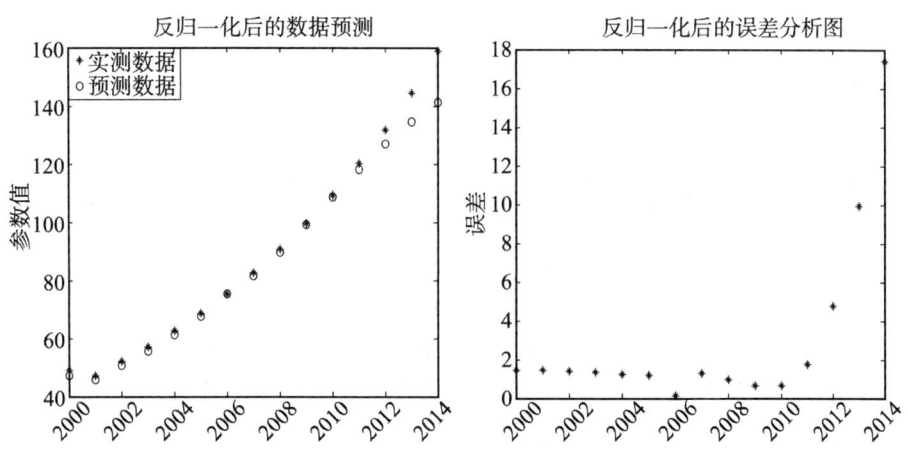

图 5-60 基于灰色和 AW-BP 的预测模型（城镇）预测结果的拟合图和误差图

表 5-31 基于灰色和 AW-BP 的预测模型（城镇）的预测数据

年份	2010	2011	2012	2013	2014
预测值	0.6734	0.7184	0.7541	0.7820	0.8033
反归一化值	108.7029	118.2202	126.9161	134.6302	141.2297

（2）基于灰色和 AW-BP 的预测模型（农村）的预测结果。

用已经训练好的基于灰色和 AW-BP 的预测模型（农村）对湖北省食品冷链物流系统（农村）的需求进行预测，将 2000—2013 年湖北省冷链食品的总消耗量（农村）的灰色预测值作为基于灰色和 AW-BP 的预测模型（农村）的输入,输出为2000—2014年的湖北省食品冷链物流系统(农村)冷链食品总消耗量的预测值。其中,预测结果的拟合和误差如图5-61所示,预测数据见表5-32。

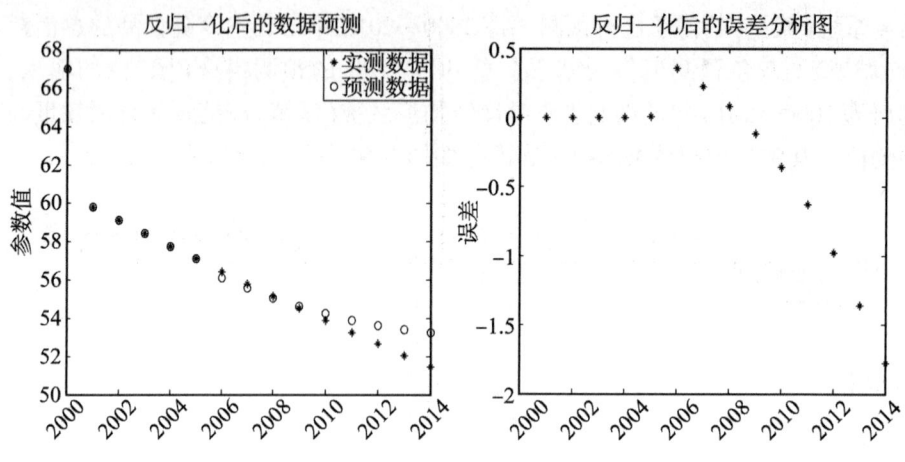

图5-61 基于灰色和AW-BP的预测模型(农村)预测结果的拟合图和误差图

表5-32　基于灰色和AW-BP的预测模型(农村)的预测数据

年份	2010	2011	2012	2013	2014
预测值	0.3770	0.3526	0.3336	0.3171	0.3032
反归一化值	54.2315	53.8870	53.6285	53.4098	53.2302

5.3　基于AWNG-BP的预测方法及算例分析

在上一节中,我们对一般BP神经网络的搜索算法进行了修正和优化,设计了一种基于自适应权函数(adaptive weight)的BP神经网络优化算法,其优化的主要思想是:第一,修正误差函数,将误差函数空间从多极点曲面改成单极点曲面;第二,根据每次训练的误差,自适应地调整BP神经网络层间权值和阈值的学习步长和动量因子。通过拟合、外推实验以及实际算例的验证,证明了基于AW-BP的各项预测模型的性能均优于传统的预测模型,预测精度得到了大幅度的提高。但是在该优化预测模型中,还有一个问题没有解决,就是 BP 神经网络的结构优化问题。在上述优化的预测模型中，我们仍然是先根据经验公式初步确定几个隐含层的神经元个数，然后通过对训练的结果进行比较，最终确定隐含层的神经元个数。

由此可见，在基于 AW-BP 的各项预测模型中，BP 神经网络隐含层神经元个数的确定仍然是模糊的，仍然需要根据经验进行判断。在此基础上，我们进一步对其进行优化，设计了一种基于自适应权和小生境遗传算法 (adaptive weight and niche genetic) 的 BP 神经网络的优化算法(后文中将其简称为 AWNG-BP 算法)，希望能够通过全局寻优的方式确定 BP 神经网络的结构，从而摆脱受主观影响较大的经验公式。该预测模型的主要思想是：采用自适应的权优化一般 BP 神经网络的搜索算法，提高搜索过程的速度，避免搜索陷入局部最优；采用基于小生境的遗传算法优化和确定 BP 神经网络的隐含层神经元个数，即优化神经网络的结构，进一步提高算法的精度，增强预测模型稳定性和鲁棒性。

5.3.1　基于自适应权和小生境遗传算法的 BP 神经网络优化算法(AWNG-BP)

1. 误差项的优化

为避免陷入局部的极值，定义新的广义误差函数：公式(5-21)。

2. 自适应权值和阈值的优化

设 BP 神经网络中各层的连接权值为 v_{jk}、w_{ij}；阈值为 δ_k、θ_j；学习步长(学习速率)为 η；动量因子为 α。权值和阈值的自适应方式为：公式(5-22)～公式(5-26)。

3. 小生境遗传算法对 BP 神经网络隐含层结构的优化

遗传算法 (genetic algorithm，GA) 最早由美国密歇根大学的 John Holland 教授提出，是一种模拟生物在充斥着优胜劣汰的自然环境下进行遗传和进化过程的全局寻优的启发式算法[176]。由于遗传算法具有非线性、全局并行搜索以及鲁棒性高等特点，目前已经广泛应用于自适应控制、组合优化、图像处理和机器学习等领域。虽然遗传算法在许多领域的应用都取得了巨大的成功，但是大量的研究和实践证明，基本的遗传算法存在易于陷入局部最优、搜索后期速度变慢以及早熟等缺陷，尤其在对具有欺骗性的多峰函数寻优的过程中，基本的遗传算法经常只能找到部分最优解，有时甚至只能找到局部最优解[177]。从对遗传算法的研究和讨论中发现，遗传算法产生这些缺陷的根本原因在于：第一，算法在对选择、交叉和变异这三个过程中缺乏有效的进化控制机制，算法的这三个过程呈现出随机概率性强的特点，导致算法的收敛速度较慢；第二，在基本遗传算法迭代的后期，适应度高的染色体被选择的概率大大加强，染色体的结构逐步趋于一致，形成"近亲繁殖"现象，导致搜索区域受限，收敛容易陷入局部最优。

小生境（niche）同样也是来自于生物学的一个概念，是指生物在生存和进化的过程中，总是会在某一特定的地理区域中，自发地寻找相同的物种在一起生活，繁衍生息。小生境可以平衡生物的物种，维持自然环境的生态平衡，是生物的一种积极特性。在基本遗传算法中引入小生境技术，即小生境遗传算法，可以很好地解决遗传算法固有的缺陷，提高算法的寻优效果和速度[178]。所谓小生境遗传算法，是指对遗传算法的每代染色体划分成若干个簇，每个簇就是一个小的生态环境。然后在每个簇中选出若干适应度较大的个体作为这个簇的优秀代表组成一个种群，再在种群中进行选择、杂交、变异，产生新一代染色体。这种算法最突出的优点就是使得所有的个体在一个特定的生存环境下繁殖进化，最大可能地保持了染色体的多样性，避免了算法嵌入局部最优，同时提高了算法全局搜索的能力和收敛的速度。

小生境遗传算法具有很强全局概率搜索能力，能够解决 BP 神经网络结构不稳定的问题[179]。因此，我们将小生境遗传算法引入到 BP 神经网络中，利用小生境遗传算法的非线性、全局搜索能力强、搜索速度快等特性优化和确定 BP 神经网络隐含层的神经元个数[180]，即 BP 神经网络的结构，以期提高新的预测模型的收敛速度和泛化性，增强预测模型的学习和映射能力。

4. AWNG-BP 算法流程

AWNG-BP 预测模型的算法流程如图 5-62 所示。

5. 算法说明

AWNG-BP 算法共有内、外两层循环，内层循环是小生境遗传算法的迭代过程，目标是对寻找最优的隐含层的神经元个数，即确定最优的 BP 神经网络结构；外层循环是误差逐步收敛的迭代过程，目标是找到最小的全局误差，完成预测模型的训练或预测任务。

（1）遗传算法初始化。

① 编码：以 AWNG-BP 预测模型隐含层的神经元个数为编码对象，对其进行二进制编码。以隐含层神经元个数的最大经验值作为染色体的长度。其对应的二进制编码中的基因位如果为 0，则说明该节点无效或不存在网络连接；如果为 1，则相应节点存在，其权值有效，要赋予初值，该节点会参与

5.3 基于 AWNG-BP 的预测方法及算例分析

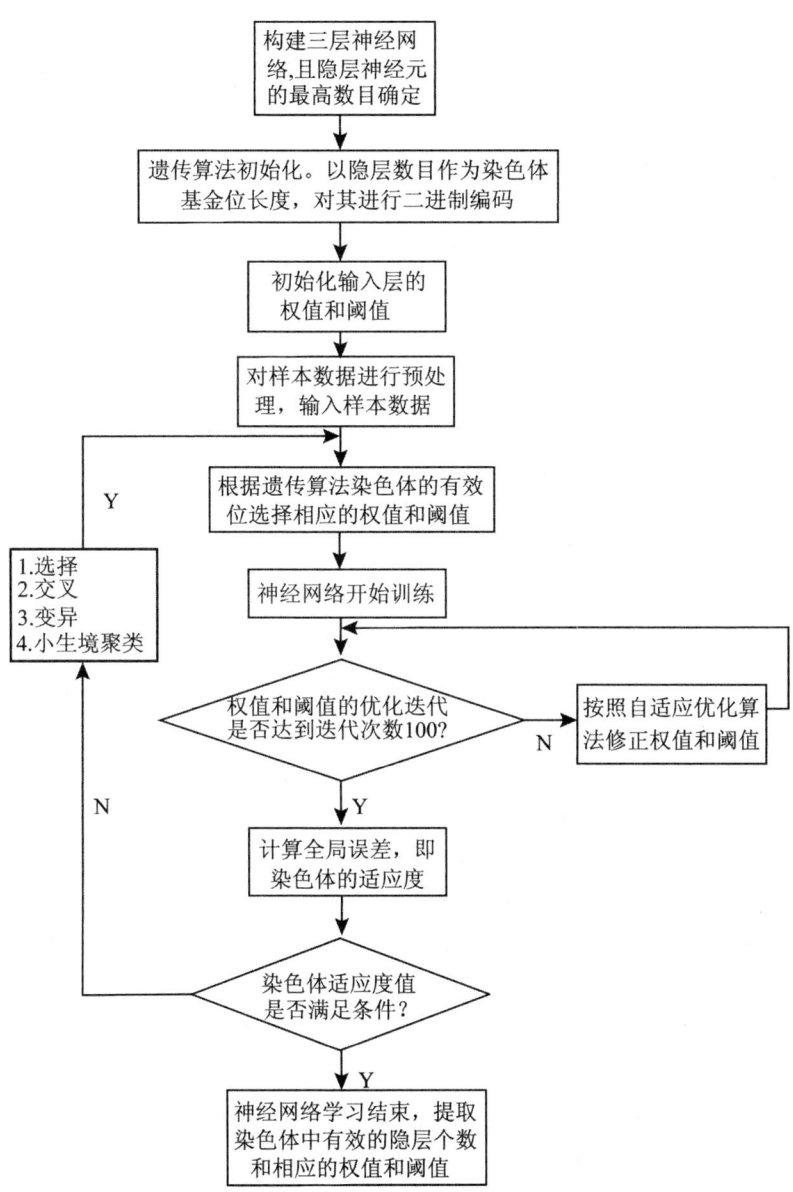

图 5-62 AWNG-BP 预测模型的算法流程

BP 神经网络的训练。

举例：如果隐含层神经元数目的最大经验值为15，则按照15位初始化染色体。假如其中某一个染色体编码为110100110110111，意思即是选择第1、3、4、7、8、10、11、13、14和15个基因位作为隐含层的神经元，即隐含层共有10个神经元。

② 种群初始化：设种群数为m，$m=20$。按种群数随机生成染色体。

(2) 适应度函数：染色体的适应度为误差的倒数。

(3) 选择："锦标赛+轮盘赌"的策略。首先选择适应度值最高的两个染色体，不做交叉和变异和操作，直接进入子代；然后，其余染色体根据适应度值的大小，按照轮盘赌机制进行选择。选择概率为0.8。

(4) 交叉：单点随机交叉。交叉概率为0.95。

(5) 变异：单点随机变异。变异概率为0.05。

(6) 小生境淘汰：在每一代群体中，首先两两比较个体之间的海明距离，即码距。海明距离的公式为：

$$d(x_i, x_j) = \| x_i - x_j \| = \sum_{k=1}^{l} |x_{ik} - x_{jk}| \tag{5-25}$$

其中，k为染色体的基因位，l为基因串的长度。当这个距离在预先指定的距离L之内，即$x_i-x_j \leqslant L$，就对其中适应度较低的个体施加一个较强的惩罚函数，让其适应度值变为一个相对小的数，即：

$$F(\min(x_i, x_j)) = \text{penalty} \tag{5-26}$$

这样，距离在L之内的两个染色体中，较差的个体经过小生境处理后，适应度会变得更差，在后面的进化过程中被淘汰的概率也会变大，也就是说，在距离L之内将只存在一个优良的染色体。这样不仅维护了群体的多样性，还可以使得各染色体之间保持一定的距离，能够在整个约束空间中分散开来，保证了染色体结构的多样性，也即保证了避免陷入局部最优。（如果两个染色体完全相同，则选择任意的一个进行惩罚，这样可以减少染色体的重码率，设：$L=2$，penalty=0.7。

举例说明：10101和00110两个染色体从第一位开始，依次有第一位、第四、第五位不同，则海明距离为3。

(7) AWNG-BP算法权值和阈值的优化和AW-BP算法相同，具体见公式(5-22)~公式(5-24)，这里不再赘述。

(8) 内层循环中权值和阈值的迭代与外层循环中遗传算法的迭代按规定次数进行。

5.3.2 基于AWNG-BP的各种预测模型的算例分析

为了提高预测模型的预测精度,增强预测模型的鲁棒性,同时进行不同预测模型间的比较研究,和前文一样,我们将AWNG-BP预测模型分别与多元回归预测模型、时间序列预测模型以及灰色预测模型进行组合,形成了基于多元回归和AWNG-BP、基于时间序列和AWNG-BP以及基于灰色和AWNG-BP的预测模型,并最后将它们一起组织起来,形成了非线性组合的AWNG-BP预测模型。下面分别对这些预测模型进行计算和分析。

1. 基于多元回归和AWNG-BP预测模型的算例分析

1)模型的结构设计

(1)层次结构:为基于多元回归和AWNG-BP神经网络的预测模型设计一个含有输入层、隐含层和输出层的三层结构。

(2)层间神经元数目:根据前文关于湖北省食品冷链物流系统控制参量的分析,输入层采用9个神经元;隐含层的神经元个数由基于小生境的遗传算法根据实验最终确定;输出层采用1个神经元。

2)数据的处理

(1)数据归一化处理:

输入样本:公式(5-12);

目标样本:公式(5-13)。

(2)数据的修正处理:

输入样本:公式(5-14);

目标样本:公式(5-15)。

(3)数据后处理,即反归一化处理:公式(5-16)。

3)参数设计

(1)传递函数:Sigmoid函数;

(2)权值和阈值:初始权值由随机函数产生;

(3)期望误差:公式(5-21)。

(4)训练过程

(1)基于多元回归和AWNG-BP的预测模型(城镇)的训练过程。

以2000—2009年湖北省食品冷链物流系统(城镇)的状态参量和控制参量的相关数据作为训练样本。设计AWNG-BP算法的内循环分别为100次、200次;外循环分别为100次、200次和300次,对内外循环的次数进行组合，共形成6组基于多元回归和AWNG-BP的训练模型，并根据训练的结果最终确定最适合的隐含层神经元个数。相应的训练收敛情况如图5-63~图5-68所示。

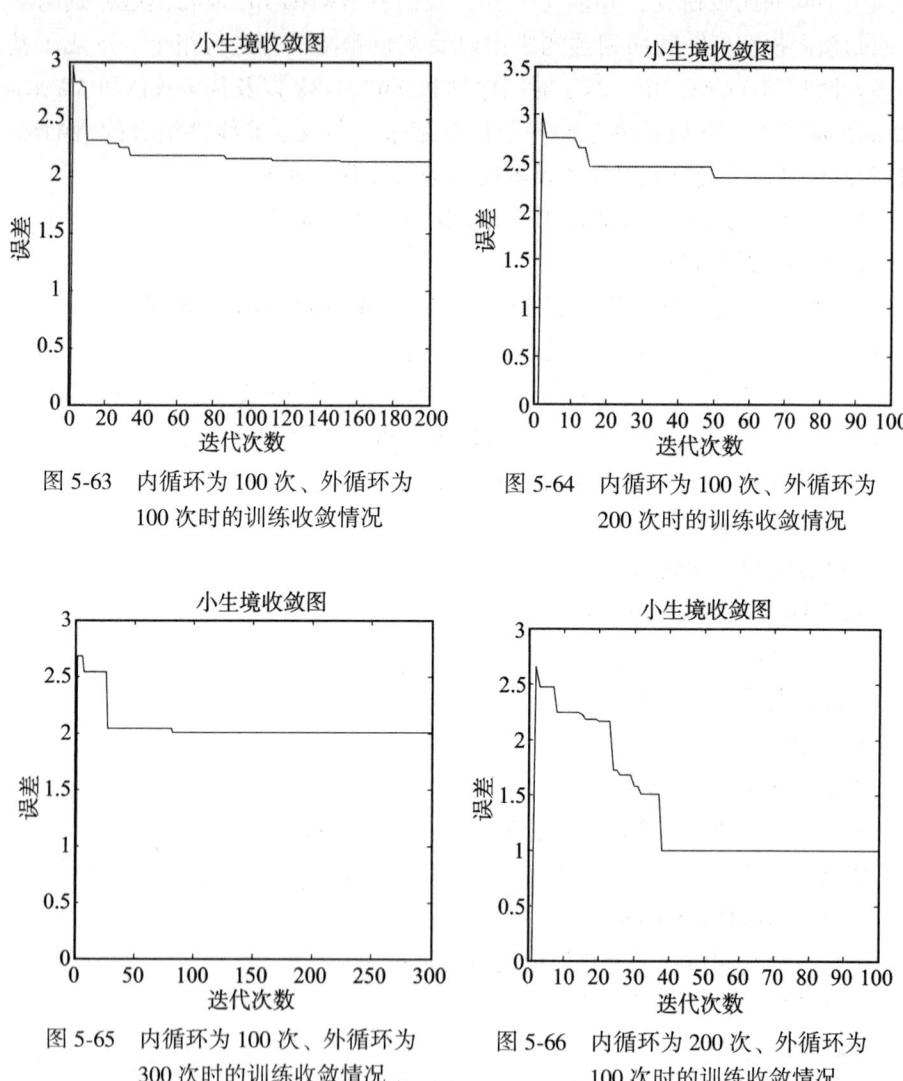

图5-63 内循环为100次、外循环为100次时的训练收敛情况

图5-64 内循环为100次、外循环为200次时的训练收敛情况

图5-65 内循环为100次、外循环为300次时的训练收敛情况

图5-66 内循环为200次、外循环为100次时的训练收敛情况

从训练的结果看，无论内外循环取何值，训练模型的结果均能稳定收敛。从误差和收敛速度的平均值看，当内循环为200、外循环为100时，训练的误

差最小,收敛速度最快。取该训练结果所对应的隐含层神经元个数为13的训练模型作为基于多元回归和AWNG-BP的湖北省食品冷链物流系统(城镇)需求的预测模型。

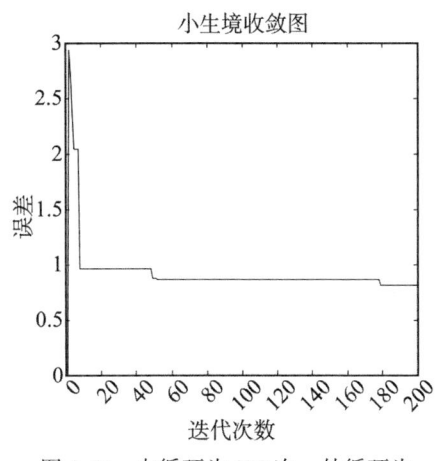

图 5-67　内循环为200次、外循环为200次时的训练收敛情况

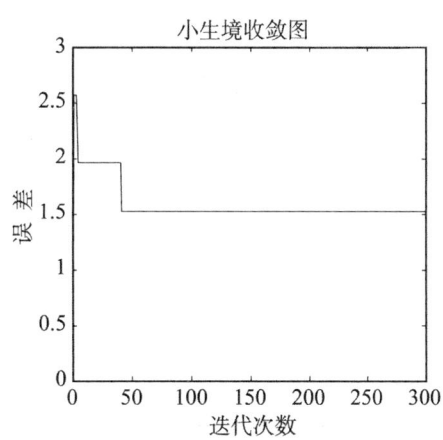

图 5-68　内循环为200次、外循环为300次时的训练收敛情况

(2)基于多元回归和AWNG-BP的预测模型(农村)的训练过程。

以2000—2009年湖北省食品冷链物流系统(农村)的状态参量和控制参量的相关数据作为训练样本。设计AWNG-BP算法的内循环分别为100次、200次;外循环分别为100次、200次和300次,对内外循环的次数进行组合,共形成6组基于多元回归和AWNG-BP的训练模型,并根据训练的结果最终确定最适合的隐含层神经元个数。相应的训练收敛情况如图5-69~图5-74所示。

从训练的结果看,无论内外循环取何值,训练模型均能稳定收敛。从误差和收敛速度的平均值看,当内循环为200、外循环为300时,训练的误差最小,收敛的速度最快。取该训练结果所对应的隐含层神经元个数为11的训练模型作为基于多元回归和AWNG-BP的湖北省食品冷链物流系统(农村)需求的预测模型。

5)误差分析

(1)拟合优度检验:

①样本均方误差(MSE):

城镇部分： $\text{MSE} = \dfrac{1}{n}\sum_{i=1}^{n}(y_i - \hat{y}_i)^2 = 0.0071$

农村部分： $\text{MSE} = \dfrac{1}{n}\sum_{i=1}^{n}(y_i - \hat{y}_i)^2 = 0.0123$

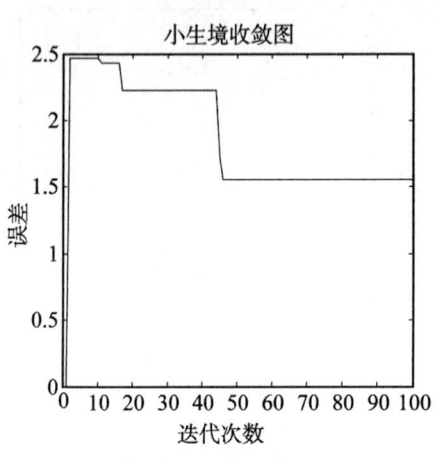

图 5-69 内循环为 100 次、外循环为 100 次时的训练收敛情况

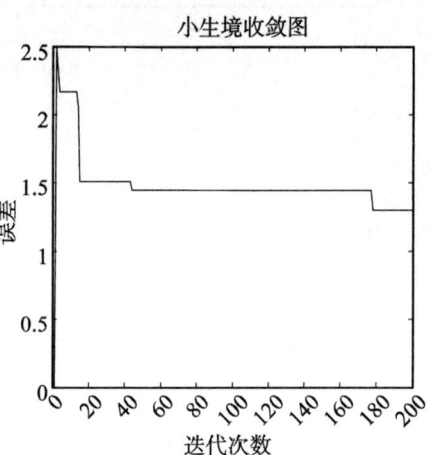

图 5-70 内循环为 100 次、外循环为 200 次时的训练收敛情况

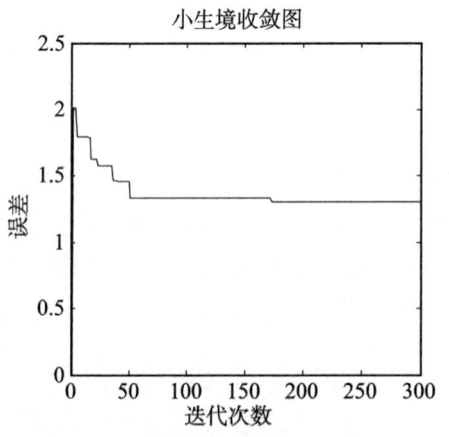

图 5-71 内循环为 100 次、外循环为 300 次时的训练收敛情况

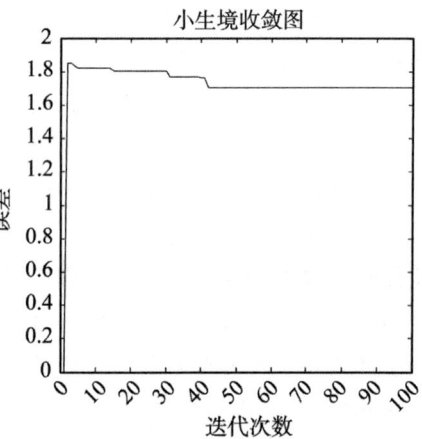

图 5-72 内循环为 200 次、外循环为 100 次时的训练收敛情况

②拟合度(CD)：

城镇部分： $R = \dfrac{\sum\limits_{i=1}^{n}(\hat{y}_i \times y_i)}{\sqrt{\sum\limits_{i=1}^{n}(\hat{y}_i)^2 \times \sum\limits_{i=1}^{n}(y_i)^2}} = 0.9967$

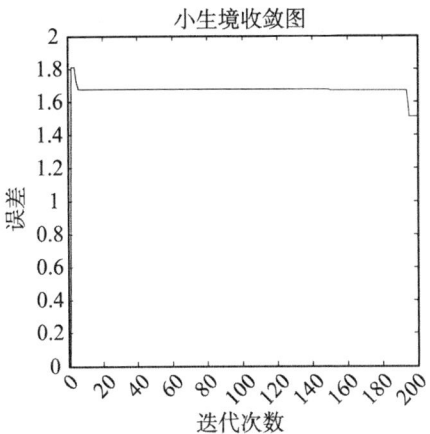

图 5-73　内循环为 200 次、外循环为 200 次时的训练收敛情况

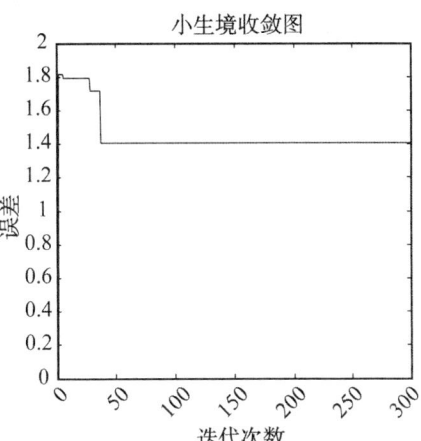

图 5-74　内循环为 200 次、外循环为 300 次时的训练收敛情况

农村部分： $R = \dfrac{\sum\limits_{i=1}^{n}(\hat{y}_i \times y_i)}{\sqrt{\sum\limits_{i=1}^{n}(\hat{y}_i)^2 \times \sum\limits_{i=1}^{n}(y_i)^2}} = 0.9986$

（2）外推检验：

①平均预测误差（MD）：

城镇部分： $\text{MD} = \dfrac{1}{n}\sum\limits_{i=1}^{n}(y_i - \hat{y}_i) = 0.0010$

农村部分： $\text{MD} = \dfrac{1}{n}\sum\limits_{i=1}^{n}(y_i - \hat{y}_i) = 0.0111$

②平均绝对百分误差（MAPE）：

城镇部分： $\text{MAPE} = \dfrac{1}{n}\sum\left|\dfrac{y - \hat{y}}{y} \times 100\%\right| = 2.0900\%$

农村部分： $\text{MAPE} = \dfrac{1}{n}\sum\left|\dfrac{y - \hat{y}}{y} \times 100\%\right| = 3.35215\%$

第5章 基于优化神经网络的湖北省城乡食品冷链物流系统需求预测

从以上各项检验性实验的结果可以看出，基于多元回归和 AWNG-BP 的预测模型的各项性能良好，模型可行、有效，预测精度很高，非常适合于对湖北省城乡食品冷链物流系统的需求进行预测。

6) 预测

(1) 基于多元回归和 AWNG-BP 的预测模型(城镇)的预测结果。

用已经训练好的基于多元回归和 AWNG-BP 的预测模型(城镇)对湖北省食品冷链物流系统(城镇)的需求进行预测，将 2000—2009 年湖北省食品冷链物流系统(城镇)的控制参量的统计数据作为输入，输出为 2000—2014 年的湖北食品冷链物流系统(城镇)总消耗量的预测值。其中，预测结果的拟合和误差结果如图 5-75 所示，预测数据见表 5-33。

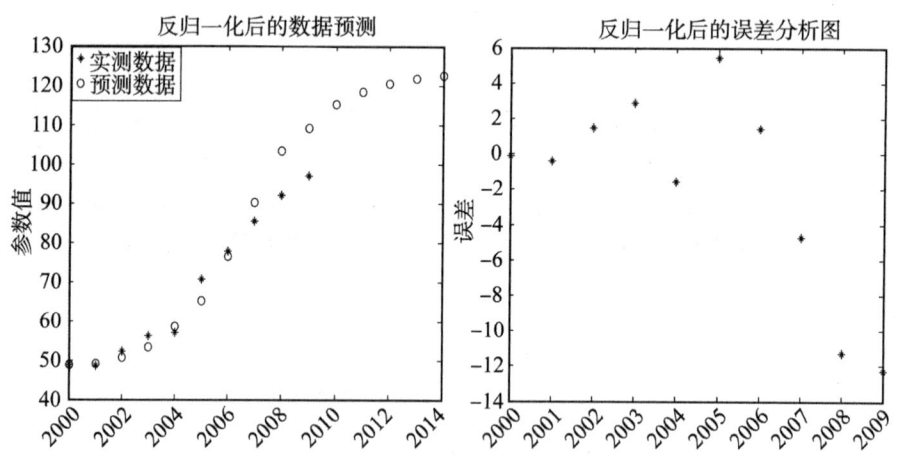

图 5-75　基于多元回归和 AWNG-BP 的预测模型(城镇)预测结果的拟合图和误差图

表 5-33　基于多元回归和 AWNG-BP 预测模型(城镇)的预测数据

年份	2010	2011	2012	2013	2014
预测值	0.9219	0.9307	0.9357	0.9386	0.9404
反归一化值	115.0575	118.3950	120.4650	121.7567	122.5763

(2) 基于多元回归和 AWNG-BP 预测模型(农村)的预测结果。

用已经训练好的基于多元回归和 AWNG-BP 预测模型(农村)对湖北省食

品冷链物流系统(农村)的需求进行预测,将2000—2014年湖北省食品冷链物流系统(农村)的控制参量的统计数据作为输入,输出为2000—2014年的湖北食品冷链物流系统(农村)总消耗量的预测值。其中,预测结果的拟合和误差结果如图5-76所示,预测数据见表5-34。

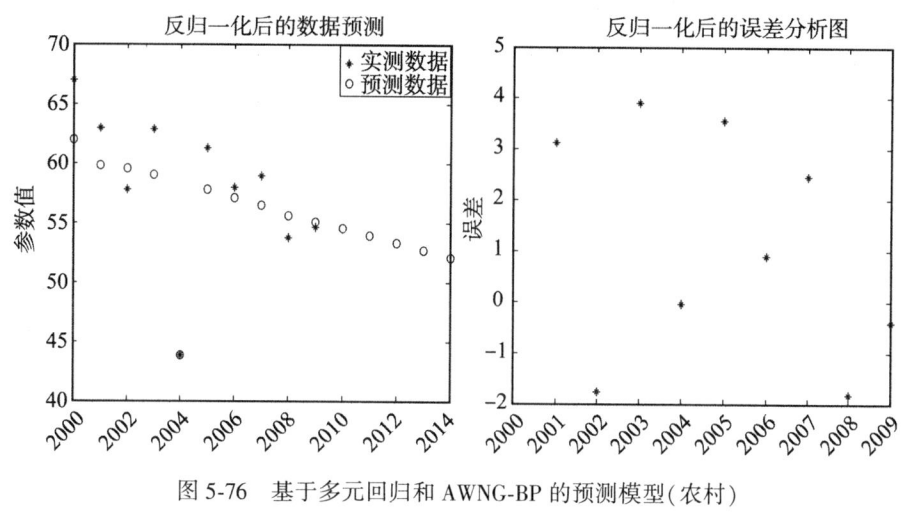

图5-76 基于多元回归和AWNG-BP的预测模型(农村)预测结果的拟合图和误差图

表5-34 基于多元回归和AWNG-BP预测模型(农村)的预测数据

年份	2010	2011	2012	2013	2014
预测值	0.6199	0.6021	0.5832	0.5633	0.5422
反归一化值	54.5515	53.9393	53.3202	52.6954	52.0668

7) 灵敏度分析

面向城乡两个市场的基于多元回归和AWNG-BP的预测模型均有9个输入变量,我们用相同的灵敏度分析方法对这9个变量逐一进行灵敏度分析:将每个输入变量的可变范围平均分为8个阶段,令x_i分别等于这8个阶段的值,即x_i的值依次等于(0.1500, 0.2500, 0.3500, 0.4500, 0.5500, 0.6500, 0.7500, 0.8500)。在x_i的变化过程中,其他8个变量的值始终保持不变,即始终为0.1500。将这些值作为输入,依次输入到已经训练好的基于回归和AWNG-BP预测模型中,在输出层可得到y值,且y值的范围应该在[0, 1]区间。为了直观地对9个输入变量的灵敏度进行比较和分析,我们把9个输入变量对应的输出 y 值在一张图中进行了叠加,具体情况见表5-35、表5-36和图5-77、图5-78。

(1)基于多元回归和AWNG-BP的预测模型(城镇)的灵敏度分析。

表5-35　基于多元回归和AWNG-BP的预测模型(城镇)的灵敏度分析数据

阶段	1	2	3	4	5	6	7	8
x_1	0.1500	0.2500	0.3500	0.4500	0.5500	0.6500	0.7500	0.8500
y_1	0.1440	0.1546	0.1664	0.1797	0.1945	0.2109	0.2291	0.2491
x_2	0.1500	0.2500	0.3500	0.4500	0.5500	0.6500	0.7500	0.8500
y_2	0.1440	0.1517	0.1602	0.1693	0.1792	0.1900	0.2016	0.2140
x_3	0.1500	0.2500	0.3500	0.4500	0.5500	0.6500	0.7500	0.8500
y_3	0.1440	0.1521	0.1612	0.1714	0.1827	0.1953	0.2093	0.2248
x_4	0.1500	0.2500	0.3500	0.4500	0.5500	0.6500	0.7500	0.8500
y_4	0.1440	0.1540	0.1653	0.1778	0.1917	0.2072	0.2243	0.2431
x_5	0.1500	0.2500	0.3500	0.4500	0.5500	0.6500	0.7500	0.8500
y_5	0.1440	0.1543	0.1660	0.1793	0.1942	0.2109	0.2297	0.2505
x_6	0.1500	0.2500	0.3500	0.4500	0.5500	0.6500	0.7500	0.8500
y_6	0.1440	0.1555	0.1686	0.1835	0.2004	0.2195	0.2408	0.2647
x_7	0.1500	0.2500	0.3500	0.4500	0.5500	0.6500	0.7500	0.8500
y_7	0.1440	0.1525	0.1618	0.1721	0.1833	0.1957	0.2092	0.2240
x_8	0.1500	0.2500	0.3500	0.4500	0.5500	0.6500	0.7500	0.8500
y_8	0.1440	0.1536	0.1643	0.1761	0.1892	0.2037	0.2195	0.2369
x_9	0.1500	0.2500	0.3500	0.4500	0.5500	0.6500	0.7500	0.8500
y_9	0.1440	0.1551	0.1677	0.1821	0.1985	0.2170	0.2378	0.2611

(2)基于多元回归和AWNG-BP的预测模型(农村)的灵敏度分析。

表 5-36　基于多元回归和 AWNG-BP 的预测模型(农村)的灵敏度分析数据

阶段	1	2	3	4	5	6	7	8
x_1	0.1500	0.2500	0.3500	0.4500	0.5500	0.6500	0.7500	0.8500
y_1	0.1624	0.1632	0.1643	0.1655	0.1668	0.1684	0.1701	0.1720
x_2	0.1500	0.2500	0.3500	0.4500	0.5500	0.6500	0.7500	0.8500
y_2	0.1624	0.1577	0.1534	0.1493	0.1454	0.1417	0.1383	0.1350
x_3	0.1500	0.2500	0.3500	0.4500	0.5500	0.6500	0.7500	0.8500
y_3	0.1624	0.1647	0.1673	0.1700	0.1728	0.1759	0.1791	0.1826
x_4	0.1500	0.2500	0.3500	0.4500	0.5500	0.6500	0.7500	0.8500
y_4	0.1624	0.1615	0.1607	0.1600	0.1594	0.1589	0.1585	0.1582
x_5	0.1500	0.2500	0.3500	0.4500	0.5500	0.6500	0.7500	0.8500
y_5	0.1624	0.1624	0.1625	0.1627	0.1630	0.1635	0.1640	0.1646
x_6	0.1500	0.2500	0.3500	0.4500	0.5500	0.6500	0.7500	0.8500
y_6	0.1624	0.1595	0.1567	0.1541	0.1517	0.1494	0.1472	0.1452
x_7	0.1500	0.2500	0.3500	0.4500	0.5500	0.6500	0.7500	0.8500
y_7	0.1624	0.2134	0.2867	0.3837	0.4970	0.6106	0.7082	0.7822
x_8	0.1500	0.2500	0.3500	0.4500	0.5500	0.6500	0.7500	0.8500
y_8	0.1624	0.1645	0.1668	0.1691	0.1716	0.1742	0.1770	0.1799
x_9	0.1500	0.2500	0.3500	0.4500	0.5500	0.6500	0.7500	0.8500
y_9	0.1624	0.1597	0.1571	0.1545	0.1521	0.1498	0.1475	0.1454

2. 基于时间序列和 AWNG-BP 的预测模型的算例分析

1) 模型的结构设计

(1) 层次结构：为基于时间序列和 AWNG-BP 的预测模型设计一个含有输入层、隐含层和输出层的三层结构。

(2) 层间神经元数目：为基于时间序列和 AWNG-BP 的预测模型设计训练样本的维度结构，具体见表 5-37。根据训练样本的维度结构可知，输入层有 6 个神经元；隐含层的神经元个数由基于小生境的遗传算法根据实验最终确定；输出层为 1 个神经元。其中，表 5-37 中的年份代表该年份对应的冷链食品的总消耗量。

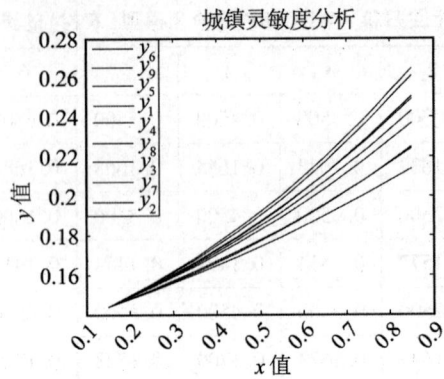

图 5-77　基于多元回归和 AWNG-BP 的预测模型(城镇)的灵敏度曲线
(图像喇叭口边缘处从上到下分别表示的 y 值的次序如图注所示)

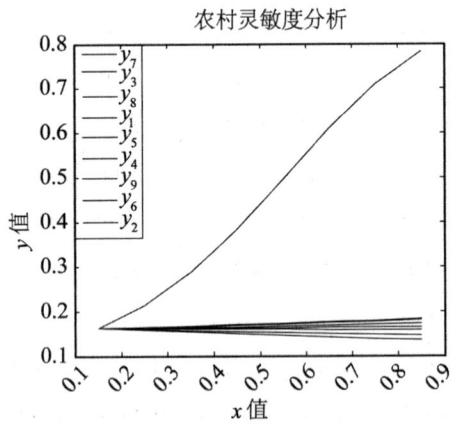

图 5-78　基于多元回归和 AWNG-BP 的预测模型(农村)的灵敏度曲线
(图像喇叭口边缘处从上到下分别表示的 y 值的次序如图注所示)

表 5-37　训练样本的维度结构

样本	输入样本数据						目标输出数据
1	2000	2001	2002	2003	2004	2005	2006
2	2001	2002	2003	2004	2005	2006	2007
3	2002	2003	2004	2005	2006	2007	2008
4	2003	2004	2005	2006	2007	2008	2009

2)数据的处理

(1)数据归一化处理：

输入样本：公式(5-12)；

目标样本：公式(5-13)。

(2)数据的修正处理：

输入样本：公式(5-14)；

目标样本：公式(5-15)。

(3)数据后处理，即反归一化处理：公式(5-16)。

3)参数设定

(1)传递函数：Sigmoid 函数。

(2)权值和阈值：初始权值和阈值由随机函数产生。

(3)期望误差：公式(5-21)。

4)训练过程

(1)基于时间序列和 AWNG-BP 的预测模型(城镇)的训练过程。

以 2000—2009 年湖北省食品冷链物流系统(城镇)食品总消耗量的时间序列数据作为样本数据，以表 5-12 所示的训练样本维度结构进行训练。设计 AWNG-BP 算法的内循环分别为 100 次、200 次；外循环分别为 100 次、200 次和 300 次，对内外循环的次数进行组合，共形成 6 组基于时间序列和 AWNG-BP 的训练模型，并根据训练的结果最终确定最适合的隐含层神经元个数。相应的训练收敛情况如图 5-79~图 5-84 所示。

从训练的结果看，无论内外循环取何值，训练模型均能稳定收敛。从误差和收敛速度的平均值看，当内循环为 200、外循环为 300 时，训练的误差较小，收敛速度最快。因此，取该训练结果所对应的隐含层神经元个数为 10 的训练模型作为基于时间序列和 AWNG-BP 的湖北省食品冷链物流系统(城镇)需求的预测模型。

(2)基于时间序列和 AWNG-BP 的预测模型(农村)的训练过程。

以 2000—2009 年湖北省食品冷链物流系统食品总消耗量(农村)的时间序列数据作为样本数据，以表 5-12 所示的训练样本维度结构进行训练。取初始的 $\eta=0.3$，$\alpha=0.6$，η 和 α 动态自适应调整。设计 AWNG-BP 算法的内循环分别为 100 次、200 次，外循环分别为 100 次、200 次和 300 次，对内外循环的次数进行组合，共形成 6 组基于时间序列和 AWNG-BP 的训练模型，并最后根据训练的结果最终确定最适合的隐含层神经元个数。相应的训练收敛情况如图 5-85~图 5-90 所示。

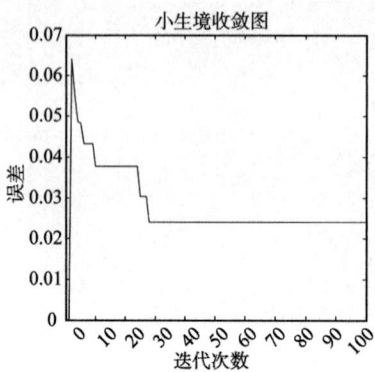

图 5-79　内循环为 100 次、外循环为 100 次时的训练收敛情况

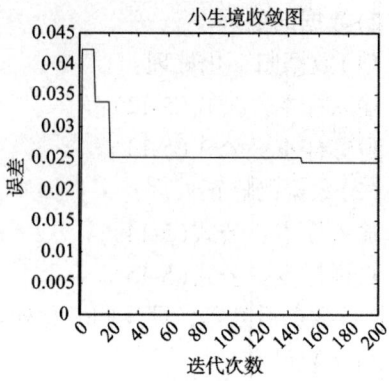

图 5-80　内循环为 100 次、外循环为 200 次时的训练收敛情况

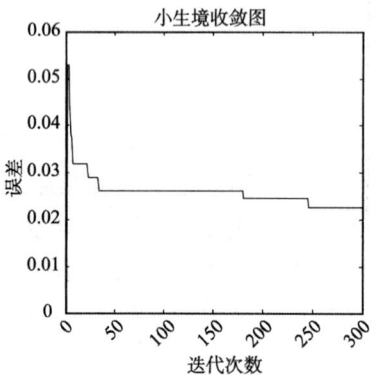

图 5-81　内循环为 100 次、外循环为 300 次时的训练收敛情况

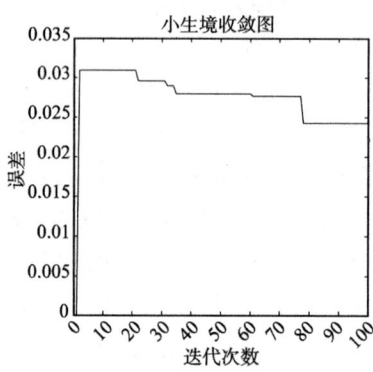

图 5-82　内循环为 200 次、外循环为 300 次时的训练收敛情况

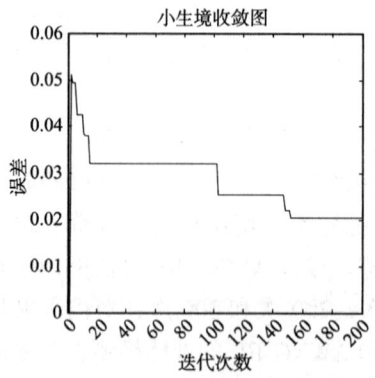

图 5-83　内循环为 200 次、外循环为 200 次时的训练收敛情况

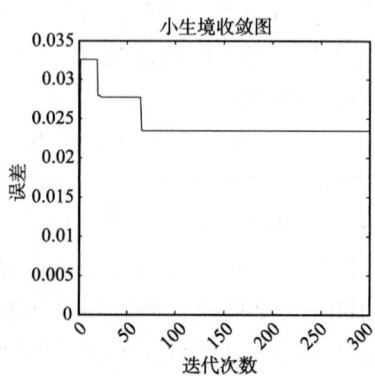

图 5-84　内循环为 200 次、外循环为 300 次时的训练收敛情况

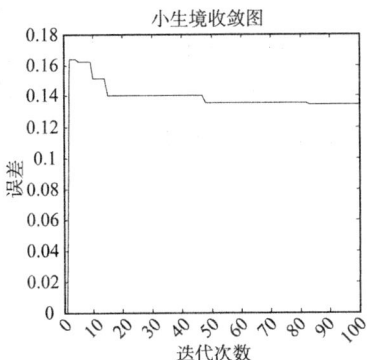

图 5-85 内循环为 100 次、外循环为 100 次时的训练收敛情况

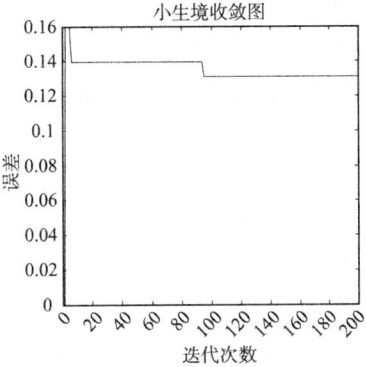

图 5-86 内循环为 100 次、外循环为 200 次时的训练收敛情况

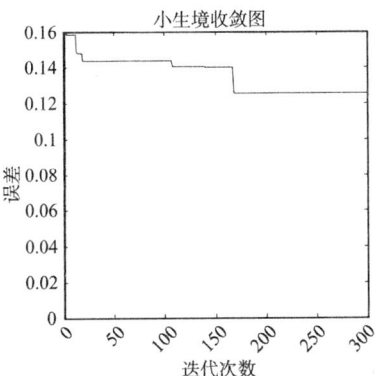

图 5-87 内循环为 100 次、外循环为 300 次时的训练收敛情况

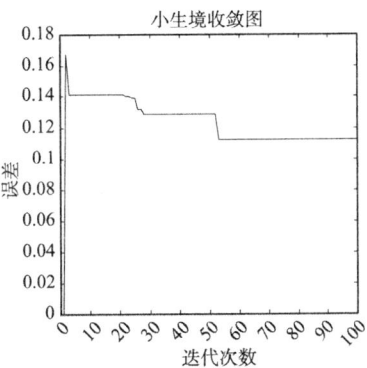

图 5-88 内循环为 200 次、外循环为 100 次时的训练收敛情况

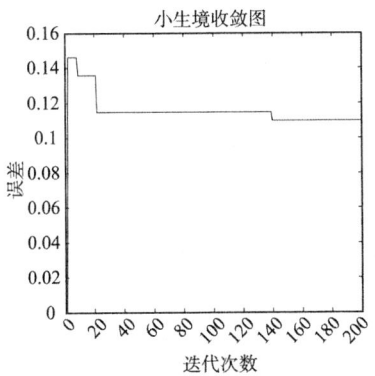

图 5-89 内循环为 200 次、外循环为 200 次时的训练收敛情况

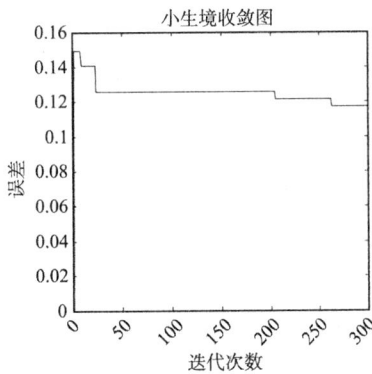

图 5-90 内循环为 200 次、外循环为 300 次时的训练收敛情况

从训练的结果看,无论内外循环取何值,训练模型均能稳定收敛。从误差和收敛速度的平均值看,当内循环为200、外循环为100时,训练的误差最小,收敛速度最快。取该训练结果所对应的隐含层神经元个数为9的训练模型作为基于时间序列和AWNG-BP的湖北省食品冷链物流系统(农村)需求的预测模型。

5) 误差分析

(1) 拟合优度检验:

①样本均方误差(MSE):

城镇部分: $\text{MSE} = \frac{1}{n}\sum_{i=1}^{n}(y_i - \hat{y}_i)^2 = 0.0019$

农村部分: $\text{MSE} = \frac{1}{n}\sum_{i=1}^{n}(y_i - \hat{y}_i)^2 = 2.2237 \times 10^{-4}$

②拟合度(CD):

城镇部分: $R = \dfrac{\sum_{i=1}^{n}(\hat{y}_i \times y_i)}{\sqrt{\sum_{i=1}^{n}(\hat{y}_i)^2 \times \sum_{i=1}^{n}(y_i)^2}} = 0.9999$

农村部分: $R = \dfrac{\sum_{i=1}^{n}(\hat{y}_i \times y_i)}{\sqrt{\sum_{i=1}^{n}(\hat{y}_i)^2 \times \sum_{i=1}^{n}(y_i)^2}} = 1.0000$

(2) 外推检验:

①平均预测误差(MD):

城镇部分: $\text{MD} = \frac{1}{n}\sum_{i=1}^{n}(y_i - \hat{y}_i) = -7.4932 \times 10^{-4}$

农村部分: $\text{MD} = \frac{1}{n}\sum_{i=1}^{n}(y_i - \hat{y}_i) = 5.2196 \times 10^{-6}$

②平均绝对百分误差(MAPE):

城镇部分: $\text{MAPE} = \frac{1}{n}\sum\left|\frac{y-\hat{y}}{y} \times 100\%\right| = 0.2844\%$

农村部分: $\text{MAPE} = \frac{1}{n}\sum\left|\frac{y-\hat{y}}{y} \times 100\%\right| = 0.0368\%$

从以上各项检验性实验的结果可以看出,基于时间序列和AWNG-BP的预测模型的各项性能良好,模型可行、有效,预测精度很高,非常适合于对湖北省城乡食品冷链物流系统的需求进行预测。

6) 预测

(1) 基于时间序列和 AWNG-BP 的预测模型(城镇)的预测结果。

用已经训练好的基于时间序列和 AWNG-BP 的预测模型(城镇)对湖北省食品冷链物流系统(城镇)的需求进行预测,将 2000—2013 年湖北省冷链食品的总消耗量(城镇)作为基于时间序列和 AWNG-BP 的预测模型(城镇)的输入,输出为 2000—2014 年的湖北省食品冷链物流系统(城镇)冷链食品总消耗量的预测值①。其中预测结果的拟合和误差结果如图 5-91 所示,预测数据见表 5-38。

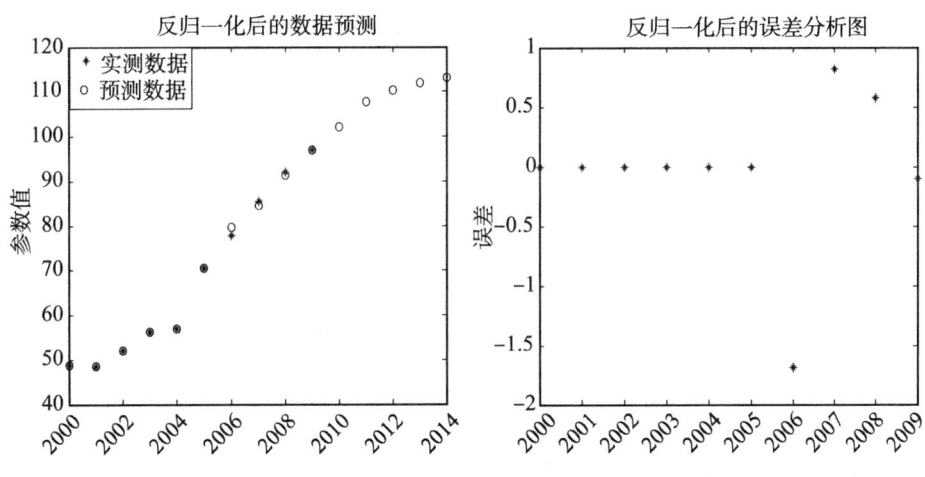

图 5-91 基于时间序列和 AWNG-BP 预测模型(城镇)
预测结果的拟合图和误差图

表 5-38 基于时间序列和 AWNG-BP 预测模型(城镇)的预测数据

年份	2010	2011	2012	2013	2014
预测值	0.8762	0.8982	0.9072	0.9124	0.9161
反归一化值	102.2181	107.6605	110.2522	111.8351	113.0525

---

① 说明:2010—2013 年城镇冷链食品消耗量既是系统输出的预测值,同时也是计算 2011—2014 年城镇冷链食品消耗量预测值的输入。

(2)基于时间序列和 AWNG-BP 预测模型(农村)的预测结果。

用已经训练好的基于时间序列和 AW-BP 的预测模型(农村)对湖北省食品冷链物流系统(农村)的需求进行预测,将 2000—2013 年湖北省冷链食品的总消耗量(农村)作为基于时间序列和 AW-BP 的预测模型(农村)的输入,输出为 2000—2014 年的湖北食品冷链物流系统(农村)冷链食品总消耗量的预测值①。其中,预测结果的拟合和误差结果如图 5-92 所示,预测数据见表 5-39。

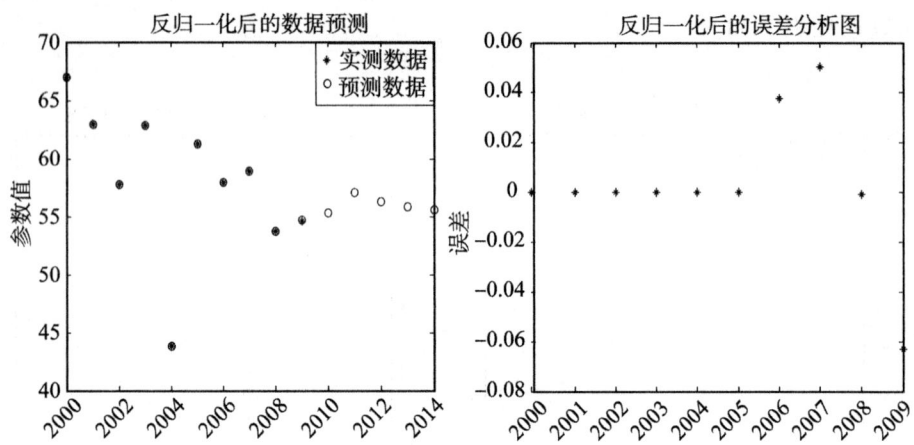

图 5-92 基于时间序列和 AWNG-BP 预测模型(农村)预测结果的拟合图和误差图

表 5-39 基于时间序列和 AWNG-BP 预测模型(农村)的预测数据

年份	2010	2011	2012	2013	2014
预测值	0.6417	0.6857	0.6655	0.6536	0.6478
反归一化值	55.3411	57.0908	56.2566	55.7914	55.5682

3. 基于灰色和 AWNG-BP 的预测模型的算例分析

1)模型的结构设计

---

① 说明:2010—2013 年农村冷链食品消耗量既是系统输出的预测值,同时也是计算 2011—2014 年农村冷链食品消耗量预测值的输入。

（1）层次结构：为基于灰色和 AWNG-BP 的预测模型设计一个含有输入层、隐含层和输出层的三层结构。

（2）层间神经元数目：训练样本的维度结构见表 5-37。其中，表 5-37 中的年份代表该年份对应的冷链食品消耗量的灰色生成值。由训练样本的维度结构可知，输入层共有 6 个神经元；隐含层的神经元个数由基于小生境的遗传算法根据实验最终确定；输出层为 1 个神经元。

2）数据的处理

(1)数据归一化处理：

输入样本：公式(5-12)；

目标样本：公式(5-13)。

(2)数据的修正处理：

输入样本：公式(5-14)；

目标样本：公式(5-15)。

(3)数据后处理，即反归一化处理：公式(5-16)。

3）参数设定

（1）传递函数：Sigmoid 函数。

（2）权值和阈值：初始权值由随机函数产生。

（3）期望误差：公式(5-21)。

4）训练过程

（1）基于灰色和 AWNG-BP 的预测模型(城镇)的训练过程。

以 2000—2009 年湖北省食品冷链物流系统(城镇)食品总消耗量的灰色预测值作为样本数据和表 5-12 所示的训练样本维度结构进行训练。设计 AWNG-BP 算法的内循环分别为 100 次、200 次；外循环分别为 100 次、200 次和 300 次，对内外循环的次数进行组合，共形成 6 组基于灰色和 AWNG-BP 的训练模型，并根据训练的结果最终确定最适合的隐含层神经元个数。相应的训练收敛情况如图 5-93~图 5-98 所示。

从训练的结果看，无论内外循环取何值，训练模型均能稳定地收敛。从误差和收敛速度的平均值看，当内循环为 100、外循环为 300 时，训练的误差最小，收敛速度最快。取该训练结果所对应的隐含层神经元个数为 10 的训练模型作为基于灰色和 AWNG-BP 的湖北省食品冷链物流系统(城镇)需求的预测模型。

（2）基于灰色和 AWNG-BP 的预测模型(农村)的训练过程

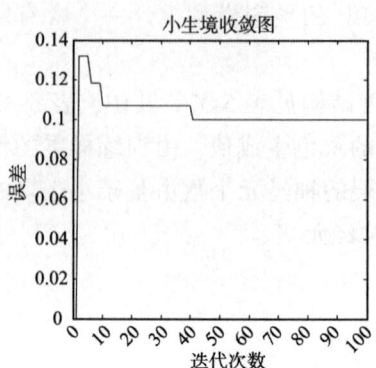

图 5-93 内循环为 100 次、外循环为 100 次时的训练收敛情况

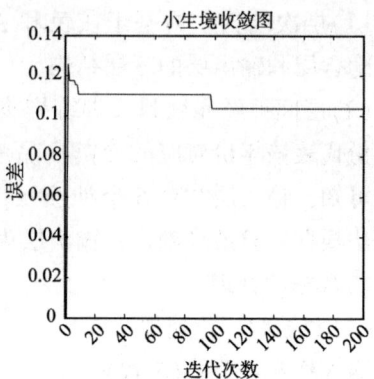

图 5-94 内循环为 100 次、外循环为 200 次时的训练收敛情况

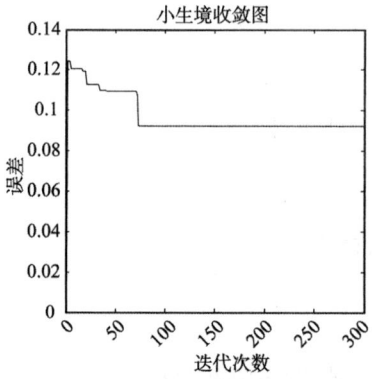

图 5-95 内循环为 100 次、外循环为 300 次时的训练收敛情况

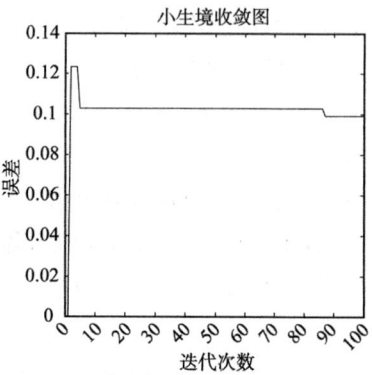

图 5-96 内循环为 200 次、外循环为 100 次时的训练收敛情况

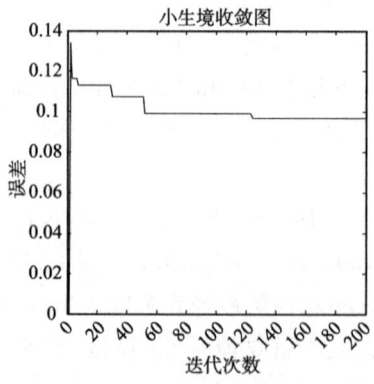

图 5-97 内循环为 200 次、外循环为 200 次时的训练收敛情况

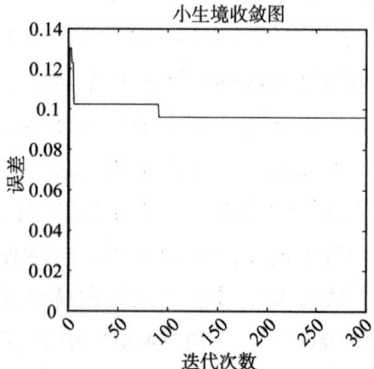

图 5-98 内循环为 200 次、外循环为 300 次时的训练收敛情况

5.3 基于 AWNG-BP 的预测方法及算例分析

以 2000—2009 年湖北省食品冷链物流系统(农村)食品总消耗量的灰色预测值作为训练样本，以表 5-12 所示的训练样本维度结构进行训练。取初始的 $\eta=0.3$，$\alpha=0.6$，η 和 α 动态自适应调整。设计 AWNG-BP 算法的内循环分别为 100 次、200 次；外循环分别为 100 次、200 次和 300 次，对内外循环的次数进行组合，共形成 6 组基于灰色和 AWNG-BP 的训练模型，并根据训练的结果最终确定最适合的隐含层神经元个数。相应的训练收敛情况如图 5-99～图 5-104 所示。

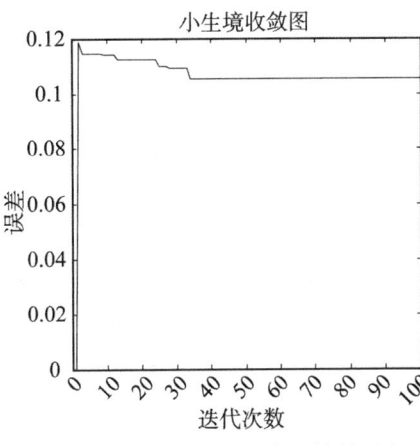

图 5-99 内循环为 100 次、外循环为 100 次时的训练收敛情况

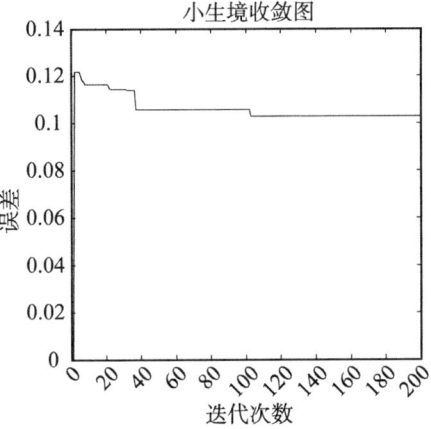

图 5-100 内循环为 100 次、外循环为 200 次时的训练收敛情况

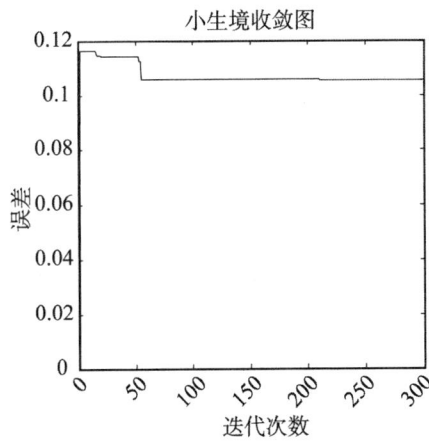

图 5-101 内循环为 100 次、外循环为 300 次时的训练收敛情况

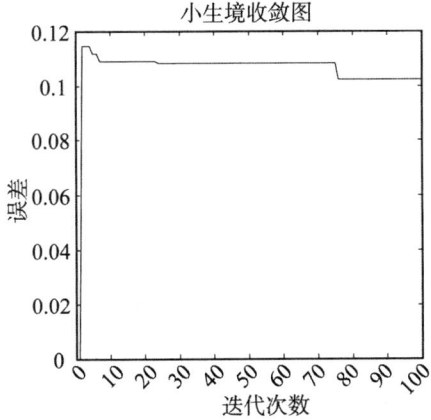

图 5-102 内循环为 200 次、外循环为 100 次时的训练收敛情况

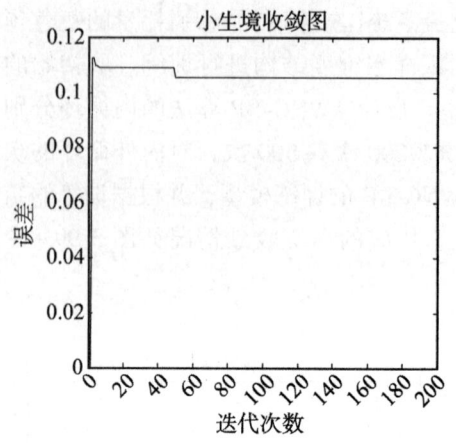
图 5-103　内循环为 200 次、外循环为
200 次时的训练收敛情况

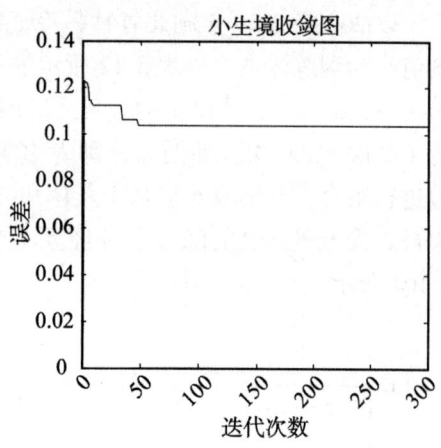
图 5-104　内循环为 200 次、外循环为
300 次时的训练收敛情况

从训练的结果看,无论内外循环取何值,训练模型均能稳定收敛。从误差和收敛速度的平均值看,当内循环为 200、外循环为 300 时,训练的误差最小,收敛速度最快。取该训练结果所对应的隐含层神经元个数为 10 的训练模型作为基于灰色和 AWNG-BP 的湖北省食品冷链物流系统(农村)需求的预测模型。

5)误差分析

(1)拟合优度检验:

①样本均方误差(MSE):

城镇部分: $\mathrm{MSE} = \dfrac{1}{n} \sum\limits_{i=1}^{n} (y_i - \hat{y}_i)^2 = 0.0173$

农村部分: $\mathrm{MSE} = \dfrac{1}{n} \sum\limits_{i=1}^{n} (y_i - \hat{y}_i)^2 = 0.0166$

②拟合度(CD):

城镇部分: $R = \dfrac{\sum\limits_{i=1}^{n} (\hat{y}_i \times y_i)}{\sqrt{\sum\limits_{i=1}^{n} (\hat{y}_i)^2 \times \sum\limits_{i=1}^{n} (y_i)^2}} = 0.9992$

农村部分: $R = \dfrac{\sum\limits_{i=1}^{n} (\hat{y}_i \times y_i)}{\sqrt{\sum\limits_{i=1}^{n} (\hat{y}_i)^2 \times \sum\limits_{i=1}^{n} (y_i)^2}} = 0.9985$

(2) 外推检验：

①平均预测误差(MD)：

城镇部分： $MD = \frac{1}{n}\sum_{i=1}^{n}(y_i - \hat{y}_i) = 0.0462$

农村部分： $MD = \frac{1}{n}\sum_{i=1}^{n}(y_i - \hat{y}_i) = 0.0234$

②平均绝对百分误差(MAPE)：

城镇部分： $MAPE = \frac{1}{n}\sum\left|\frac{y-\hat{y}}{y}\times 100\%\right| = 4.6237\%$

农村部分： $MAPE = \frac{1}{n}\sum\left|\frac{y-\hat{y}}{y}\times 100\%\right| = 4.2779\%$

从以上各项检验性实验的结果可以看出，基于灰色和AWNG-BP的预测模型的各项性能良好，模型可行、有效，预测精度很高，非常适合于对湖北省城乡食品冷链物流系统的需求进行预测。

6)预测

(1)基于灰色和AWNG-BP预测模型(城镇)的预测结果

用已经训练好的基于灰色和AWNG-BP的预测模型(城镇)对湖北省食品冷链物流系统(城镇)需求进行预测，将2000—2013年湖北省冷链食品的总消耗量(城镇)的灰色预测值作为基于灰色和AWNG-BP预测模型(城镇)的输入，输出为2000—2014年的湖北食品冷链物流系统(城镇)冷链食品总消耗量的预测值。其中，预测结果的拟合和误差结果如图5-105所示，预测数据见表5-40。

表5-40　基于灰色和AWNG-BP预测模型(城镇)的预测数据

年份	2010	2011	2012	2013	2014
预测值	0.6716	0.7132	0.7454	0.7691	0.7866
反归一化值	108.3569	117.0470	124.6745	130.9339	136.0156

(2)基于灰色和AWNG-BP预测模型(农村)的预测结果。

用已经训练好的基于灰色和AWNG-BP的预测模型(农村)对湖北省食品冷链物流系统(农村)需求进行预测，将2000—2013年湖北省冷链食品的总消耗量(农村)的灰色预测值作为基于灰色和AWNG-BP预测模型(农村)的输入，输出为2000—2014年的湖北食品冷链物流系统(农村)冷链食品总消耗量的预测值。其中，预测结果的拟合和误差结果如图5-106所示，预测数据见表5-41。

表 5-41 基于灰色和 AWNG-BP 的预测模型(农村)的预测数据

年份	2010	2011	2012	2013	2014
预测值	0.3876	0.3654	0.3461	0.3278	0.3146
反归一化值	54.3854	54.0657	53.7980	53.5520	53.3775

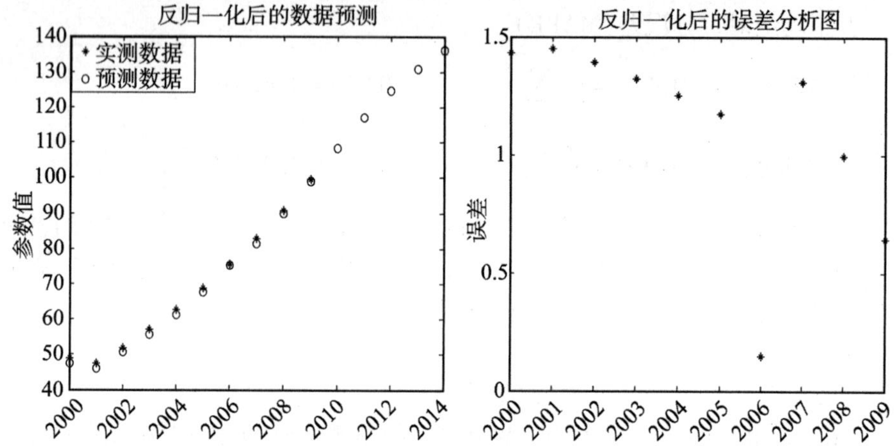

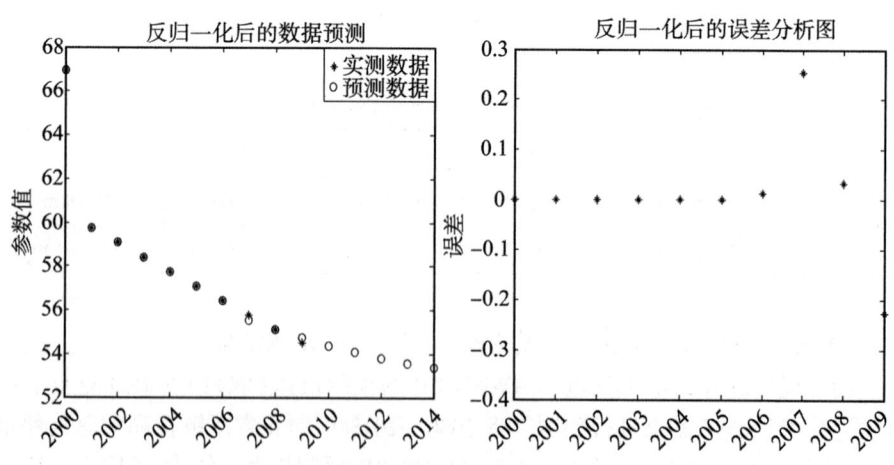

图 5-105 基于灰色和 AWNG-BP 的预测模型(城镇)的预测结果的拟合图和误差图

图 5-106 基于灰色和 AWNG-BP 的预测模型(农村)预测结果的拟合图和误差图

第6章 基于系统序参量的湖北省城乡食品冷链物流系统需求预测

6.1 系统论基础

6.1.1 系统和系统论

1. 系统

"系统"一词源于希腊,是指宇宙纷繁且具有共性的部分事物共同占据的位置,即部分构成了整体[181]。系统科学的开创者——美国理论生物学家L. V. 贝塔朗菲(Ludwing Von Bertalanffy)[182]基于亚里士多德"整体大于部分总和"的观点,认为"系统是相互作用的诸要素的综合体,其客体是这些要素的集合",并依次提出了"系统"、"系统论"和"一般系统原理"[183],奠定了"系统"科学的理论基础。根据《现代汉语词典》对"系统"的解释:"系"即"关系、联系","统"即"有机的统一","系统"即为"具有关系事物的有机统一"。

目前在研究领域,关于"系统"的定义和研究的角度都不尽相同。

从"系统"的构成角度看,拉兹洛[184]认为系统是按一定方式有秩序的排列、联系,并形成具有整体性的某种统一体的诸元素的集合。拉波波特[185]在拉兹洛"系统整体性"的基础上,认为"系统"具体明显的层次性、复合性、整体性。他认为,相互联系的元素组成了具有整体性,且和周边环境融于一体的"系统"。任何系统通常都是上一级系统的组成元素,同时,它的组成元素也构成一个更低级的系统。《韦氏词典》将"系统"解释为:各种要素以有规则的相互作用和依存形式,形成有组织的整体。

从"系统"的目的和功能的角度看,R. 吉布松认为系统的目的在于依靠协作的方式实现预计的功能,系统是互相作用的诸元素整体化的总和;日本的JIS工业标准将"系统"界定为:许多组成要素保持有机的秩序,具有某一共同目标的行动事物。我国理论界普遍将"系统"定义为：系统是由相互作用和相互依赖的若干组成部分（要素）结合而成的，具有特定功能的有机整体[186]。

综上，可以将"系统"解释为：将两个或两个以上相互区别或作用的单元有机结合起来，形成具有某些功能或实现完成某些目标的综合体。

系统的内涵[187,188]：

(1)系统具有整体性，但同时又是可分割的。系统由若干有机部分组成，组成之后的整体能够体现部分不具有的功能，同时又可以再分割为若个部分。

(2)系统具有层次性。系统中不同的组成部分既可以看成是系统的要素，也可以看成是系统之下另外一个层级的子系统，即任意一个系统既可以是上一个层级系统的子系统，又可以继续被分割成更小的子系统。例如，一个班级就是一个系统，它既是院系这个系统中的子系统，同时班级下还有小组这个子系统。

2. 系统论

系统论[189]是关于事物整体性的一般科学，是研究系统的一般模式、结构和规律的理论和方法。系统论研究各种系统的共同特征，具有精致纯粹的数理逻辑形态，适用于各种经验科学，是一门可以用数学方法定量地描述其功能，寻求并确立适用于一切系统的原理、原则和数学模型的科学。系统论的思想源远流长，L. V. 贝塔朗菲在提出"系统论"这一概念30年后，出版了专著《一般系统理论基础、发展和应用》(General System Theory Foundations, Development, Applications)确立了系统论的科学地位，该书被公认为是系统论科学的代表作。

系统论的基本思想是指将符合条件的研究对象视为一个特定的系统，通过分析该系统的要素、结构和功能，研究系统内外的影响机制和变动规律，并以系统优化的观点处理其产生的问题[190]。在系统论出现之前，研究问题的思路基本上是基于笛卡儿的基础理论分析方法，即把事物分解成若干部分，概括抽象出部分中最具有特征的因素，再以部分的特征性质说明复杂事物。基础理论分析方法来源于因果决定论，在该理论中起决定性作用的是局部或是部分要素。虽然人们使用这种方法已经几百年了，并在特定范围内行之有效，但是它不能真实全面地反映事物的整体性，不能清晰地说明事物之间的联系和作用，无法胜任现代科学在整体化和高度综合化发展的趋势下，人类所面临的许多规模巨大、参数众多、关系繁杂的复杂系统问题。L. V. 贝塔朗菲对基础理论的观点十分不认同，他反对那种以局部说明整体的机械论观点，并认为任何系统都应该是一个有机的整体,而不应该只是各个部分的机械组合或简单相加。系统中的各要素都有特定的位置,发挥着特定的作用,但它们并不孤立存在,它们之间的相互作用和影响形成了系统的秩序和结构,体现出特定的、在各要素的孤立状态下不具备的功能,构成了不可分割的整体。

由此可见,相较于笛卡儿的基础理论分析方法在复杂系统问题面前的捉襟见肘,系统论则能够统观全局,清晰地反映现代科学发展的趋势和社会化大生产的复杂性和特点。因此,系统论是以复杂系统为研究对象的新型学科群的统称,是人类科学的一个新的维度[191]。当前,系统和系统论已经渗透到现代社会的政治、经济、军事、科学、文化等各个领域,并发挥着巨大的作用。

6.1.2 系统构成

系统是由各种基本要件构成的,这些基本要件主要包括要素、结构、功能和环境。各要件在不同的系统中会呈现出具体而复杂的表现形态。

1. 要素

要素是构成系统的基本单元和基础。要素和系统之间是部分与整体、组成与被组成的关系。一方面,要素的特征和功能决定着系统的特征和功能;另一方面,系统的发展变化也会反馈给要素,引起要素自身的变化。从某种程度上说,部分就是整体,整体就是部分。但是部分又不是整体,整体又不是部分,二者是辩证的统一[192]。贝塔朗菲认为系统是一个综合复杂体,是由相互联系和作用的各要素组成。要素与要素之间、要素和系统之间存在着相互作用,由此形成系统的整体性。简单地说,任何两个相互有关联的要素组织在一起即可组成系统。在各个具体的系统内部,要素的存在形式各异,其在整个系统中的作用是通过运动变化和发展的动态过程表现出来,往往在大多数情况下是不一致的,有时处于中心地位,有时处于次要地位,有时起到了正面的作用,有时起到了负面作用。越是高级复杂的系统,这种差别和作用就表现得越明显。

要素决定了系统的基本特性:

第一,要素具有多元性。最小的系统是由两个相互联系的要素组成,称为二要素系统。多个相互关联的要素组成的系统称为多要素系统。含有无穷多要素的系统称为无限系统。

第二,要素具有相关性。要素与要素之间、要素与系统之间的关系是紧密耦合的,存在着千丝万缕的联系。系统内的要素都有自己存在的位置,具有自己的功能,都和其他的要素发生联系。没有要素是孤立存在的,系统也不可能含有完全独立的要素和子系统。

第三,要素具有整体性。系统是多元和相关的,因此系统也是整体的和统一的。一个特定的系统有完整的形态:清晰的系统边界、独立的系统结构、典型的系统特征、一致的系统行为、健全的系统功能以及完备的系统空间和时间。系统的角度就是整体性的角度,系统的观点就是整体性的观点,即要对研究对象采取整体性的研究思维和方法。

2. 结构

要素之间的联系方式称为系统的结构。从不同的角度看,要素之间的联系方式具有不同的形态和特征。比如:有空间和时间方式的联系,有离散和连续方式的联系,有确定和模糊方式的联系,有动态和静态方式的联系,等等。简言之,系统的结构是指系统内部各要素间有机的联系形式及其在空间上的排列次序。每个系统必然存在自己的结构,有时系统甚至会同时具有多种不同的结构[193]。系统的结构是客观存在的,是能够被人们认识和理解的。不同的系统结构有不同的内容、层次和作用。只有正确认识系统的结构,我们才能够深入理解系统的运行方式和目标。

一般说来,要素间的相互作用和联系方式确定之后,就会形成系统的结构,进而形成系统的整体性质与功能。要素之间不同的联系方式对系统的形成和运行的影响是不一样的。有时些许的差别会引起相去甚远的结果,但考虑所有要素之间的细微联系,既无必要也无可能[194]。通常的做法是忽略掉突发的、次要的、细微的、无任何规则可循的联系,而将相对主要的、稳定的、有一定规则的联系方式视为系统的结构,并对其进行研究。因此,我们只有真正地理解了系统的各个要素及其之间主要的相互关系,掌握了系统的结构及其运动规律,才能使系统朝着我们预期的方向和目标发展。

3. 功能

功能是指系统表现出来的能动作用或效能。系统的功能通过系统的行为表现,通过功能对象的变化幅度度量。系统的功能会触发系统边界之外,即系统所处的环境中一些事物的变化。在外界环境中被系统功能改变的事物称为系统的功能对象。系统的功能有积极和消极两个方面的作用,无论系统表现出来的是哪个方面的功能,都是系统有序性、统一性和整体性的体现。如果系统的有序统一性被破坏,就会造成系统功能的紊乱,影响系统的存在与效能的发挥[195]。系统的功能具有多样化的特征。一般来说，系统都具有多种功能，每种功能都有相应的作用，有时是单一的功能在发挥作用，有时是多种功能组合在一起发挥作用系统的功能，需要我们在实际工作中针对具体问题进行有目的的设计或开发。

4. 环境

环境是系统边界之外与系统存在物质、能量和信息交换的一切事物。所有真实存在的系统都处于一定的环境当中，系统是环境的一部分，受环境的影响，同时也影响环境的保持和发展。稳定存在的系统能够在其内部矛盾的作用下适应和改造环境；而环境也能通过与系统的物质、能量和信息的交换影响和改变系统的状态。因此，系统的产生、存在和消失是环境之中经常出现的现象。可以依据我们的目标和期望对系统进行制定、创建、修复、挽留和取消。

5. 要素、结构、功能与环境之间的关系

图 6-1 说明了要素、结构、功能与环境之间的关系。

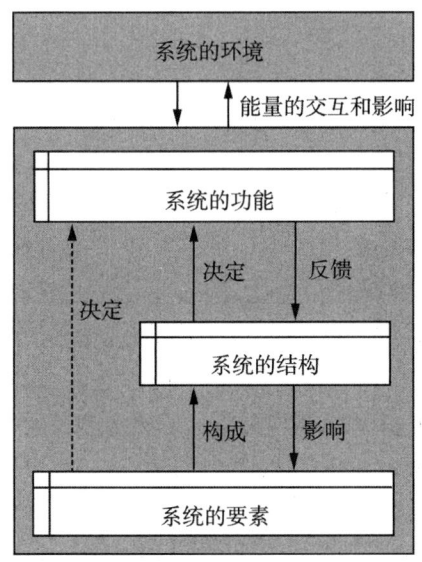

图 6-1　系统的要素、结构、功能和环境之间的关系

第一，要素是系统的基本构成单位，是系统存在的基础和载体，一个系统至少由两个以上要素(部分、元素)组成。

第二,要素间的相互联系形成了系统的结构。结构不能脱离要素独立存在,要素和结构是构成系统的两个缺一不可的部分,只有给定要素和结构两个要件,才能确定一个系统。系统是要素与结构的统一,要素与结构一起称为系统的内部结构。

第三,系统的要素、结构和功能具有对应关系。系统的功能由要素和结构共同决定。如果要素性能水平低,无论具备何种优化的结构,都无法实现高效可靠地系统;反之,即使要素性能水平高,如果结构质量差,也无法形成具有一定素质和功能的系统。同时,即使是同样或相近的要素,如果按不同结构组织起来,系统也会产生出性质不同的功能,会体现出优劣高低之分。

第四,系统的功能与环境密切有关。首先,系统的功能对象存在于环境之中,系统功能可以为环境中的功能对象提供不同的服务;其次,系统功能的实现需要在环境中选择正确的功能对象,否则系统功能无法实现或出现功能紊乱现象;再次,不同的环境会影响系统运行,可能会对系统功能的发挥产生正面或是负面的影响。

6.1.3 动态系统理论

1. 静态系统和动态系统

一般来说,系统可以分为静态系统和动态系统[196、197]。

1) 静态系统

如果系统从一个状态转化到另外一个状态时不需要时间,即系统的状态改变可以在瞬间完成,则该系统称为静态系统。这意味着系统有无限多的储能能够被利用,系统的输出与它过去的状态无关,只取决于同时刻的激励信号。但实际上,任何系统的状态转移都需要一定的过渡时间,不可能在一瞬间完成,也就是说纯粹的静态系统是不可能存在的。但在某些特定的时刻和场合下,系统状态的转移时间非常短暂,几乎可以忽略不计。在这种情况下,可以近似地认为静态系统是存在的。也就是说,从严格意义上理解,一切实际存在的系统都是动态系统,静态系统只是动态系统被理想化的一种状态。由于静态系统不存在状态转移的过程,描述、分析和处理过程都相对简单,因此有时为了研究的简单化,在适当的情况下,可以将目标系统理想化为一个静态系统。

2) 动态系统

系统中存在要素间复杂的相互作用,使得系统总是处于不断运动变化之中，这种变化是系统在无序与有序、平衡与非平衡之间的转化。这种经历过产生、维持和消失的不可逆演化过程的系统即为动态系统。换言之，系统存在的本质是一个动态过程，系统的要素是动态过程的内部原因；系统的结构是动态过程的外部表现。一个系统的动态演化过程包括了其子系统的动态演化过程，子系统的动态变化构成了系统演化过程中的一个环节或一个阶段。

动态系统的提出，确立了现代科学在方法论上的动态性原则，也被称为历时性原则。虽然在研究中，我们有时为了简化问题，会将某些系统理想化为"孤立系统"(系统与环境之间既没有能量交换和质量交换的系统)或"封闭系统"(系统与环境之间只有能量交换，而没有质量交换)，即已经完成的、静止的、永恒的、处于静态的"死系统"，但其实任何实际的系统均为动态的"活系统"，系统是时时处于变化当中的[198]。热力学第三定律指出：没有绝对的零度。量子力学也证明，即使处于绝对的零度，也还有能量的存在。因此，在真实环境下没有"绝对静止"这个概念，"绝对静止"是一种形而上学的思维方式。因此，我们应该用"动态"的思维理解、分析和解决系统的问题，即：从对系统要素进行的静态分析上升为对系统要素的相互作用、相互影响的动态把握；从对系统结构的静态描述上升为系统结构会随着要素的变化而产生动态的聚合、发展和重组的动态理解；从对系统整体性的静态理解上升为对系统从出现到演化成长，从衰弱到消失的生命周期全过程的动态控制。

2. 动态系统理论

动态系统理论是系统论和系统科学的核心理论和价值，是描述系统从一个状态转移到另外一个状态的动力学理论。动态性原则贯穿于系统科学和方法的每一个具体的环节中，是系统科学的突出表现，是动态系统的具体特征。动态系统理论主要利用动力学方程的微分、差分、积分等数学行为描述系统的动态或动态过程中诸变量之间的关系，进而分析和归纳系统的动态演化规律。

常用两组参量描述动态系统，一组是状态参量，用来描述动态系统的状态；另一组是控制参量，用来描述环境对系统的影响。动态系统所有的可能状态集合形成了状态空间；而环境中所有可能影响系统各项因素的集合形成了控制空间。

系统动态演化理论的基本观点如下：

(1) 系统内部的相互作用是系统动态演化的内在动力。

系统要素间的相互影响形成系统的"涌现"，具体表现为：通过要素之间的非线性影响在宏观层次上产生新的结构和功能,构成系统动态演化的动力,这是系统存在的根本[199]。从系统运行的空间上看,要素间的相互作用形成了系统的结构;从系统运行的时间上看,要素间的相互作用就是系统不断演化的状态过程。要素间的相互作用使得系统内部的力量此消彼长,从而导致系统整体的变化。系统要素间的相互作用决定了系统演化的方向和趋势。

系统演化的基本方向和趋势有两种可能:

第一,系统由低到高、由简单到复杂、由无序到有序的"上升"式发展,即"系统的进化"。要素之间的相互作用对系统产生的影响不是简单的叠加,而是一种非线性影响,这是系统产生进化的根本原因,并且这种非线性影响在对系统产生的正效应方面占据了主要地位[200]。基于此,系统的非线性影响激发了系统进一步演化的可能性,进一步确定了系统可能出现的有序结构。

第二,系统由高到低,由复杂到简单,由有序到无序的"下降"式发展,即"系统的退化"。热力学第二定律证明:在孤立或封闭系统内,"系统的退化"不可避免。普利高津[201]指出:玻耳兹曼原理决定了一个处于热力学平衡态或近(线性)平衡态的开放系统的运动方向总是趋于无序的。从要素的相互作用层面理解,如果系统的非线性影响对系统产生了负效应,且这种负效应占据支配地位,则这种非线性影响是系统退化的主要原因。

(2)系统与环境的相互作用是系统动态演化的外部条件。

系统的外部环境决定了系统的进化过程。环境是系统内部要素相互作用的场所,也是系统变化的场所。从严格意义上说,任何现实系统都是封闭性和开放性的统一。要素间的相互作用要以系统的外部环境为条件和前提,要素间的相互作用与系统与外部环境间的相互作用可以相互影响和转化。

系统内存在差异是导致系统内要素的相互作用的根本原因。系统内存在的差异总是通过不断地从外部环境中获得足够的物质和能量后,倾向性地被填平,最终导致系统向无序的平衡态演化。因此,系统必须是开放性的,才能和外部环境产生交互,从而产生进化。但系统的开放性只是进化的必要条件,而非充分条件。开放性的系统和外部环境进行了物质和能量交换后,其状态存在三种可能:

第一,热力学平衡态,也被称为恒稳态。

开放系统中物质和能量大量涌入，极大地增加了系统的总熵①，加速了系统向平衡态的运动，系统的熵流趋向于最大，结构趋于无序。例如：在自然现象中瀑布具有很高的势能，但是水流最终会流入波澜不兴的平静的大海，水流携带的自由能量最终消失，水流的熵值达到最高，系统趋于无序的平衡状态。孤立系统不属于恒稳态，因为孤立系统虽然和外界没有能量和物质的交换，但是孤立系统内部会自发产生能量，因此孤立系统的总熵趋向于熵增，能量大于或等于零(当平衡时等于0)[202]。

第二，线性平衡态，也称为近平衡态。

系统的线性平衡态是一种近平衡态，其熵流可以近似认为等于零。处于这种状态的系统在初始状态时一般都存在一些有序结构，但由于系统内自发产生的熵破坏了系统的有序状态，而最终趋于平衡态。例如：将一杯热水和一杯冷水放在一起，热水的温度会慢慢降低，冷水的温度会慢慢升高，直到两个杯子里的水温度一致，达到热平衡，即两个杯子的水自发产生的熵值和无序度不断增加，最终达到稳定状态。

第三，远离平衡态，也称为不稳态。

远离平衡态是指系统的熵流和无序度小于零。系统和外界环境进行物质和能量的交换，给系统带来的结果是熵值趋于负值，系统的有序性增加，新的组织和结构从中形成，这就是耗散结构[203,204]，如生命系统、社会系统等。

(3)随机涨落直接导致系统的动态变化。

随机涨落直接导致了系统的动态变化[205]。随机是指系统的内部和外部均处于一种不确定的状态。在该状态下，系统整体的宏观量无法维持在一个稳定的均值上：系统的要素性能会发生不确定的改变，要素之间的相互作用和关系会发生不确定的变化，外部环境会对系统产生不确定的干扰，等等。涨落是指系统宏观量对平均值的偏离，任何微小的涨落都会导致系统发生改变。例如：达尔文发现生物物种偶然变异的积累可以改变物种原有的遗传特性，导致新物种的出现，说明涨落导致系统产生变化的作用是显著的。同时，协同学和耗散理论也证明系统会随着外界环境中影响因素的变化而变化，系统原来的稳态会消失，并在稳态消失的临界点产生新的

---

① 熵是一种能量，是系统与外界环境交换的物质，是热力学中表征系统无序度和混乱度的状态函数，系统的熵总是自发地朝着系统无序度和混乱度增加的方向进行。

状态和结构。

3. 序参量

"有序"是衡量动态系统运动的关系和程度。在不同的学科中,"有序"是用不同的物理量来表征的。在普利高津的耗散结构论中用"熵"表示系统有序的程度;而在哈肯的协同学中是用"序参量"表示系统有序的程度。虽然名称不同,但它们表达的内容和思想基本一致。

协同学将系统由无序过渡到有序的过程称为相变,并认为系统产生相变的关键原因是系统的一组序参量(描述系统有序程度的一组参量)发生了作用。序参量表征了系统的有序度,主宰着整个系统演变的方向,一方面支配其子系统,另一方面又为子系统所支持。系统有许多控制参量,但只有处于主导地位的控制参量才能称为"序参量"。随着控制参量的不断变化,当系统靠近临界点时,子系统之间形成的关联逐渐增强。当控制参量达到"阈值"时,子系统之间的关联开始发挥主导作用,系统中出现了由关联所决定的子系统之间的协同作用,出现了宏观的结构或类型。序参量是系统相变前后发生质的飞跃的最突出的标志。它表示系统的有序结构和类型,它是所有子系统对协同运动的贡献总和,是子系统介入协同运动程度的集中体现。

系统的状态参量、控制参量和序参量的关系如图6-2所示。

1)状态参量

动态系统用状态参量表示系统存续期间的状况或态势。动态系统的演化过程是通过系统状态的产生、维持和消失来表现的。研究动态系统的变化就是研究系统状态的变化。系统的状态可以被表征、被量化,并允许在一定范围内变化。状态参量即是被量化的系统状态,它是描述动态系统演化过程的一组完备而数量最少的系统变量。确定了一组系统的状态参量就确定了系统的一个状态。一般情况下,系统可以由多个状态参量进行描述,也可以由一个状态参量进行描述。可以选择不同的状态参量表征同一个系统,但这种选择不是任意的,应当满足以下要求:

第一,独立性。状态参量是独立的,任意一个状态参量不能是其他状态参量的函数。

第二,客观性。状态参量要有现实意义,要能反映系统的真实属性。

第三,完备性。状态参量的数量要足够多,要能完整地描述系统的特性。

例如:如果将物流行业视为一个系统,则诸如物流总成本、总货运量等这些可以用来描述和表征物流发展状态的统计量就属于物流系统的状态参量。

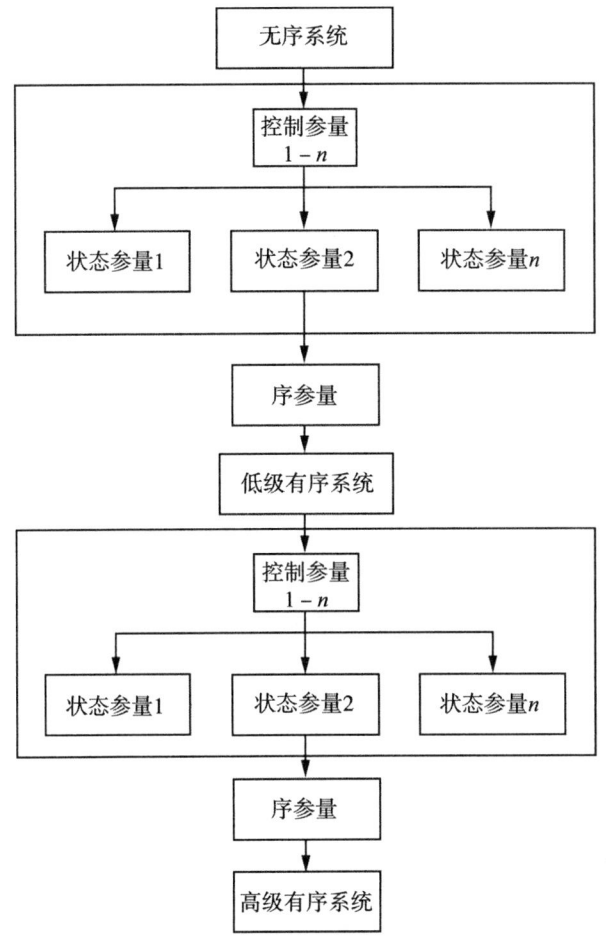

图 6-2 状态参量、控制参量和序参量的关系图

状态参量的个数代表了状态空间的维数。

系统所有可能的状态参量的集合称为状态空间,状态空间中的每个点代表了系统的一个可能状态。从几何意义上看,一维状态空间是一条直线;二维状态空间是一个平面;三维状态空间是一个立体;状态空间的维度超过3的,称为高维空间,其几何形状无法直观描述。

2) 控制参量

控制参量,又称为环境参量,是用来描述系统所处环境中那些能够改变系统的性质、能够在一定范围内对系统进行调整、控制、影响和制约的外部参量。控制参量在某种程度上也可以反映和描述动态系统的演化规律。

一般情形下，由于控制参量来源于外部环境，它们对系统产生的影响是渐进和缓慢的，因此可以在一次观察或运行过程中将控制参量视为常量。状态参量与控制参量的划分是相对的。在一定条件下，系统的状态参量和控制参量可以相互转化。有时为了降低问题的难度，可以对系统的状态空间进行降维处理，即将某些变化相对缓慢的状态参量视为系统的控制参量，也就是说，把系统的一个变量变成一个常量，这样问题就变得简单和容易处理了。和状态参量一样，系统的控制参量也有很多，我们把所有控制参量的集合称之为控制空间。系统的许多动态特征需要在控制空间进行描述，有时还需要在状态空间和控制空间构成的乘积空间（V=状态空间×控制空间）中进行研究。

6.1.4 系统的特征

1. 整体性[206、207]

整体性是系统最基本的特征。系统各要素之间具有相关性，每个要素的变化都依赖于其他要素，而它自身的变化也会影响到其他要素的变化。由这些非线性的、相互影响和作用的要素所构成的有机整体呈现出的系统的整体性特征是各单独要素无法体现的。

2. 终极性

系统从创建、维持到消失的整个演变过程虽然可以呈现出多种形态，但是其目的性和趋向性是明确的，即系统经过一系列的变化后始终会达到平衡状态（具有最大熵和最小自由能）。

3. 渐进性

渐进性，又称为动态性，是用来描述和表征系统的演化过程和状态的。有两种具体的表现形式：渐进机械化和渐进集中化。渐进机械化是指系统内各要素在相互作用的过程中不断协调和定位，最终逐步丧失调节能力，失去了要素间的相关性，从而转变成各要素独立发挥作用。渐进集中化是指系统内各要素随着时间的发展而逐渐形成系统的主导部分，并在系统的发展过程中起决定性作用。

4. 环境开放性

按照系统与环境的关系，可以将系统分为开放系统和封闭系统。封闭系统仅存于理想状态中,是一种抽象的存在,是一种无要素流入、流出的系统。开放系统是指系统中存在要素的流入和流出,其组成要素会发生更替,在一定条件下,这些微观要素和宏观环境之间可能存在确定的函数关系,也可能不存在确定的函数关系[208]。开放系统的外部环境发生变化时,系统内各要素会随之发生调节,系统会达到新的平衡。真实存在的系统一定是动态的,是处于不断变化中的。开放式的系统具有环境的开放性,一方面,系统为了减少内部的熵值与外界环境不断进行物质和能量的交换[209];另一方面,系统也通过系统功能不断对环境产生作用。另外,开放系统还具有一个重要性质:等终极性。等终极性是由生命物表现出的特征,其含义是在广泛的范围内,系统可以由不同的初始状态和不同方式达到相同的终态。开放系统只要达到流动平衡,就是等终极的。

6.2 食品冷链物流的系统分析

6.2.1 食品冷链物流系统

食品冷链物流是一个典型的复杂非线性开放"系统"。因此,我们拟采用系统论和现代物流学对食品冷链物流系统进行系统分析。

根据系统论思想,食品冷链物流系统存在于社会的政治经济环境下,受环境的影响,同时也影响着环境。食品冷链物流系统内各要素不断的相互影响,不断地和外界环境交换,冷链物流涉及的要素众多,体现出清晰的结构和功能,且和外界环境存在明显的物质和能量和物质交换,从而不断产生并形成新的结构和功能,不断地完成自身的进化和发展。下面我们分别从要素、结构、功能和环境的层面对食品冷链物流系统进行描述和分析。

食品冷链物流系统的逻辑结构如图 6-3 所示。

1. 要素分析

要素是构成系统的最基本单位,是研究和分析系统的基础。按照生产力要素理论对食品冷链物流系统的要素进行分类,可以分为主体要素、客体要素和设施设备三大类。具体如图 6-4 所示。

1) 主体要素

食品冷链物流系统的主体要素是指食品冷链物流系统在运作过程中的实施者。从供应链的角度看,食品冷链物流系统的主体要素包括食品原材料供

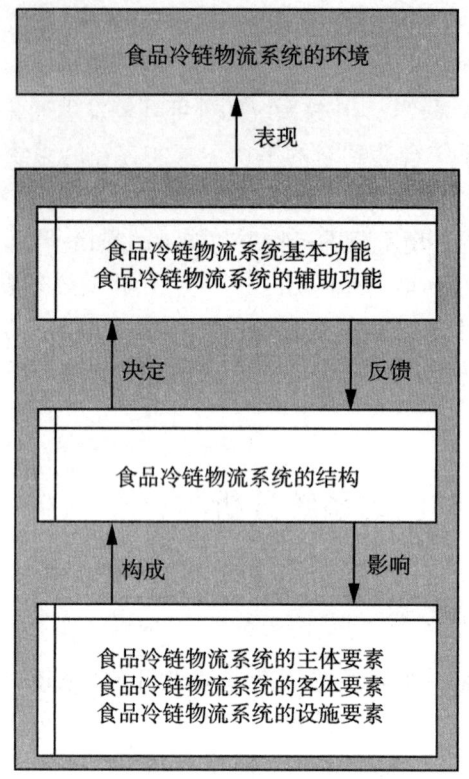

图 6-3 食品冷链物流系统的逻辑结构

应商、食品加工制造商、食品批发零售商、餐饮服务商、消费者、食品冷链物流企业以及食品冷链物流的管理部门等，如图 6-5 所示。

(1) 食品原材料供应商。

食品原材料供应商是食品供应链的源头，同时也是食品冷链物流系统的源头。食品原材料供应商的主要作用是提供或生产食品的原材料，即初级农副产品。目前，我国的食品原材料主要是由农林牧渔的种植企业或个体农民提供。这些食品原材料供应商的总体特征是：生产规模较小（尤其是占提供者绝大比例的个体农民）、地理位置分散、食品原材料的质量良莠不齐、食品数量和品种弹性大等。作为食品冷链物流系统的源头和主体之一，为了保证食品原材料的品质和安全，食品供应商应该对食品原材料进行相应的冷藏冷冻处理，应该具备相应的冷藏冷冻技术和设施设备。但由于食品原材料供应商

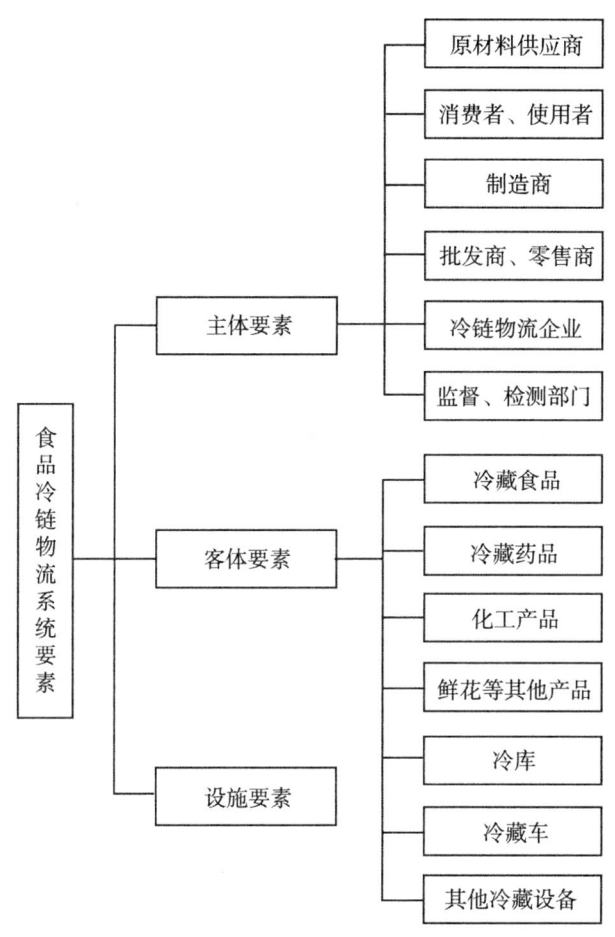

图 6-4　食品冷链物流系统的要素分析

数量多、差异化程度大、冷冻冷藏操作的进入门槛高,因此现阶段符合冷链标准和资质的食品原材料供应商的数量较少,而且即使部分食品原材料供应商已经率先应用了部分冷链技术和设施设备,但由于冷链标准的缺失和冷链意识的不健全,他们对食品原材料进行冷链处理的方式和效果也是具有很大差别的。

(2) 食品加工制造商。

许多食品和农副产品在到达消费者手中之前,都需要专业的食品加工企业对其实行加工处理。为了保证食品的品质和安全,这种加工处理必须要在

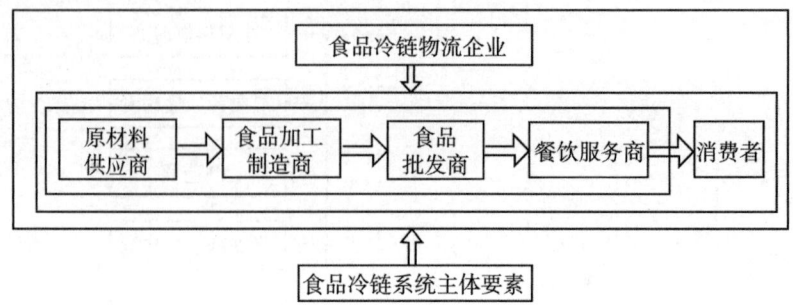

图 6-5 食品冷链物流系统的主体要素

适当的温度和湿度下进行。食品加工制造商涉及的冷链物流环节包括供应物流、生产物流和销售物流。在供应物流和销售物流中，食品加工制造商向上要连接原材料供应商；向下要连接食品批发零售商。食品加工制造商涉及的冷链物流主体多、环节复杂，一旦处理不当，就会产生极其恶劣的食品安全事件。在全社会对食品质量安全越来越重视和关注的前提下，一方面，我们要加强对食品加工制造企业在生产制造过程的全程监测，并结合食品加工的特点，推广全面的质量管理策略；另一方面，我们要培育食品加工制造企业规范自身的冷链物流行业务，保证其在制造过程中的冷链运作是符合冷链标准的。

(3) 食品批发商与零售商。

传统的食品批发商和零售商由于在供应链中连接的上下游对象不同，因此呈现出不尽相同的物流特征。食品批发商连接的是食品生产制造商与零售商，其冷链物流的特征是品种少、批量大、物流简单；而食品零售商连接的是食品批发商与最终消费者，其冷链物流的特点是品种多、批量少、物流复杂。但是在现阶段，随着经济的发展，食品销售模式趋于多样化。食品零售商为了更低的成本，会直接和食品制造商联系；同时，食品批发商也会把他们的销售网络直接推向消费者。因此，食品零售商和批发商之间的界限越来越不清晰。所以，我们在对食品冷链物流系统的主体要素的研究中对食品批发商和零售商不做区分，而是将他们视为一个主体要素来研究。

食品批发零售商是食品冷链物流系统的主体要素之一，是连接大中型连锁超市、农贸市场和消费者之间桥梁和纽带。大中型连锁超市环境干净卫生、具有大型的空调和冷藏冷冻等设施，是食品销售环节中较为安全的渠道，但是其食品浪费和各方面的消耗较大、食品售价相对较高。农贸市场目前仍然是我国城镇居民购买日常食品的最主要场所,但大部分的农贸市场还是传统化经营,存在很多问题,比如:商户经营规模小、流通性高、卫生条件差、加工手段简陋落后、信息化程度低、缺乏冷库和冷柜等基本冷藏冷冻的设施设备,生鲜农副产品和易腐败食品的质量无法得到保证,损耗高,其售卖商品的无法溯源,等等。

目前,我国大中型连锁超市的冷链物流均为自营型;而农贸市场的冷链物流均由相应的供应商提供。这两种冷链物流模式的运行效果都不理想,就连锁超市而言,一部分超市经营规模不大,冷链物流水平低,没有相应的监管,冷链操作标准执行不力,冷链过程不完整,局部出现"断链"现象,冷链食品的品质和安全无法得到保证。例如:我们在超市的冷柜中,经常会发现变形了的冰激凌,这其实就是在冷链物流过程中由于存储和运输的过程中产生了"断链"导致冰激凌融化变形。就农贸市场而言,冷链物流的现状就更加堪忧,冷链物流的硬件环境、冷链物流的标准和管理,冷链物流的检测和监控几乎无从谈起。

(4)餐饮服务商。

餐饮服务商是随着人们生活水平的提高、消费习惯的改变而逐渐成为食品冷链物流系统中的主体要素的。餐饮企业的冷链物流行业务主要包括:食品原材料的采购和食品的加工制作。餐桌上,食品的口感不仅取决于烹饪的技术,还取决于食品原材料的新鲜度,取决于餐饮服务商的冷链物流质量。当前,大型餐饮服务商如麦当劳和肯德基等,一般会自营食品冷链物流行业务,自建冷库和自备冷藏车;而小型餐饮企业则主要依赖供应商为其提供相应的冷链物流服务。

(5)食品冷链物流企业。

食品冷链物流企业是指在整个食品冷链物流过程中提供专业化的冷链物流服务的第三方物流公司。第三方的食品冷链物流企业同普通的第三方物流企业相比,具有明显的不同点:

第一,投资力度大,入门门槛高。由于食品冷链物流系统的设施设备成本非常高,因此物流企业想要进入食品冷链领域就必须有更大的经济投入。

第二,运营的成本和风险高。食品冷链物流的运营受到时间、温度、湿度的严格限制,运营的成本和风险都非常高。

第三,操作标准和规范严格,监管力度大。由于食品冷链物流关系到老百姓的日常生活和生命安全，因此食品冷链物流的操作有明确的操作规范和标准，以及严格的监管和控制。

正是由于食品冷链物流企业以上的这些特点，很多普通的第三方物流企业不敢贸然转轨进入食品冷链物流领域。因此目前，我国专业的第三方食品冷链物流企业的数量少、规模小、信息化网络建设不健全，尚未形成专业性强、集成度高、资源配置合理的食品冷链物流网络。

(6) 食品消费者。

消费者处于食品供应链的末端，也处于食品冷链物流系统的末端，是冷链食品最后的归属地。消费者是食品冷链物流系统的主体要素，但它的身份比较特殊。因为消费者既是食品冷链物流系统的参与主体之一，同时也是食品冷链物流系统运行效果的接受者。消费者对于食品卫生的关注、对于饮食健康的要求、饮食结构的变化以及个性偏好的改变，均大力推动了食品冷链物流系统的发展，改变了食品冷链系统的运作模式。对食品供应链和食品冷链物流系统上的其他主体来说，要时刻关注并及时掌握消费者在饮食习惯上的改变，随时根据消费者需求调整自己的经营策略，做到主动的培育和引导新的食品消费时尚。

(7) 食品冷链物流的监管部门。

食品冷链物流的监管部门是食品冷链物流系统中还有一个非常特殊的主体要素，它既是食品冷链物流系统的参与者，同时也是食品冷链物流系统的管理者。食品冷链物流的监管部门的主要职责是采取强制性的法规、政策和技术手段对食品冷链物流系统实行全面的质量监管，保证食品的卫生安全和人民的生命和健康。目前，食品冷链物流的监管部门关注更多的是食品冷链物流节点上食品的温度、湿度、卫生和安全状况，缺乏对食品冷链物流系统运作全过程的有效监管，缺乏对食品冷链物流系统的全程跟踪监控体系和食品的溯源机制。

2) 客体要素

食品冷链物流系统的客体要素是指食品冷链物流系统的主体要素处理的对象，即冷链食品。食品冷链物流系统的客体要素可以根据国际制冷协会推荐的食品储存温度范围和储存期进行分类，具体如图6-6所示。

(1) 冷藏食品。

冷藏食品是指必须在0~7℃的温区进行储存和运输的食品。由于微生物、细菌等在这个温度区间仍然可以生存和繁殖，并导致直接导致食物变质，因

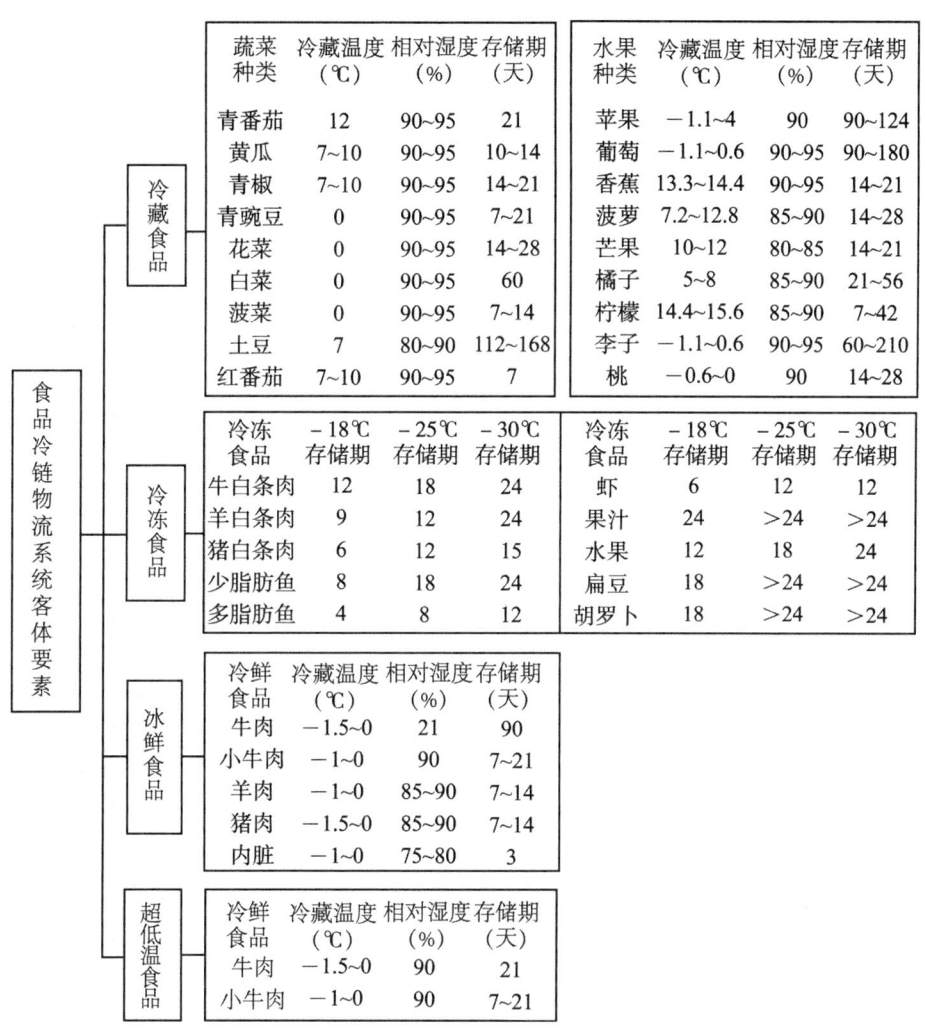

图 6-6 食品冷链物流系统的客体要素

此这个温区只能短时间地延缓和保持食品的新鲜状态。该温区适用于蔬菜、水果、乳制品等食品的短期储存。但不同的食物品种对温度的适应程度是不一样的，因此即使放在同一个温区进行保存和运输，其保鲜期也是不一样的。例如：苹果和香蕉的冷藏温度就是不同的，苹果的冷藏温度在 0~4℃；而香蕉的冷藏温度则在 12℃ 及以上。

(2)冷冻食品。

冷冻食品是指必须在-18℃以下的温区进行储存和运输的食品。该温区对绝大部分食品来说是最经济的存储温度。在该温区内食品被完全冻结，食物中的水结成冰晶，微生物和酶的生化作用被抑制，食品不易腐败，可以长期保存。一般来说，食物保质期和温度呈现线性的函数关系，温度越低，保存的时间就越长。在冷冻温区中大部分冻结食品可储存一年的时间而不失去商品价值，但存在设备费、电费等日常运转等经济性问题。

(3)冰鲜食品。

冰鲜食品是指必须在0℃附近的温区进行储存和运输的食品。某些食物对新鲜度的要求较高，低温控制会影响这类食品的口感和营养，必须在冰鲜温区中进行存储和运输。在这个温区中，食物的货架期非常短；而且由于这个温区对温度范围的控制要求很高，一般在-2℃~0℃，所以在实际操作过程中对冷链物流的技术要求也相当高。

(4)超低温食品。

超低温食品是指必须在-30℃以下的温区进行储存和运输的食品。超低温区适用的对象主要是一些水产品，如某些深海鱼类等。为了延长这些深海鱼的保质期和货架期，其储藏和运输的温度要求控制在-45℃以下。

3)设施设备要素

食品冷链物流系统的设施设备要素是指食品冷链物流系统中的基础设施设备。食品冷链物流的特殊性决定了其基础设施设备要素是不同于其他普通物流的设施设备的，食品冷链物流系统对设施设备的资金投入更大，技术要求更高，标准规划更明确，监管力度也更严格。食品冷链物流系统的设施设备主要包括食品包装设备、食品装卸设备、食品的各种高中低温的冷库、冷链运输和配送车辆以及冷链物流的信息化设备和网络等。

(1)冷库。食品冷库是用于食品冷冻和冷藏的建筑物。它通过人工制冷的方法，使库内保持一定的低温，为了减少外界热量的传入，冷库的地坪、墙壁和屋顶都需要敷设一定厚度的防潮隔气层和隔热层。应该根据食品冷库的特性，对其实行科学管理，实现安全生产、延长使用寿命、降低生产成本、节约维修费用、提高企业经济效益的目的。食品冷库的分类方法很多，按结构形式可以分为：土建冷库、组合冷库(活动冷库)；按使用性质可以分为：生产性冷库、分配性冷库、零售性冷库；按冷库冷藏容量可以分为：大型冷库：(10000t以上)、中型冷库：(1000~10000t)、小型冷库(1000t以下)等。

(2)冷藏车：食品冷藏车主要用于水果、海鲜、鲜奶等易变质、易腐烂、易发酵食品的长短途运输。冷藏车一般均采用优质保温材料制作车厢体，如铝合金、玻璃钢板、彩钢板等；其厢门也可以根据需要设计成不同的样式，如后双开门或侧开门等。冷藏车的核心部件是冷藏机组。冷藏机组一般分为独立式和非独立式两种，独立式冷藏机组有独立的电瓶发动机，可以不依赖冷藏车的发动机而自行工作，最低温度可达到-28℃；非独立式机组必须利用汽车发动机工作，最低温度可达到-18℃。

食品冷链物流系统设施设备要素的基本情况，见表6-1。

表6-1　　　　　　　　　**食品冷链物流系统设施设备要素概览**

设备图片	设备名称	设备简要说明	
		温度(℃)	用途
	保鲜库	0~5	鲜肉、乳品、鲜蛋、果蔬等
	冷藏库	-18~-15	食品冷藏
	低温库	-25~-22	海鲜、冰激凌
	冷冻库	<-30	速冻食品
	气调库	在冷藏的基础上，通过对贮藏环境中温度、湿度、二氧化碳、氧气浓度和乙烯浓度等条件的控制，延长果蔬的贮藏期和保鲜期	果蔬
	冷藏车	运输易腐食品	

2. 结构分析

合理的系统结构要求系统的主体要素的定位是准确的，设置是科学的，主体和客体要素之间的服务映射关系是明晰的，是相互适应的，这样的系统结构才会有利于系统的快速、高效运作，才能够实现系统资源的优化配置。

食品冷链物流系统要素之间的逻辑关系决定了食品冷链物流的流程、资源配置和方向，决定了食品冷链物流系统的结构和运行模式。食品冷链物流系统的主要结构包括：主体不同的结构和数量与规模不同的结构。

1) 食品冷链物流系统结构的特点

(1) 层次性。食品冷链物流系统的主体要素众多，它们之间通过不同的相互连接形式，形成了结构各异、功能不同的冷链链条。但是无论食品冷链物流系统的结构如何变化，每种系统结构至少由两个或两个以上的、有层次关系的主体要素构成。因此，食品冷链物流系统的结构具有层次性特征。

(2) 动态性。要素之间的相互影响和外界环境的变化均会导致食品冷链物流系统的要素的种类、数量以及之间关系的变化，继而导致食品冷链物流系统的结构和运行模式的变化。因此，食品冷链物流系统的结构呈现出一种不断变化的动态特征。

(3) 跨区域性。全球经济的一体化以及食品冷链物流的快速发展促使食品冷链物流的服务覆盖范围不断扩大。食品冷链物流系统呈现出跨地域和跨时空的特征。

(4) 精简性。冷链食品对时间的敏感性决定了食品冷链物流在运输和存储环节必须减少不必要的停留和损耗，要更注重储存和运输上的时效性和经济性。这就要求食品冷链物流系统要尽可能地精简结构，要在保证食品的质量和安全的基础上，追求冷链服务质量和经济效益的最佳平衡点。

2) 食品冷链物流系统的结构

系统的结构主要由系统主体要素的位置和关系决定。因此，我们以食品冷链物流系统中主体要素的构成、主体要素的数量与规模以及主体要素参与的角色为标准，对食品冷链物流系统的结构进行分类研究。其中，由于食品冷链物流系统主体要素中的监管部门不从事具体的冷链物流业务，而消费者一般不具备冷链物流的条件和资质，不会对食品冷链物流系统的结构产生决定性的影响，因此在分析食品冷链物流系统结构时，将这两种主体要素排除在外。

(1) 主体类型不同的结构。按食品冷链物流系统的主体要素相互之间连接关系的复杂程度，其结构可以分为复杂型和简单型。

复杂型的食品冷链物流系统结构特征是：涉及的主体要素多、规模大小不均、中间环节复杂。由于人们对食品的需求呈现出个性化和多样化的趋势，食品冷链物流系统中存在着大量的食品原材料供应企业、食品制造加工企业和食品批发零售企业等，导致食品冷链物流系统的结构错综复杂，加大了食品冷链物流系统在各个物流业务上的难度。

例如，麦当劳的食品冷链物流结构就属于这种复杂型。麦当劳需要的食品原材料数量和种类众多，加工制造工艺要求严格且复杂，它的食品原材料供应商和食品加工制造商遍布世界各地，而且还要经常更替。因此，麦当劳的食品冷链物流系统涉及的主体要素众多，食品冷链物流系统的结构复杂。复杂型的食品冷链系统结构模式如图6-7所示。

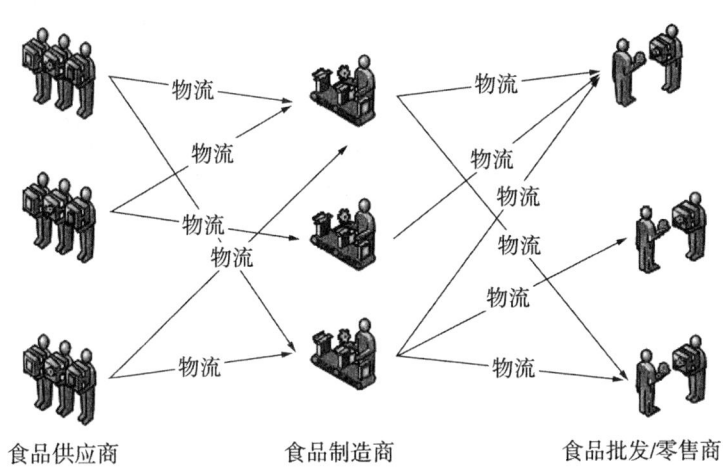

图6-7 复杂型的食品冷链物流系统结构模式

简单型的食品冷链物流系统结构的主要特点是：食品供应链较短，参与食品冷链物流活动的主体要素较少。对于一些初级的生鲜食品和农副产品，个体农户在田间地头采摘后往往经过简单的清洗和预冷处理等，就可以迅速地在附近的农贸市场或超市进行销售。这种简单型的食品冷链物流系统的结构适用于发展中国家城镇近郊附近的个体农户或种植企业。简单型的食品冷链物流系统结构模式如图6-8所示。

（2）主体要素数量与规模不同的结构。按照主体要素数量与规模的不同，食品冷链物流系统的结构可以分为三种：对称型、收敛型和发散型。

对称型结构是指处于食品供应链上游的食品供应商和处于下游的批发零售商数量不多，并且在数量和规模上大体相同，其结构呈现出 H 形。在对称型结构中，由于食品供应商和批发零售商在数量和规模上力量相等、结构稳定，因此可以大幅度提高食品冷链物流系统的运作效率，提高食品冷链物流的服务质量。目前，在中国奶制品市场中由伊利、蒙牛、光明以及家乐福、

209

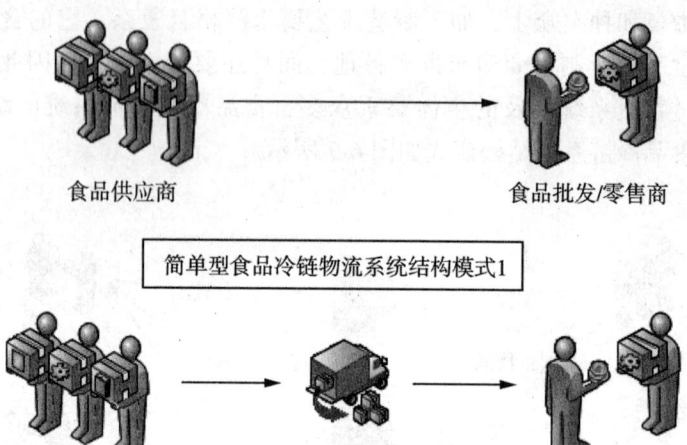

简单型食品冷链物流系统结构模式1

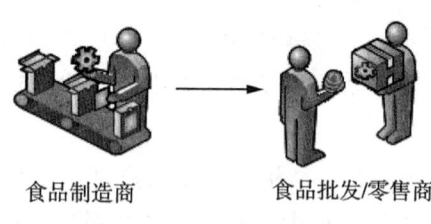

简单型食品冷链物流系统结构模式2

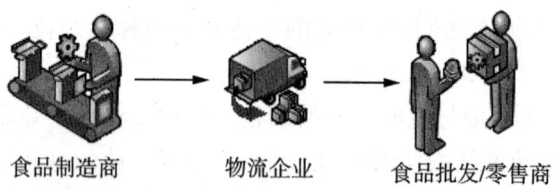

简单型食品冷链物流系统结构模式3

简单型食品冷链物流系统结构模式4

图 6-8　简单型的食品冷链物流系统结构模式

沃尔玛等几个大型奶制品生产企业和连锁超市形成的食品冷链物流系统就基本属于对称型结构。对称型结构如图 6-9 所示。

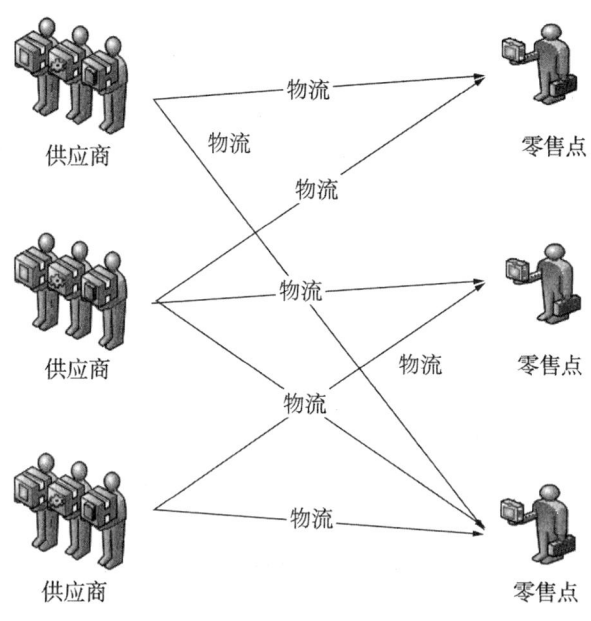

图 6-9　食品冷链物流系统的对称型结构

收敛型结构是指处于食品供应链上游的食品供应商规模小且数量众多,处于下游的批发零售商规模大且数量小,其结构呈现出 T 形。在收敛型结构中,食品供应商数量众多且分布广泛,生产能力往往有限;而销售地的需求旺盛,总量稳定,需求差异较大;同时,中间的批发商相对较少,食品的供应地和消费地相距较远。例如,海鲜产品在国内内陆城镇的流通就形成了食品冷链物流系统的收敛型结构。在海鲜产品的物流过程中,一般是由批发商到沿海各地区收购海产品,然后再向内陆城镇集运。食品冷链物流系统的收敛型结构如图 6-10 所示。

发散型结构与收敛型结构的结构特征正好相反,是指处于食品供应链上游的食品供应商规模大且数量少,而处于下游的批发零售商规模小且数量多,其结构呈现出 A 形。在食品冷链物流中,如果某种食品的供应地或供应商有鲜明的特色,是其他地方或企业无法仿制和模拟的,而消费地却广泛而分散,就会形成发散型的结构,其结构呈现出一种由一个中心点向外辐射的特征。

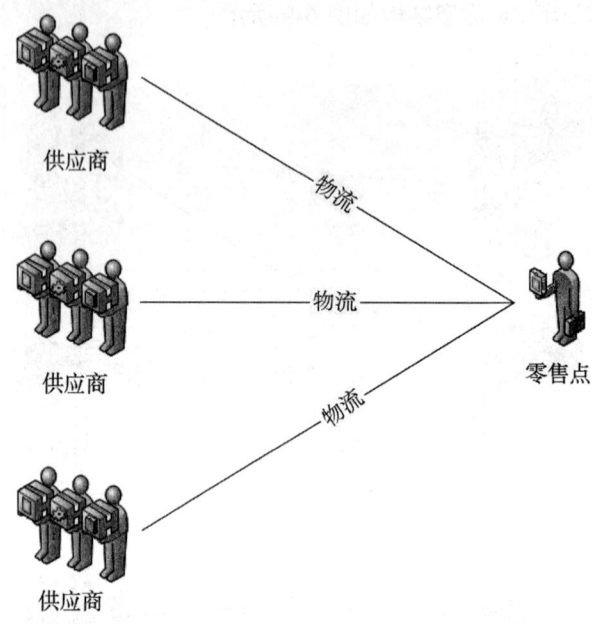

图 6-10 食品冷链系统的收敛型结构模式

食品冷链物流系统的发散型结构如图 6-11 所示。

(3) 主体要素参与角色不同的结构。在食品冷链物流系统的所有主体要素中冷链物流企业显然是一个重要而且特殊的角色。它虽然不直接参与食品的制造和销售,但是却直接影响到这些食品的品质和安全。按食品冷链物流系统有否冷链物流企业的参与进行结构的划分,食品冷链物流系统可以分为自营型结构和参与型结构。

自营型结构是指食品冷链中所有的冷链物流业务都没有第三方冷链物流企业的参与,冷链物流业务由食品供应商、食品加工制造商和食品批发零售商自己负责运营。

冷链物流企业参与型结构是指在整个食品冷链的物流业务中,全部或部分的冷链物流业务是由专业的第三方冷链物流企业负责运营的。冷链物流企业参与型结构的一个明显特征是食品冷链物流系统的社会化程度较高。我国食品冷链市场的规模日趋扩大,但是由于冷链物流的准入门槛较高,专业的第三方冷链物流企业非常缺乏,食品冷链物流的市场化程度非常低。很多冷

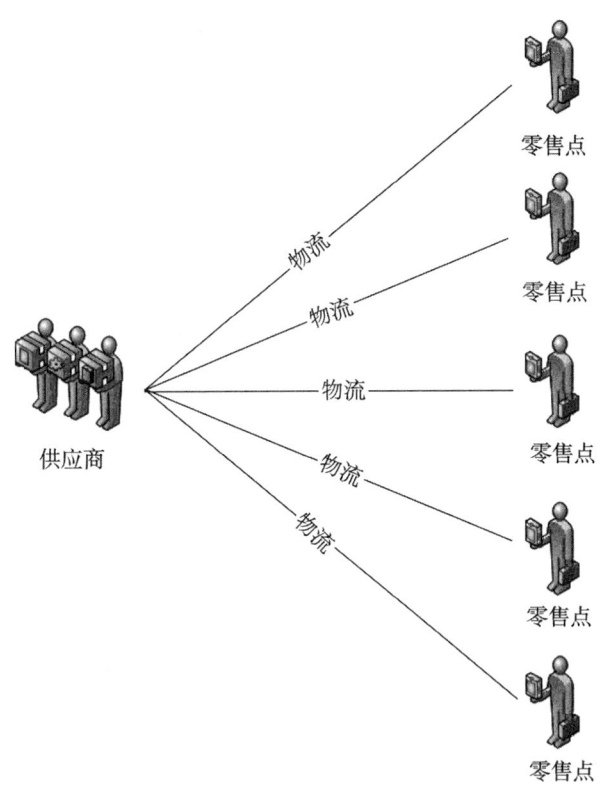

图 6-11　食品冷链物流系统的发散型结构

链物流业务是由食品生产企业或食品销售商自营,不仅分散了这些企业的核心竞争力,而且导致食品冷链物流成本很高,严重制约了我国食品工业和食品冷链物流行业的发展。专业第三方冷链物流企业参与型的食品冷链物流系统结构具有其他结构无法比拟的巨大优势和发展前景:专业第三方冷链物流企业是专业从事冷链物流的企业,它们拥有专业的冷链设施和设备、专业的冷链物流的技术,可以通过对食品冷链物流资源的集约化配置实现食品冷链物流过程的最优化,从而在提升食品冷链物流服务质量和运作效率的同时大幅降低食品冷链物流系统的成本。由此可见,专业第三方冷链物流企业参与型结构必将成为食品冷链物流系统的重要选择。

3. 功能分析

一个完备的系统必将体现出一定的功能。我国的食品冷链物流系统从产生到发展，不断地吸收外界环境的"营养"，其功能也逐渐优化和丰富。按照食品冷链物流系统功能的重要性进行分类，可以将其分为基本功能和辅助功能。

1) 食品冷链物流系统的基本功能

食品冷链物流系统的基本功能主要包括冷链运输、冷链仓储、冷链配送、冷链搬运装卸和冷链物流信息处理。

(1) 冷链运输。

冷链运输是食品冷链物流系统最为重要的功能之一，冷链运输和普通的物流运输相比，主要的运输方式是相同的，包括公路运输、水路运输、铁路运输、航空运输以及多种运输方式组成的多式联运。不同的是，冷链运输需要更多、更复杂的高科技做辅助，运输的成本更高，运输的风险和不确定因素更多。冷链运输需要的技术包括移动制冷技术、移动控温技术、在途检测、移动定位技术等。冷链运输是控制食品冷链物流成本最重要的环节之一。

(2) 冷链仓储。

仓储是物流最主要的功能之一。冷链仓储也是食品冷链物流系统中最重要和最具特点的功能。冷链仓储的主要功能是：满足生鲜品低温储存的要求，适应现代化生产和商品流通的需要，实现高效率物流作业的需要。冷链仓储需要的各种硬件支持包括各类冷库、冷藏加工间、冷藏柜、冻结柜及冰箱等。食品在使用上述工具进行冷链仓储时，堆积要紧密；为了保持仓库内冷气的循环，食品与仓库墙壁周围应该至少留有10cm缝隙，与天花板之间至少留出25cm距离。需要指出的是，现在的冷库功能已经不仅仅局限于生鲜产品的低温存储了，而是通过不断发展，延伸出更多的业务，如冷链食品的接收、分类、计量和存档等。

(3) 冷链配送。

冷链配送是目前食品冷链物流系统遇到的最大瓶颈。和普通物流相比，食品冷链物流具有更多约束，因此食品冷链物流系统的配送功能实现起来困难更大。由于冷链配送受到温度、时间和突发性事件等苛刻条件的限制，因此需要更加合理地安排冷链配送的行车路线、更精确地控制冷链配送的时间、更严格地执行冷链配送的各项标准，如配载、装卸等，协调好配送各方的需求，减少配送过程中的延误和损耗，从而保证食品在配送过程的品质和安全。

(4) 冷链的搬运和装卸。

食品冷链物流中的搬运和装卸功能是指在食品冷链物流系统各节点的交

汇处，对食品进行的装卸和搬运工作。食品的搬运和装卸作业出现在食品冷链物流的各个环节中，所占的比重很大。因此，食品冷链物流中搬运和装卸质量的好坏、效率的高低、成本的大小与食品冷链物流系统的质量、效率和成本密不可分。合理化搬运和装卸的流程和技术是提高食品冷链物流操作效率的一个重要方面。在食品冷链物流系统中搬运和装卸的基本原则是：第一，搬运和装卸工作都应该在冷藏环境中完成；第二，在食品装载前，应该按照食品下一目的地的卸载情况对食品进行筛选和分组，保证按照后卸先装、先卸后装的顺序对食品进行装载；第三，搬运和装卸工作要快速，装卸时，食品短期温度的升高不应高于规定温度，并在装卸后尽快降低至规定温度；第四，如果没有密闭装卸口，应保证运输工具的门随开随关。

(5) 冷链物流的信息处理。

食品冷链物流系统中的信息处理功能是指对各种贯穿于整个食品冷链物流活动的信息进行收集、加工、处理，为食品冷链物流系统的各项决策提供支持。食品冷链物流系统的信息处理功能承担着实现食品冷链物流各子系统之间高度衔接和配合的职能，是食品冷链物流系统的神经中枢和指挥中心，是提高食品冷链物流系统运行效率、减少运营风险、降低成本的关键所在。

2) 食品冷链物流系统的辅助功能

食品冷链物流系统的辅助功能主要是指能够使冷链物流增值的功能，包括食品的冷链包装和食品的冷链流通加工。

(1) 食品的冷链包装。

食品冷链包装的作用是保护食品，使食品的外观质量和品质在整个冷链物流过程中不易受到破坏，防止食品被污染，延长食品保存期。因此，食品的冷链包装是食品冷链物流活动中不可或缺的功能。普通商品可选用的包装材质有很多，但是食品不同于普通商品，安全永远是第一位的。因此，在选择食品的冷链物流包装材质时，最重要的就是包装材质本身的卫生情况和对被包装食品的影响。在对冷链食品进行物流包装时，应该根据食品的类型、形状等特性合理地选择包装的材质和技术，确保食品在冷链物流过程中的质量和卫生安全。冷链食品的包装材质或包装容器应该满足以下要求：第一，清洁、完整，无异味、无污染，无有毒有害物质，不与食品发生化学反应，达到相关食品卫生法规和标准要求；第二，具备一定的封闭性、阻隔性和遮光性，防止有害微生物和外界条件对食品的影响；第三，具备对食物的保护性，保证食品在装卸、运输和储存过程中能够避免机械或其他损伤。另外，如果食品的冷流物流包装还可以同时应用于销售环节，则可以在包装上印刷相应的说明，指导消费者的购买行为和对食品的正确处置。

（2）食品的冷链流通加工。

对冷链食品进行流通加工的目的是延长食品的保质期，减少由于食品初加工和预冷等保鲜措施不足而造成在冷链物流过程中的损耗。食品的冷链流通加工是提高食品冷链物流的效率，实现食品冷链物流增值、增效的一种重要手段和措施。

冷链食品的流通加工形式主要包括以下几种：

第一，冷冻加工。冷冻加工是指采取低温冻结方式对食品进行加工。冷冻加工可以延长鲜肉、鲜鱼等食品的物流时间以及简化物流中搬运装卸的过程。

第二，分选加工。初级农副产品的规格、质量往往偏差较大，可以按照需求，对初级农副产品进行分类和加工。当前，分选加工已经被广泛地应用在果蔬类等农副产品中。

第三，分装加工。在食品冷链物流中为保证运输和储存的高效，对于食品的初级包装一般会较大和粗糙，呈现集装的特点。但是到了消费地，考虑到个体消费者的消费需求和个性，为了方便销售，需要对食品进行二次包装。二次包装的目的是"由集到散，由粗到精"，即大或散包装改小包装、运输包装改销售包装。

食品冷链物流系统的功能如图 6-12 所示。

4. 食品冷链物流系统的环境

在汉语词典中，"环境"一词有两种解释，一是指周围的地方；二是指周围的情况和条件。我们这里讨论的系统环境存在于系统之外，且与系统存在各种能量和物质的交换，是为系统提供输入或接受系统输出的各种因素的集合。系统与系统环境概念的提出是科学的重大进步，著名的熵增原理就是对系统与系统环境的一种界定，即只有对处于外界环境的开放系统，熵增原理才成立。

食品冷链物流系统是一个典型的开放式系统，它和外界环境存在着广泛的能量和物质交换，它既受外界环境的影响，同时也影响着外界的环境。因此，对食品冷链物流系统进行研究，不仅要研究系统本身，而且要研究食品冷链物流系统所处的环境。总体说来，我们认为食品冷链物流系统是在社会总经济环境下生长和发展的，因此一个国家和地区总的经济环境就是食品冷

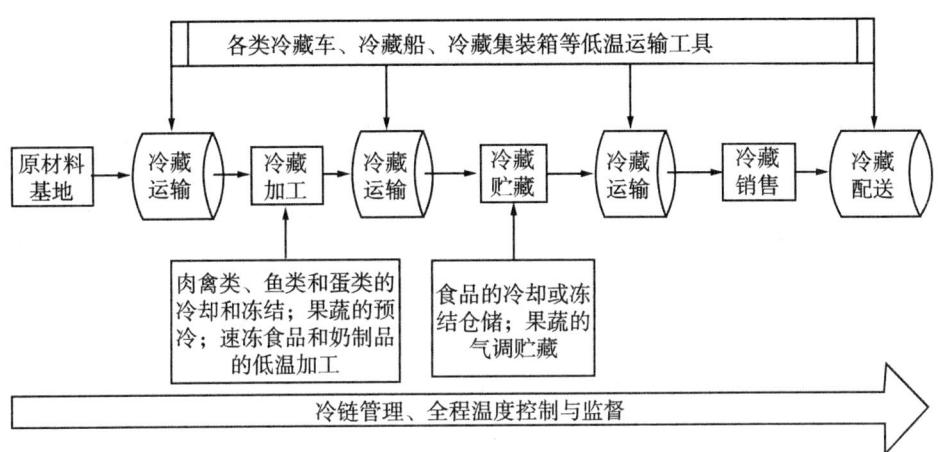

图 6-12　食品冷链物流系统的功能

链物流系统的外界环境。由于我们主要研究的是湖北省内的食品冷链物流系统，因此，这里我们着重讨论一下湖北省的经济大环境①：

1）经济发展水平

湖北省是地处我国中部的工业和农业大省。近些年来，湖北省的经济总量不断增长，在全国处于前列。仅就 GDP 而言，1952 年，湖北省 GDP 生产总值为 24.51 亿元，人均 GDP 仅为 90 元；1978 年，湖北省 GDP 生产总值就已经增长了 6 倍，达到 151 亿元，平均每 5 年翻了一倍，但人均 GDP 仅有 332 元，人均每天不到 1 元人民币；1992 年，湖北省 GDP 的生产终于突破了 1000 亿元大关；2004 年，湖北省经济发展得更为迅猛，GDP 总值突破了 5000 亿元；2008 年，湖北省的 GDP 生产总值历史性的突破万亿元大关，达到 11330.38 亿元，人均 GDP 达到 19860 元，是 1952 年的 37.7 倍。年生产总值突破万亿元意味着如果将 GDP 平均到每天，则每天的生产总值为 31 亿元，比 1952 年湖北省一年的生产总值还要高。2008 年，湖北省 GDP 在全国 31 个省市自治区中排名第十，和 1952 年相比，湖北省的经济实现了年均 8.1%的增长，这充分说明湖北省的经济蕴涵着巨大的潜能，改革给湖北省的经济带来了改天换地的变化，发展势态良好。湖北省的经济发展水平标志着湖北在向

---

①　以下统计数据和资料来源于湖北省统计局。

全面建设小康社会的进程中迈出了坚实的一步。

2）产业结构

湖北省从新中国成立以来就一直以农业和工业为支撑产业。新中国成立初期，湖北省的产业结构发展极不平衡。第一产业处于绝对的龙头地位，第二、第三产业发展滞后，三次产业结构的构成比为56.7∶15.6∶27.7；改革初期的1978年，湖北省第二产业发展突飞猛进、凯歌高奏，首次取代第一产业而居于三次产业的首位，三次产业结构的构成比为40.5∶42.2∶17.3，从比值上看，第二产业首次取代第一产业变成主导产业，但第三产业发展仍然严重滞后，第一产业的比重有所降低，但仍然偏高；随着经济的发展，产业结构调整的热浪袭来，三次产业结构有了明显的变化，2008年，湖北省的第一产业比重明显降低，第三产业开始迎头赶上，湖北省的三次产业的构成比为15.7∶43.8∶40.5。

从湖北省的农业发展来看，种植业和林业比重下降较快，而增值效果更好的畜牧业和渔业的比重上升；湖北省农业摆脱了传统的个体分散经营的模式，转向规模化、专业化和特色化的发展之路。同时，湖北省的农业机械化水平明显提高，与1978年比较，湖北省2008年的农业机械总动力增长了2.34倍，农田水利建设效果显著。通过大规模农田水利建设的展开，湖北省农民的农业生产条件得到明显改善。这些变化为提高农业综合生产能力、促进新农村建设提供了强有力的支撑。

从工业发展来看，湖北省响应国家的号召，工业结构快速升级，呈现出重型化、多元化和集群化的趋势。其中，重型化是指以钢铁、轮船等为首的重工业；多元化是指企业的所有制形式存在国有、外资和民营等多种形式；而集群化是指通过市场对资源的优化配置，产生了众多的产业集群，如光电子产业群、汽车产业群、冶金产业群、纺织产业群等。

从湖北省的服务产业发展来看，截至2010年6月底，全省共有服务业法人单位数25.56万个、服务业产业活动单位数33.15万个，分别比2004年增加9.71万个和10.05万个，增长61.3%和43.5%。2006年以来，尽管全省服务业增加值增速落后于GDP1.4个百分点，但仍以高于11%的速度稳定增长，其中2007年达到15.9%，为1993年以来最高，年均增长速度12.8%，比"十五"时期的11.1%高出1.7个百分点。伴随着增幅的提升，服务业总体规模快速扩大，继2006年全省服务业增加值总量突破3000亿元后，2008年又突破4000亿元，2009年突破5000亿元，5年连上三大台阶，2010年达到5894.44

亿元,为2005年的2.22倍,年均增加647亿元。服务业总量居全国第11位,在中部六省居第3位。

另外,从湖北省的基础设施建设来看,也有明显变化和大幅度提高。第一,地面交通的运输供给能力大大加强。湖北省水路、公路、铁路等多种地面的运输方式并存,已经形成了多渠道的交通网络。在地面交通网络中,湖北省高速公路发展迅速。自1991年武黄高速公路通车以来,截至2010年年底,湖北省高速公路总里程达3673公里,跃居全国第六位、中部第二位,"四纵四横一环"的高速公路骨架网基本形成,高速公路网辐射全省90%的县市区、96%左右的人口和98%左右的经济总量。第二,内河航道经过疏浚,通航条件大大改善。2010年,湖北省已经实现了长江、汉江、两沙运河和江汉平原航道网骨干航道建设,70%水运主通道达到规划标准,实施电子航道工程;三级以上航道通航里程达到1263公里,四级航道里程达到778公里,五级航道里程达到1462公里。第三,航空运输网络初现规模,运输方式的全方位接驳已经实现。目前,仅武汉天河机场就有国际国内的航线158条,可直达国内外65个大中城镇;包含国航湖北分公司、南航湖北分公司、东航武汉公司、海航武汉及友和道通5家基地航空公司在内,有26家航空公司进场经营;机场日平均运输起降178架次,是华中地区重要的航空运输枢纽。

3)居民的消费水平和趋势

改革开放以来,湖北省经济和各项社会发展都取得了令人瞩目的巨大成就,人民生活显著提高,居民消费升级趋势显著。从湖北省居民消费升级的过程看,主要经历了三个过程:第一个过程是传统的生存型消费,即食品和衣着的消费。第二个过程是发展型消费,即教育文化娱乐和医疗保健的消费。第三个过程是享受型消费,即居住、交通通信和家庭设备用品的消费。近几年,湖北省居民在收入整体增长的同时,基本生活消费在居民消费中所占的比重逐渐下降,居住、教育娱乐、交通通信等发展和享受型消费的比重逐渐上升。但随着居民收入差距的拉大,与之相对应的居民家庭的消费结构、消费倾向的差异也日渐明显。因此,在当前根据不同消费群体的不同特点,制定分层引导的消费政策,促进湖北省居民消费,拉动经济持续、健康、稳定的增长,是十分必要的。

总体来说,近几年来虽然国际经济大环境偏冷,出现了多轮金融危机的冲击,但湖北省经济的运行仍然稳健、发展良好,整体形势好于预期、强于全国的平均水平。具体表现为：第一，湖北省产业基础基本稳定，内需持续强劲，主要的经济指标不断释放积极信号；第二，金融支持力度不断加大，经济筑底成功，经济全面回暖和复苏的势态基本明朗；第三，民生保障继续改善，二线城镇经济发展加快，改革开放稳步推进；第四，国有大型企业已经止跌企稳，有利因素日趋增多，生存环境也正在逐步改善。当然，在经济形式总体向好的前提下，湖北省经济还存在一些问题。同时，由于国际金融危机的影响尚未减弱，湖北省的经济发展还面临很多不确定因素，值得我们认真关注和思考。因此，我们不能盲目乐观、急于求成，而是应该未雨绸缪，防范经济上可能出现的反复。

6.2.2 食品冷链物流系统的状态参量和控制参量

食品冷链物流系统是一个典型的开放的非线性复杂系统。它根据序参量之间的协同作用，通过与外界不断交换物质、信息和能量，从无序走向有序。为了有效降低食品冷链物流系统在从低级走向高级、从无序走向有序的过程中产生的损耗，我们必须在食品冷链物流系统的控制参量中找到其中起主导作用的序参量，并对其进行研究，才能直击问题的要害，找到解决问题的途径[210~214]。

1. 状态参量的选择

系统论中明确定义：动态系统用状态参量表征系统存续期间的状况或势态。系统中所有可能的状态集合称为状态空间，状态空间中的每个点代表系统的一个可能状态，即状态参量的一个值。通过观察这组状态参量的变化状态，就应该能够预测到系统未来的变化状态和趋势，即如果以食品冷链物流系统作为研究对象，那么通过对食品冷链物流系统状态参量以前和现在变化情况的分析，就可以估计和预测食品冷链物流系统未来的发展状况。但是食品冷链物流系统有很多能够描述系统在存续期间状况和势态的状态参量，不同的研究对系统状态参量的选择是不同的。选择食品冷链物流系统的状态参量有多种方法[215~221]。在选择过程中，要重视食品冷链物流系统的状态参量选择的科学性和可得性。

1）科学性

和系统相关的问题都是复杂的科学问题。因此，在分析和解决这类问题时应该体现出它的科学性。只有科学地选择食品冷链物流系统的状态参量，才能够真实具体地描述该系统的状态和食品冷链物流系统的状况，反映系统存在的问题,才能够准确而可靠地对食品冷链物流系统进行分析。

2)可得性

从不同的角度去研究和评价一个系统,可以选择不同的系统状态参量。但是这中间有些状态参量的值简单易得,而有些状态参量的值却无法统计或很难得到。因此,在选择食品冷链物流系统的状态参量时,不仅应注重状态参量在实际操作上的可得性和可行性,而且还要坚持简单的原则,要抓住最能够表征食品冷链物流系统的状态参量,确保状态参量的有效性。

2. 湖北省食品冷链物流系统状态参量的确定

由于我国物流行业的统计工作存在许多问题,因此目前,我国物流系统状态参量的选择存在许多困难。主要表现在:

第一,我国现代物流行业起步较晚,理论与实践界对现代物流的认识和理解还处于起步阶段。由于现代物流行业涉及面广,同很多其他行业的业务存在交叉,因此一些物流操作的业务归属、物流活动产生的成本和费用以及相关的税收问题均没有被严格地界定和划分,导致物流行业的统计口径不统一,统计方法混乱,统计数据不全面、不完整、不准确。

第二,近些年来,在国家大力提倡发展物流的氛围下,各级政府和企业纷纷加大对物流行业的投入。它们误以为发展物流就大搞物流基础建设,对物流基础设施的建设盲目攀比,导致物流基础设施的投入不切实际,造成许多物流基础设施闲置,物流需求与物流供给不平衡。在这种情况下得到的统计数据是不真实的、无效的。

正是由于以上这些问题,我们无法直接使用国际上通用的一些可以表征物流系统需求的状态参量,如物流总成本、物流总成本与 GDP 的比重、物流固定资产投资总额等。我们无法得到这些状态参量统计数据,而且即使得到其中一部分数据,其数据也不真实,不能体现物流系统需求的真实情况。

基于此,如前文所述,根据相关文献和一些专家学者的建议,结合湖北省食品冷链物流行业发展的实际情况,我们大胆假设:湖北省食品冷链物流系统遵循一般物流系统的规律,冷链食品的消耗总量反映了这个地区一段时间内人们对冷链食品的需求,在某种程度上可以代表食品冷链物流系统的需求。同时,考虑到统计数据的可得性和真实性,我们决定采用"冷链食品消耗总量"作为湖北省食品冷链物流系统的状态参量,并以该指标代表湖北省食品冷链物流系统的需求。

3. 控制参量的选择

控制参量是用来描述系统外部环境中对系统产生调整、控制、影响和变化的参量。一般情形下，由于控制参量来源于外部，它们对系统产生的影响是渐进和缓慢的，不是系统产生变化的主要因素，因而可以在一次观察或运行过程中将控制参量看做常量。控制参量的主要特点为复杂性、整体性、独特性以及选择的困难性。

1) 复杂性

食品冷链物流系统主体要素复杂，形成了多种不同的结构，呈现出丰富的系统功能，而这些不同的要素、结构和功能同时也受到外界环境中不同因素的影响，且受影响的程度均不相同，实际情况非常复杂。事实上，我们无法将食品冷链物流系统中的控制参量逐一罗列，也无法将控制参量对系统的影响逐一量化。因此，在研究食品冷链物流系统的控制参量时，我们应该从宏观角度挑选出对食品冷链物流系统产生较大影响的控制参量，然后对其进行量化分析。

2) 整体性和独特性

控制参量对系统的影响往往是缓慢和综合的，这种影响不会仅由一个控制参量导致，因此应该将对系统产生影响的控制参量视为一个整体，从一个整体的角度研究它们对系统产生的作用。同时，不同的控制参量对系统的影响程度是不同的，不同的控制参量在影响系统的过程中会体现出自身的个性和特点。比如，在食品冷链物流系统自身具有很大的发展空间前提下，如果国家政策面扶持、国际经济环境繁荣，则食品冷链物流系统的发展会更加繁荣；相反，如果政策面缩紧，国际金融形势严峻，则食品冷链物流系统的发展自然也会受到波及而萎缩。

3) 选择的困难性

食品冷链物流系统的控制参量众多，在选择的过程中存在一定的困难。一方面，在现在这个历史阶段，政府及相关部门对如何认识食品冷链物流系统中的控制参量还没有达成一致；另一方面，食品冷链物流系统中某些控制参量可以被量化，能够用科学方法对其进行处理，而某些控制参量则很难量化，或者根本无法被量化，给研究工作增加了很大的困难。

4. 食品冷链物流系统规控制参量的确定

如前文所述，我们采用定性的方法，初步筛选出9个影响湖北省食品冷链物流系统发展的重要因素，并以这9个影响因素作为湖北省食品冷链物流系统的控制参量，具体见表5-2所示。

6.3 基于系统序参量的多元回归预测模型的算例分析

动态系统论是研究系统从无序转变为有序过程的理论。动态系统用状态参量表示系统存续期间的状况或态势；用控制参量表示系统所处的外界环境中那些能够改变系统的性质、能够在一定范围内对系统进行调整、控制、影响和制约的外部参量。回归分析（regression analysis）是研究一个因变量 y 与一个自变量 x 或一组自变量 x_1，x_2，$\cdots$，x_k 相互依存关系的统计分析方法，研究的是现象之间是否相关、相关的方向、密切程度以及具体表现的形式。将这两者进行对比，我们发现，动态系统理论与回归分析在分析和解决问题方面有很强的相似性。两者之间的对应关系如图6-13所示。于是我们尝试以系统论为理论基础和支撑，将食品冷链物流系统视为一个受外界环境影响而不断变化的动态系统，以回归分析为技术手段，对湖北省城乡食品冷链物流系统需求进行预测。具体说来，我们认为，可以把用来描述动态系统状态的状态参量类比看成回归分析中的因变量；把反映系统外部环境对系统产生影响和制约的控制参量类比看成回归分析中的自变量。因此，可以采用基于系统序参量的多元回归预测方法研究食品冷链物流系统中控制参量与状态参量的相互关系和影响程度，以及预测湖北省城乡食品冷链物流系统未来的发展趋势和需求规模。

1. 数据分析

我们研究的是基于系统序参量的湖北省城乡食品冷链物流系统需求的多元回归预测法。因此，首先要解决的问题是确定湖北省城乡食品冷链物流系统的状态参量和控制参量以及在回归分析中与其对应的因变量与自变量。

1）食品冷链物流系统的状态参量

如前文所述，我们采用湖北省城乡冷链食品的总消耗量作为系统的状态参量，它对应于回归预测法中的因变量 y_i。

2）食品冷链物流系统的控制参量

影响湖北省城乡食品冷链物流系统发展的控制参量很多，根据前文的分析以及数据的可得性，我们初步定性地选择了9个控制参量。食品冷链物流系统中的控制参量对应于回归分析中的自变量 x_i。食品冷链物流系统的状态参量和控制参量与回归分析中因变量与自变量的对照关系如图6-14所示。

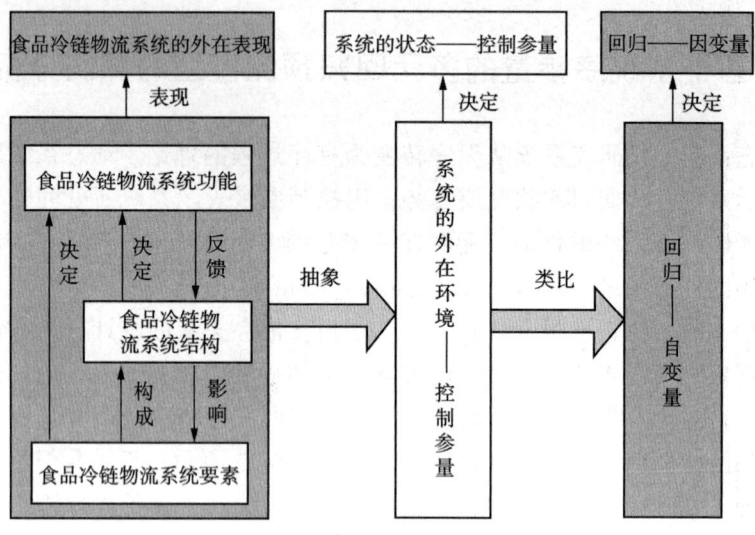

图 6-13 动态系统理论与回归分析的对照关系

2. 模型假设

第一,有正确的期望函数。即在多元回归模型中没有遗漏任何重要的解释变量,也没有包含任何多余的解释变量。

第二,被解释变量等于期望函数与随机干扰项之和。

第三,随机干扰项独立于期望函数。即多元回归模型中的所有解释变量 x_i 与随机干扰项 u 不相关。

第四,解释变量矩阵 X 是非随机矩阵,且其秩为列满秩的,即:

$$\text{rank}(X) = k, \ k < n$$

式中,k 是解释变量的个数,n 为观测次数。

第五,随机干扰项服从正态分布。

第六,随机干扰项的期望值为零,即 $E(u) = 0$。

第七,随机干扰项具有方差齐性,即 $\sigma^2(u_i) = \sigma^2$(常数)。

第八,随机干扰项相互独立,即无序列相关。$\sigma(u_i, u_j) = \text{cov}(u_i, u_j) = 0$。

3. 基于系统序参量的多元回归的湖北省城乡食品冷链物流系统需求的预测模型

1) 模型建立

6.3 基于系统序参量的多元回归预测模型的算例分析

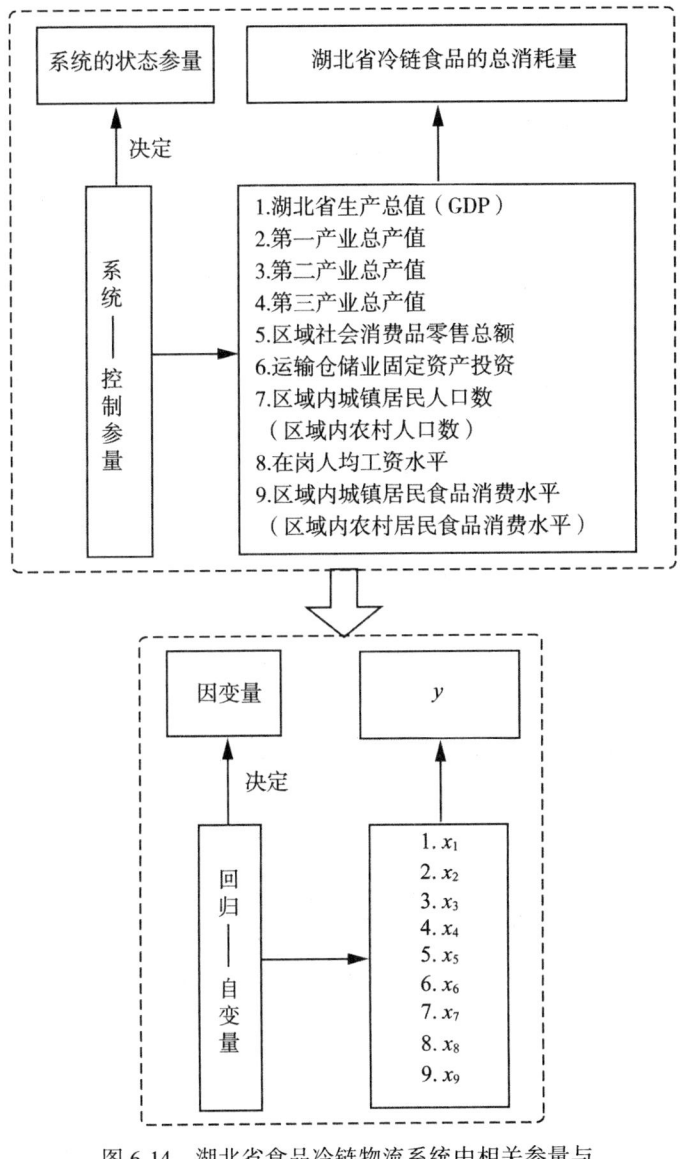

图 6-14 湖北省食品冷链物流系统中相关参量与回归中相关变量间的对照关系

建立多元回归预测模型:

$$y_i = b_0 + b_1 x_{1i} + b_2 x_{2i} + \cdots + b_p x_{pi} + \varepsilon_i, \quad i=1, 2, \cdots, n \tag{6-1}$$

2）基于系统论的多元回归预测法中序参量的定量筛选

在现有的关于多元回归预测方法的文献中，绝大多数研究都是先定性地给出一些对因变量有影响的自变量，然后再根据这些自变量的统计数据直接建立回归方程，最后得出预测结果。这种方法没有充分考虑自变量与因变量之间的相关程度，在自变量的选择上有较大的主观意愿，在预测方法的顶层设计上没有进行精确的考量和构造，预测结果会出现较大的偏差。

第一，选择的自变量是否显著。如果选择的自变量对因变量的影响不显著，则会增加回归方程的自由度，从而增加预测的误差。

第二，自变量的个数。如果自变量的个数选得太少，则自变量对因变量的决定系数太小，导致过大的偏差，但如果自变量的个数选的过多，则会导致需要的样本数据巨大，同时，多个自变量间的相关问题还会给回归模型带来多重共线问题，给模型的分析和解释带来麻烦。

在采用基于系统序参量的多元回归预测法对湖北省城乡食品冷链物流系统需求进行预测时，自变量就是系统的控制参量，其选择是非常重要的，决定了预测结果的准确性。我们认为，可以借用系统论中决定序参量的思想，即在前文已经定性找到的9个自变量（控制参量）中，定量地选择对因变量（状态参量）起主导作用的自变量（控制参量），形成对系统影响最大的一组的自变量（序参量），并带入最终的多元回归方程。

因此，我们在多元回归预测模型的建模过程中，提出一种基于系统序参量的自变量确定法。该方法的具体操作要求是：引入回归预测模型的自变量的个数要尽可能地少，自变量的显著性要尽可能的高，残差平方和要尽可能地小。即进入多元回归方程的自变量都是显著的，而未进入多元回归方程的自变量都是不显著的，也就是进入多元回归方程的自变量就是所研究系统的序参量。

在此分析的基础上，采用逐步进入法（进入概率：0.2，删除概率：0.25）对表5-2中初步选定的9个控制参量进行相关分析，选择能最终能进入回归预测模型的自变量，结果见表6-2和表6-3。

(1)城镇部分。依次进入回归模型的自变量（控制参量）是x_{15}，x_{16}，x_{18}。

表 6-2 基于系统序参量的湖北省食品冷链物流系统(城镇)自变量与因变量之间的相关系数

变　　量	x_{15}	x_{16}	x_{18}
偏相关系数	0.984	0.601	-0.666

用 x_{15}，x_{16}，x_{18} 对 y_1 进行线性回归，得到线性回归模型：

$$\hat{y}_1 = 27.097 + 0.027 x_{15} - 0.262 x_{16} - 0.004 x_{18} \tag{6-2}$$

(2)农村部分。依次进入回归模型的自变量(控制参量)是 x_{17}。

表 6-3 基于系统序参量的湖北省食品冷链物流系统(农村)自变量与因变量之间的相关系数

变　　量	x_{17}
偏相关系数	0.947

故用 x_{17} 对 y_2 进行线性回归，得到线性回归模型：

$$\hat{y}_2 = -10.263 + 0.021 x_{17} \tag{6-3}$$

4. 回归模型显著性检验[222,223]

1) F 检验(模型整体与因变量的关联度)

$$F = \frac{\sum (\hat{y}_t - \bar{y}_t)^2 / (k-1)}{\sum (\hat{y}_t - \bar{y}_t)^2 / (n-k)} \tag{6-4}$$

查 F 分布表，将根据统计数据计算的 F 与 F 分布表中的 F_n 值进行比较。如果计算的 F 值大于查得的 F_n 值，则认为 F 检验通过。

城镇部分：$F = 180.491 > F_{0.01}(3,6) = 9.7795$，故模型是显著的。

农村部分：$F = 70.151 < F_{0.05}(1,8) = 5.318$，故模型是显著的。

2) T 检验(每个自变量与因变量之间的关联度)

$$T = \frac{\hat{b}_i - b_i}{s_b} = \frac{\hat{b}_i}{s_b} T(n-2) \tag{6-5}$$

$$s_b = \frac{s_e}{\sqrt{\sum (x_t - \overline{x_t})^2}} \tag{6-6}$$

$$s_e = \sqrt{\frac{\sum (y_t - \hat{y}_t)^2}{n-k}} \tag{6-7}$$

城镇部分 T 检验的结果见表6-4，农村部分 T 检验的结果见表6-5。

表6-4   城镇部分的 T 检验

变量	x_{15}	x_{16}	x_{18}
$\lvert t \rvert > \lvert t_{0.05}(6) \rvert = 1.9432$	3.341	2.814	−2.188

表6-5   农村部分的 T 检验

变量	x_{17}
$\lvert t \rvert > \lvert t_{0.05}(8) \rvert = 1.8595$	8.178

5. 预测结果的拟合检验和外推检验

1) 拟合检验

(1) 样本均方误差 (MSE)：

城镇部分：
$$\text{MSE} = \frac{1}{n}\sum_{i=1}^{n}(y_t - \hat{y}_t)^2 = \frac{1}{n}\sum_{i=1}^{n}(y_{11i} - \hat{y}_{11i})^2 = 3.3667$$

农村部分：
$$\text{MSE} = \frac{1}{n}\sum_{i=1}^{n}(y_t - \hat{y}_t)^2 = \frac{1}{n}\sum_{i=1}^{n}(y_{11i} - \hat{y}_{11i})^2 = 3.8008$$

(2) 拟合度 (CD)：

城镇部分：
$$R = \frac{\sum_{t=1}^{n}(\hat{y}_t \times y_t)}{\sqrt{\sum_{t=1}^{n}(\hat{y}_t)^2 \times \sum_{t=1}^{n}(y_t)^2}} = \frac{\sum_{i=0}^{n} y_{11i} \times \hat{y}_{11i}}{\sum_{i=0}^{n} y_{11i}^2 \sum_{i=0}^{n} \hat{y}_{11i}^2} = 0.9997$$

农村部分：
$$R = \frac{\sum_{t=1}^{n}(\hat{y}_t \times y_t)}{\sqrt{\sum_{t=1}^{n}(\hat{y}_t)^2 \times \sum_{t=1}^{n}(y_t)^2}} = \frac{\sum_{i=0}^{n} y_{11i} \times \hat{y}_{11i}}{\sum_{i=0}^{n} y_{11i}^2 \sum_{i=0}^{n} \hat{y}_{11i}^2}$$

$= 0.9994$

2）外推检验

（1）平均预测误差（MD）：

城镇部分： $\text{MD} = \frac{1}{n}\sum_{t=1}^{n}(y_t - \hat{y}_t) = \frac{1}{n}\sum_{i=1}^{n}(y_{11i} - \hat{y}_{11i})$

$= -4.6434 \times 10^{-12}$

农村部分： $\text{MD} = \frac{1}{n}\sum_{t=1}^{n}(y_t - \hat{y}_t) = \frac{1}{n}\sum_{i=1}^{n}(y_{11i} - \hat{y}_{11i})$

$= -2.5793 \times 10^{-13}$

（2）平均绝对百分误差（MAPE）：

城镇部分： $\text{MAPE} = \frac{1}{n}\sum_{t=1}^{n}\left|\frac{y_t - \hat{y}_t}{y_t} \times 100\%\right|$

$= \frac{1}{n}\sum_{i=1}^{n}\left|\frac{y_{11i} - \hat{y}_{11i}}{y_{11i}}\right| = 1.6163\%$

农村部分： $\text{MAPE} = \frac{1}{n}\sum_{t=1}^{n}\left|\frac{y_t - \hat{y}_t}{y_t} \times 100\%\right|$

$= \frac{1}{n}\sum_{i=1}^{n}\left|\frac{y_{11i} - \hat{y}_{11i}}{y_{11i}}\right| = 2.9885\%$

综上，通过以上各项检验性实验的实验数据可以看出，采用基于系统序参量的多元回归预测模型对湖北省城乡食品冷链物流系统未来的发展趋势和需求规模进行预测时，预测模型均能通过各项检验，说明该预测模型可行，且预测结果较为理想，预测精度较高。

6. 基于系统序参量的多元回归的2010—2014年湖北省城乡食品冷链物流系统需求预测

1）城镇部分

基于系统序参量的多元回归的2000—2014年湖北省食品冷链物流系统（城镇部分）各自变量的拟合与预测结果如图6-15、图6-16、图6-17所示。基于系统序参量的多元回归的2000—2014年湖北省食品冷链物流系统（城镇部分）需求的预测数据见表6-6，拟合与预测结果如图6-18所示，误差分析如图6-19所示。

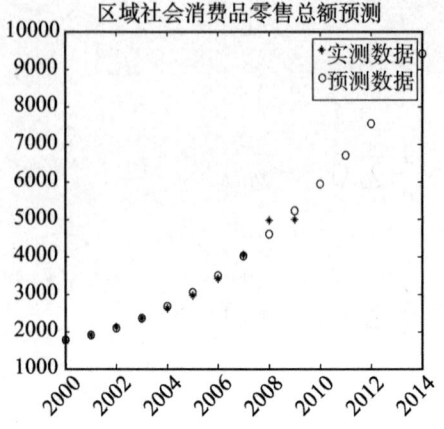

图 6-15　自变量 x_{15}(城镇)拟合与预测图

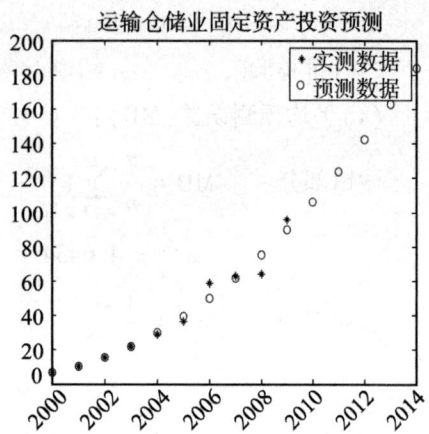

图 6-16　自变量 x_{16}(城镇)拟合与预测图

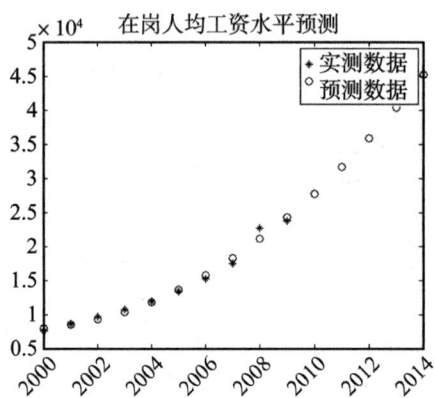

图 6-17　自变量 x_{18}(城镇)拟合与预测图

表 6-6　　基于系统序参量的多元回归的 2010—2014 年湖北省食品冷链物流系统(城镇)需求预测数据

	2010	2011	2012	2013	2014
x_{15}	5934.52	6706.61	7543.59	8445.46	9412.21
x_{16}	106.12	123.58	142.40	162.59	184.15
x_{18}	27753.27	31605.58	35798.95	40333.38	45208.87
y_1	110.2236	121.0892	132.7765	145.2856	158.6164

6.3 基于系统序参量的多元回归预测模型的算例分析

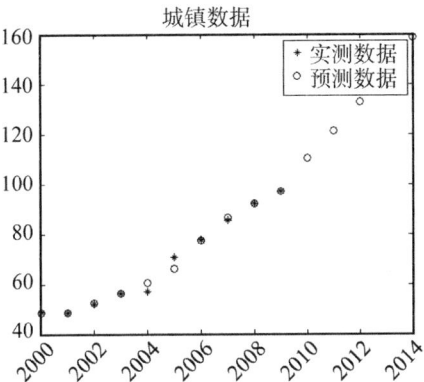

图 6-18 基于系统序参量的多元回归的 2000—2014 年湖北省
食品冷链物流系统(城镇)需求预测的拟合与预测图

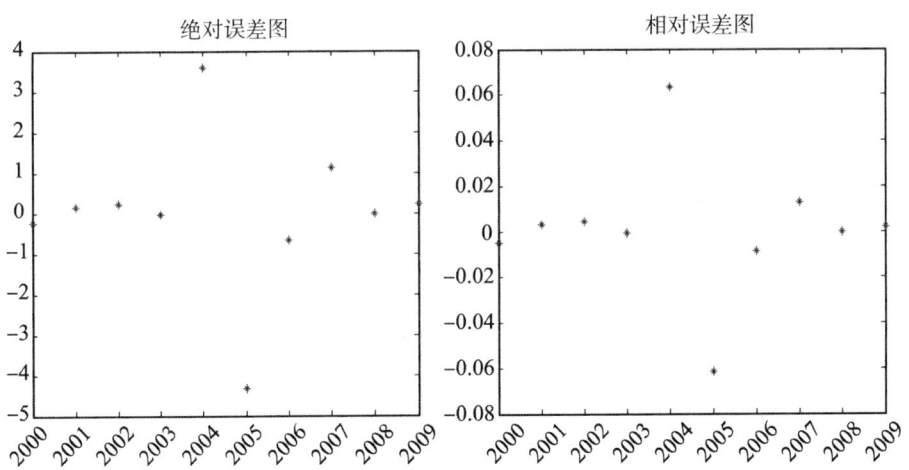

图 6-19 基于系统序参量的多元回归的 2000—2014 年湖北省食品
冷链物流系统(城镇)需求预测结果的绝对和相对误差图

2)农村部分

基于系统序参量的多元回归的 2000—2014 年湖北省食品冷链物流系统(农村)自变量的拟合与预测结果如图 6-20 所示。基于系统序参量的多元回归的 2000—2014 年湖北省食品冷链物流系统(农村)预测数据见表 6-7,需求拟合与预测结果如图 6-21 所示,误差分析如图 6-22 所示。

231

第6章 基于系统序参量的湖北省城乡食品冷链物流系统需求预测

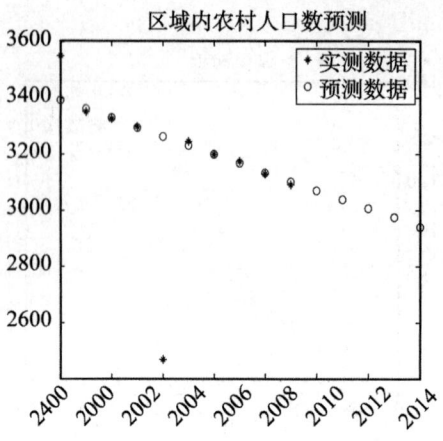

图 6-20 自变量 x_{27}（农村）拟合与预测图

表 6-7 基于系统序参量的多元回归的 2010—2014 年湖北省食品冷链物流系统（农村）需求拟合与预测数据

	2010	2011	2012	2013	2014
x_{27}	27753.27	31605.58	35798.95	40333.38	45208.87
y_2	55.6458	54.9535	54.2612	53.5689	52.8766

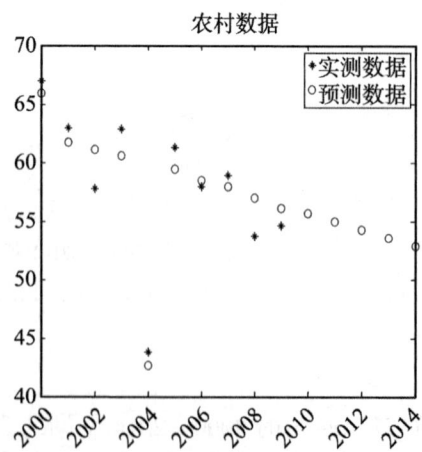

图 6-21 基于系统序参量的多元回归的 2000—2014 年湖北省食品冷链物流系统（农村）需求预测的拟合与预测图

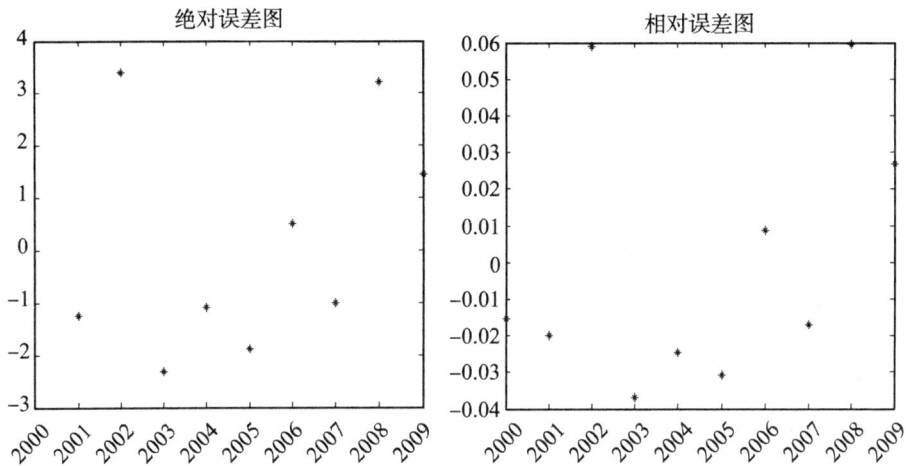

图 6-22 基于系统序参量的多元回归的 2000—2014 年湖北省食品
冷链物流系统(农村)需求预测结果的绝对和相对误差图

6.4 基于系统序参量和 AW-BP 的非线性组合的预测模型的算例分析

组合预测方法是指采用适当的方法对多种单项预测方法或技术进行组合,以突出单项预测方法和技术的优点,避免其缺点,其目的是获得比单项预测方法更优的预测结果[224]。1969 年,J. N. Bates 和 G. W. J. Granger 首次证明了由两种无偏的单项预测方法通过有机结合形成的组合预测方法的输出结果明显优于各个单项预测的预测结果。自此以后,国内外的研究学者一直都在组合预测方法的组合形式、预测精度和理论支撑等领域进行潜心研究,取得了丰富的成果和长足的进展。组合预测方法的组合方式有两种:第一,采用各单项预测方法对目标对象进行独立的预测,然后对各个预测结果进行分析,并赋予它们不同的"权",通过权重对预测的结果进行组合;第二,分析各单项预测方法的误差,并赋予各个单项预测方法不同的权重,将各单项预测方法组合成新的预测方法,继而完成对目标对象的组合预测[225~227]。

根据输入数据和输出结果的映射关系的不同,组合预测方法可以分为线性组合预测方法和非线性组合预测方法两大类。一般而言,非线性组合方法

具有更广泛的适用性,但建模和求解过程更复杂、困难更大。对两者进行比较,其不同点如下[228~231]:

第一,预测方法的目标不同。

线性组合预测方法的唯一目标是在约束条件下的总体误差平方和最小,方法的输出结果是唯一的;非线性组合预测方法要求总体误差平方和相对要小,而且要求组合预测方法的各个误差项综合起来是最小的。因此,其方法的输出结果不唯一,可视具体的情况灵活调节参数,以便更好地满足预测的要求。

第二,样本数据对输出结果的影响不同。

由于线性组合预测方法采用的是线性加权的方式,因此如果训练样本数据中有个别畸变的数据,线性组合预测方法是无法消除畸变数据对输出结果产生的影响的,有时甚至会放大这种影响。而非线性组合预测方法采用的是非线性加权方式,个别畸变数据只会在数据输入时造成影响,这种影响由于非线性方式的无后效性特点,不会向下传递。因此,即使训练样本中出现了个别畸变数据,其对非线性预测方法的整体影响也是很小的。这种对个别畸变数据的宽容性有效地减少了非线性组合预测方法的预测结果对真实情况的偏离,有利于提高该预测方法整体的精度。

第三,约束条件不同。

耿奎的研究成果证明使用线性组合预测方法必须遵守一个隐性前提,就是各种单项预测方法具有良好的一致性。但是各个单项预测模型都是源于不同假设条件和建模理论,无法实现良好的一致性,同时线性组合预测方法对各单项预测方法的权重有较为严格的要求,比如:该方法的权重之和必须为1,各单项预测方法的权重必须大于或等于0,等等。这些约束和限制给线性组合预测方法的使用带来了困难。而非线性组合预测方法对各单项预测方法权重的要求则较为松弛,这使得每个单项预测方法既可以对组合方法的输出产生正向的刺激和兴奋,也可以产生反向的抑制。因此该方法可以按照客观真实对训练样本数据进行更为有效的过滤、筛选、修正和调整,从而更有效地提高预测的精度。

第四,加权形式不同。

线性组合预测方法采用线性加权的方法。各单项预测方法的权重依赖于其产生的误差大小,即如果该单项方法在整个组合预测中的误差较小,则按照其误差在总误差中所占的比重赋予其较大权重；反之，则赋予其较小权重。而非线性组合预测的方法采用的是非线性加权的方法。各单项预测方法的权重是以动态和非线性方式给出的，同时各单项预测方法对组合预测方法输出结果的影响也是非线性的，因此更符合复杂系统的特点。

因此，遵循组合式预测法能够获得更优预测结果的思路，我们将各单项预测模型作为 AW-BP 神经网络的输入，通过 AW-BP 神经网络对各单项预测方法进行非线性组合，建立了一种全新的基于系统序参量和 AW-BP 的非线性组合预测模型，该模型的目标是能够获得获得更高的预测精度和更强的算法鲁棒性。

6.4.1 模型的结构设计

(1) 层次结构：为基于系统序参量和 AW-BP 的非线性组合预测模型设计一个含有输入层、隐含层和输出层的三层结构。

(2) 数据的输入和输出以及 AW-BP 神经网络层间的处理方式如下：

设输入层有 3 个神经元，输入的数据分别为基于系统需参量的多元回归、时间序列和灰色预测对湖北省食品冷链物流系统发展的预测值（2000—2009年）；

隐含层神经元个数根据经验公式在训练阶段初步定为 9、12 和 15 个，根据训练中最适合的结果确定最终的隐含层神经元个数；

输出层有 1 个神经元，表示对湖北省食品冷链物流系统发展进行拟合和预测的结果，即湖北省冷链食品的消耗量，具体情况见表6-8。

表 6-8 **基于系统序参量和 AW-BP 的非线性组合预测模型的训练样本结构**

	训练模型 1	训练模型 2	训练模型 3
输入层	3(多元回归、时间、灰色)	3(多元回归、时间、灰色)	3(多元回归、时间、灰色)
隐含层	9	12	15
输出层	1	1	1

表6-9 预处理后的数据（城镇）

		2000	2001	2002	2003	2004	2005	2006	2007	2008	2009	2010	2011	2012	2013	2014
输入数据	多元回归法	0.1500	0.1511	0.1828	0.2321	0.3179	0.4051	0.5284	0.6481	0.7448	0.7833	0.8104	0.8282	0.8390	0.8457	0.8500
输入数据	时间序列法	0.1550	0.1500	0.2245	0.3201	0.3171	0.5191	0.6189	0.6655	0.7156	0.7569	0.7889	0.8219	0.8366	0.8441	0.8500
输入数据	灰色法	0.1721	0.1500	0.2198	0.2889	0.3581	0.4264	0.5015	0.5547	0.6177	0.6765	0.7289	0.7720	0.8054	0.8309	0.8500
输出数据	原始数据	0.1570	0.1500	0.2517	0.3537	0.3729	0.6147	0.7033	0.7738	0.8211	0.8500					

表6-10 预处理后的数据（农村）

		2000	2001	2002	2003	2004	2005	2006	2007	2008	2009	2010	2011	2012	2013	2014
输入数据	多元回归法	0.8500	0.8204	0.7936	0.7808	0.1500	0.7457	0.7243	0.7014	0.6611	0.6428	0.6209	0.5933	0.5652	0.5366	0.5077
输入数据	时间序列法	0.8500	0.7970	0.7002	0.7961	0.1500	0.7705	0.7036	0.7258	0.5968	0.6233	0.6351	0.6833	0.6616	0.6510	0.6433
输入数据	灰色方法	0.8500	0.6271	0.5935	0.5573	0.5183	0.4759	0.4051	0.3651	0.3245	0.2867	0.2509	0.2176	0.1917	0.1690	0.1500
输出数据	原始数据	0.8500	0.7970	0.7002	0.7961	0.1500	0.7705	0.7053	0.7259	0.5964	0.6219					

6.4.2 数据的处理

对前文中使用的各种单项预测方法对湖北省城乡食品冷链物流系统需求的预测结果进行数据预处理。处理的方法和结果见表 6-9、表 6-10。

(1)数据归一化处理：

输入样本：公式(5-12)；

目标样本：公式(5-13)。

(2)数据的修正处理：

输入样本：公式(5-14)；

目标样本：公式(5-15)。

(3)数据后处理，即反归一化处理：公式(5-16)。

6.4.3 参数设定

(1)传递函数：Sigmoid 函数；

(2)权值和阈值：初始权值和阈值由随机函数产生；

(3)期望误差：公式(5-21)。

6.4.4 训练过程

1. 基于系统序参量和 AW-BP 的非线性组合预测模型(城镇)的训练过程

前文中已经分别采用基于系统序参量的多元回归、时间序列和灰色预测方法对 2000—2009 年湖北省食品冷链物流系统(城镇)食品总消耗量进行了预测。现对这些预测值进行预处理，并作为训练样本提供给基于系统序参量和 AW-BP 的非线性组合预测模型进行训练。相应的训练收敛和误差结果如图 6-23、图 6-24、图 6-25 所示，误差值见表 6-11。

表 6-11　　　　训练过程收敛迭代和误差值(城镇)

输入个数	隐含层个数	输出个数	达到精确值后迭代停止的次数	误差值 Error
3	9	1	2170	0.2182
3	12	1	2662	0.6316
3	15	1	1490	0.3572

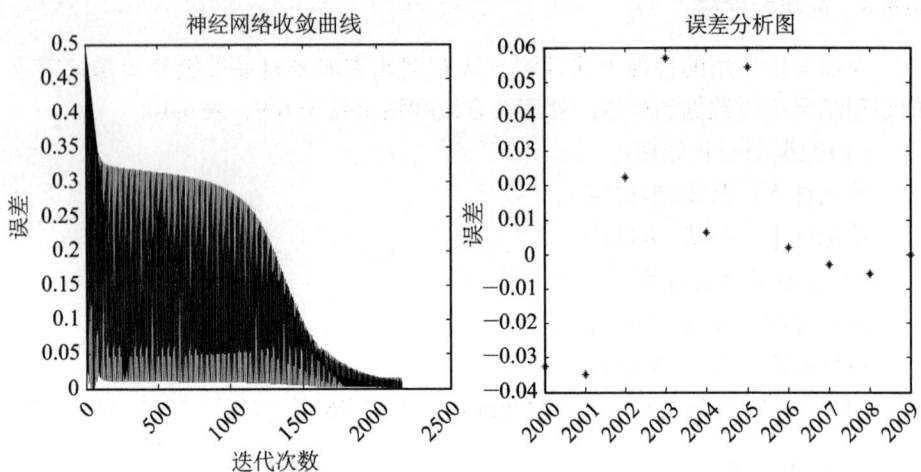

图 6-23　隐含层神经元个数为 9 时，基于系统序参量和 AW-BP 的
非线性组合预测模型(城镇)训练的收敛及误差情况

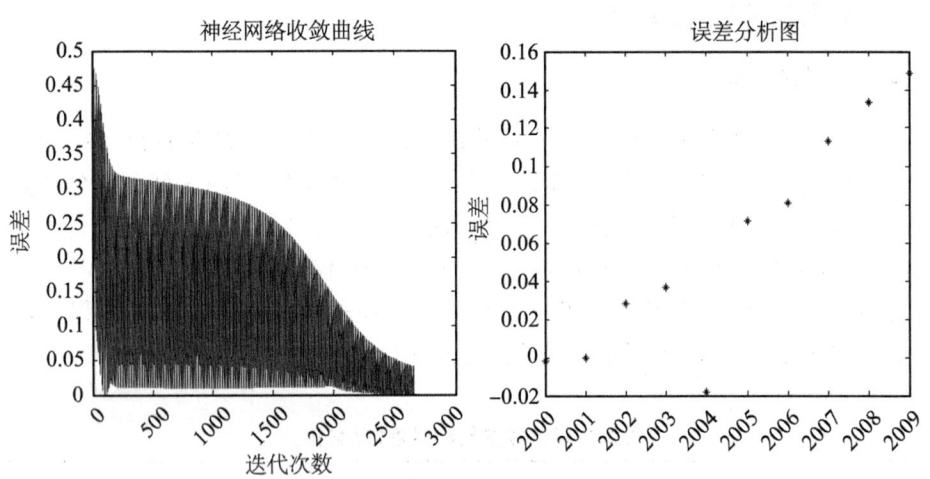

图 6-24　隐含层神经元个数为 12 时，基于系统序参量和 AW-BP
非线性组合的预测模型(城镇)训练的收敛及误差情况

虽然预测的误差跟预测模型的初始值有一定的关系，但是从训练结果的平均值来看，当基于系统序参量和 AW-BP 的非线性组合训练模型的隐含层神经元个数为 15 时，模型的收敛速度最快。因此，我们选择隐含层神经元个数

6.4 基于系统序参量和 AW-BP 的非线性组合的预测模型的算例分析

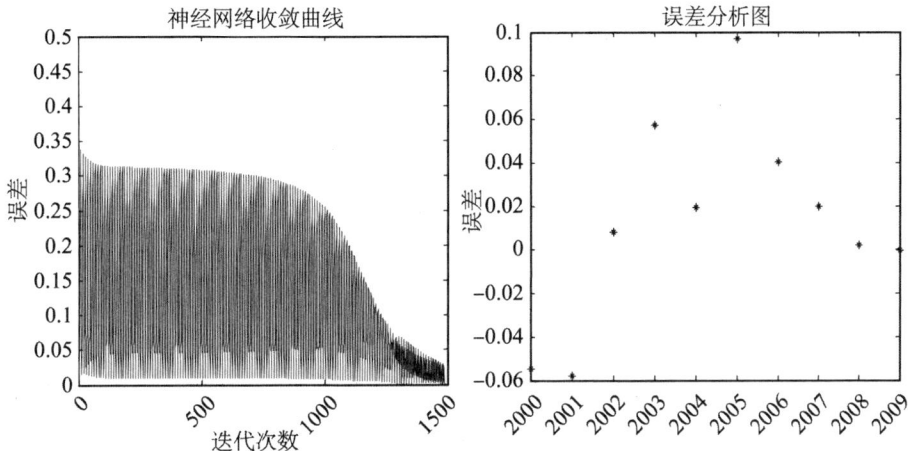

图 6-25 隐含层神经元个数为 15 时，基于系统序参量和 AW-BP 非线性组合的预测模型（城镇）训练的收敛及误差情况

为 15 的训练模型作为湖北食品冷链物流系统（城镇）需求的预测模型。

2. 基于系统序参量和 AW-BP 的非线性组合预测模型（农村）的训练过程

对分别采用基于系统序参量的多元回归、时间序列和灰色预测方法对 2000—2009 年湖北省食品冷链物流系统（农村）食品总消耗量计算的预测值进行预处理，并作为训练数据提供给基于系统序参量和 AW-BP 的非线性组合预测模型进行训练。相应的训练收敛和误差结果如图 6-26、图 6-27、图 6-28 所示，误差值见表 6-12。

表 6-12　　　　　　　训练过程收敛迭代和误差值（农村）

输入个数	隐含层个数	输出个数	达到精确值后迭代停止的次数	误差值 Error
3	9	1	1245	0.2553
3	12	1	1115	0.2619
3	15	1	857	0.2613

虽然预测的误差跟预测模型的初始值有一定的关系，但从训练结果的平

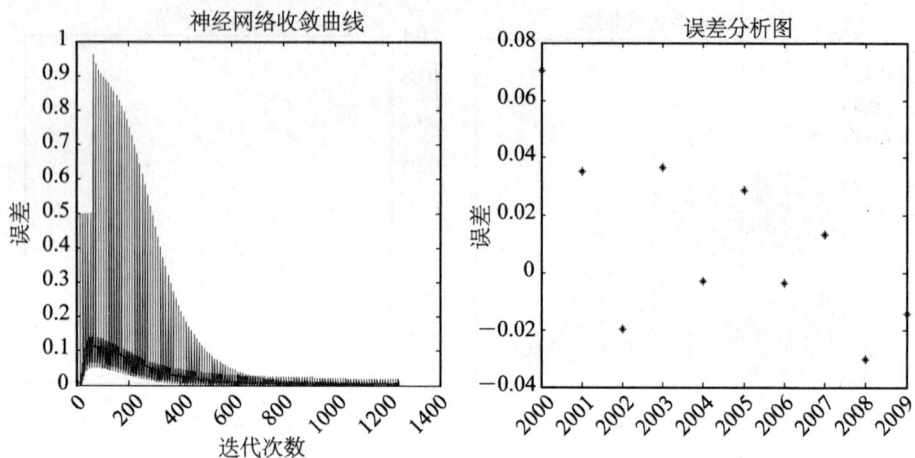

图 6-26　隐含层神经元个数为 9 时,基于系统序参量和 AW-BP 的
非线性组合的预测模型(农村)训练的收敛及误差情况

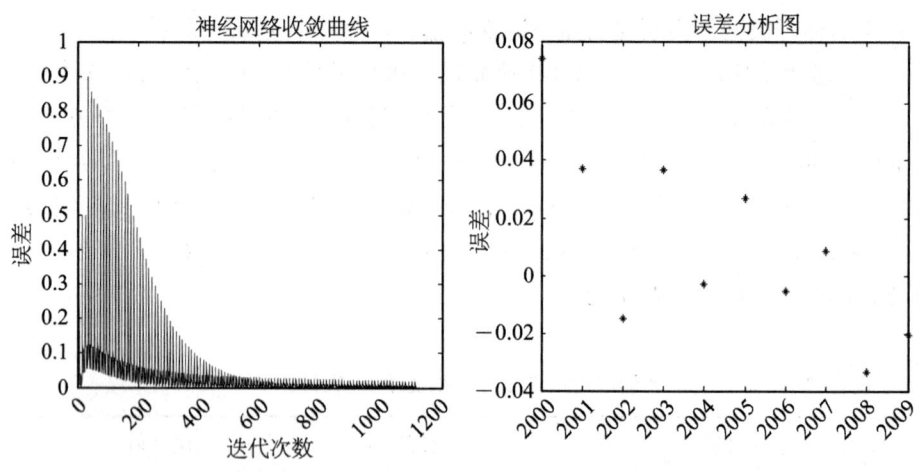

图 6-27　隐含层神经元个数为 12 时,基于系统序参量和 AW-BP 的
非线性组合的预测模型(农村)训练的收敛及误差情况

均值来看,当基于系统序参量和 AW-BP 的非线性组合训练模型的隐含层神经元为 15 时,模型的收敛最快。因此,我们仍然选择隐含层神经元个数为 15 的训练模型作为湖北省食品冷链物流系统(农村)需求的预测模型。

6.4 基于系统序参量和 AW-BP 的非线性组合的预测模型的算例分析

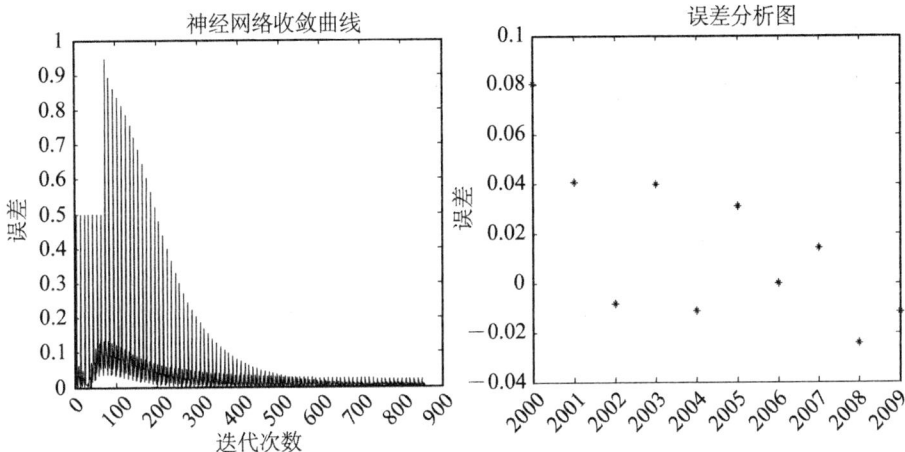

图 6-28 隐含层神经元个数为 15 时,基于系统序参量和 AW-BP 的非线性组合的预测模型(农村)训练的收敛及误差情况

6.4.5 误差分析

1. 拟合优度检验

(1) 样本均方误差(MSE):

城镇部分: $\mathrm{MSE} = \dfrac{1}{n} \sum_{i=1}^{n} (y_i - \hat{y}_i)^2 = 0.0121$

农村部分: $\mathrm{MSE} = \dfrac{1}{n} \sum_{i=1}^{n} (y_i - \hat{y}_i)^2 = 0.0109$

(2) 拟合度(CD):

城镇部分: $R = \dfrac{\sum_{i=1}^{n}(\hat{y}_i \times y_i)}{\sqrt{\sum_{i=1}^{n}(\hat{y}_i)^2 \times \sum_{i=1}^{n}(y_i)^2}} = 0.9984$

农村部分: $R = \dfrac{\sum_{i=1}^{n}(\hat{y}_i \times y_i)}{\sqrt{\sum_{i=1}^{n}(\hat{y}_i)^2 \times \sum_{i=1}^{n}(y_i)^2}} = 0.9991$

2. 外推检验

（1）平均预测误差（MD）：

城镇部分：$MD = \frac{1}{n}\sum_{i=1}^{n}(y_i - \hat{y}_i) = -0.0088$

农村部分：$MD = \frac{1}{n}\sum_{i=1}^{n}(y_i - \hat{y}_i) = 0.0151$

（2）平均绝对百分误差（MAPE）：

城镇部分：$MAPE = \frac{1}{n}\sum |\frac{y-\hat{y}}{y} \times 100\%| = 3.2709\%$

农村部分：$MAPE = \frac{1}{n}\sum |\frac{y-\hat{y}}{y} \times 100\%| = 2.6134\%$

从以上各项检验性实验的结果可以看出，基于系统序参量和 AW-BP 的非线性组合预测模型的各项性能良好，模型可行、有效，预测精度很高，非常适合于对湖北省城乡食品冷链物流系统的需求进行预测。

6.4.6 预测

1. 基于系统序参量和 AW-BP 的非线性组合的预测模型（城镇）的预测结果

用已经训练好的基于系统序参量和 AW-BP 的非线性组合预测模型（城镇）对湖北省食品冷链物流系统（城镇）的需求进行预测，采用前文中分别利用基于系统序参量的多元回归、时间序列和灰色预测方法对 2000—2014 年湖北省冷链食品的总消耗量（城镇）进行拟合的数据作为输入，输出为 2000—2014 年的湖北省食品冷链物流系统（城镇）需求的预测值。预测结果的拟合和误差结果如图 6-29 所示，预测数据见表 6-13。

表 6-13　基于系统序参量和 **AW-BP** 的非线性组合的预测模型（城镇）的预测数据

年份 项目	2010	2011	2012	2013	2014
预测值	0.9037	0.9127	0.9174	0.9202	0.9222
反归一化值	109.2144	111.9394	113.4819	114.4566	115.1474

6.4 基于系统序参量和 AW-BP 的非线性组合的预测模型的算例分析

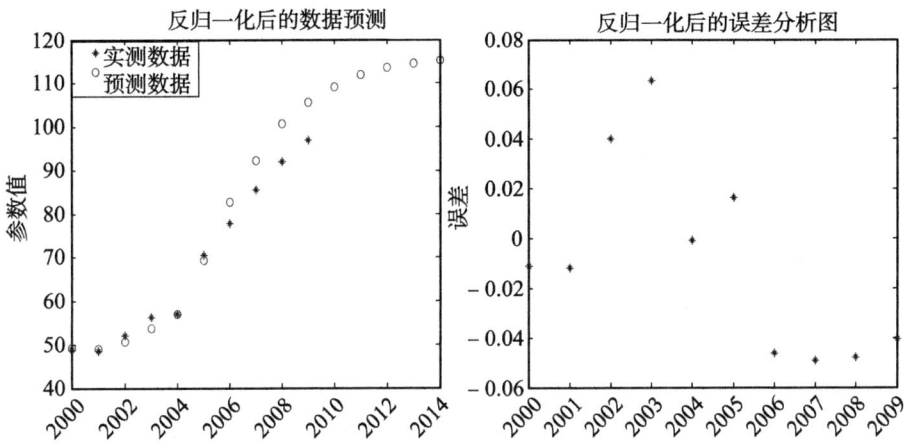

图 6-29 基于系统序参量和 AW-BP 的非线性组合的预测模型(城镇)预测结果的拟合图和误差图

2. 基于系统序参量和 AW-BP 的非线性组合预测模型(农村)的预测结果

用已经训练好的基于系统序参量和 AW-BP 的非线性组合预测模型(农村)对湖北省食品冷链物流系统(农村)的需求进行预测,采用前文中分别利用基于系统序参量的多元回归、时间序列和灰色预测方法对 2000—2014 年湖北省冷链食品的总消耗量(农村)进行拟合的数据作为输入,输出为 2010—2014 年的湖北省食品冷链物流系统(农村)需求的预测值。预测结果的拟合和误差结果如图 6-30 所示,预测数据见表 6-14。

表 6-14　　基于系统序参量和 AW-BP 的非线性组合的预测模型(农村)的预测数据

年份 项目	2010	2011	2012	2013	2014
预测值	0.6342	0.6532	0.6279	0.6080	0.5887
反归一化值	55.0632	55.7741	54.8359	54.1386	53.4965

243

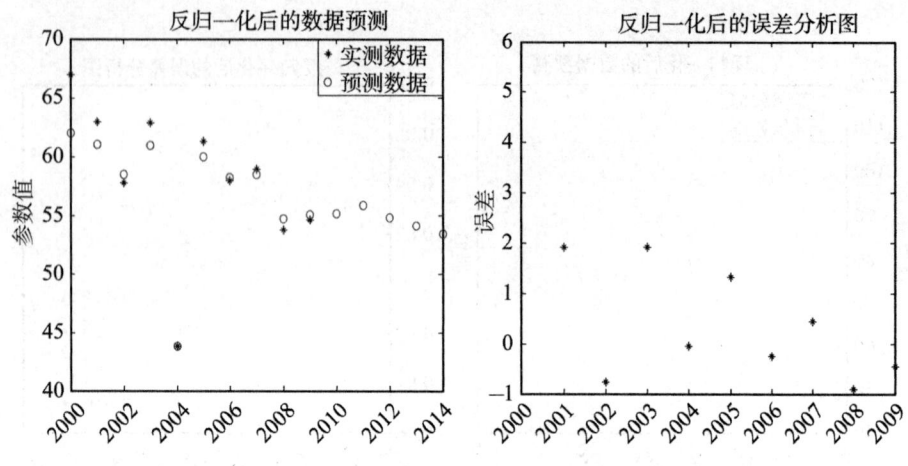

图 6-30　基于系统序参量和 AW-BP 的非线性的组合预测模型(农村)的预测结果的拟合图和误差图

6.4.7　灵敏度分析

基于系统序参量和 AW-BP 的非线性组合预测模型共有 3 个输入变量，下面对这 3 个变量逐一进行灵敏度分析。令这 3 个变量分别在 8 个阶段中变化，变化的值分别为(0.1500,0.2500,0.3500,0.4500,0.5500,0.6500,0.7500,0.8500)，当某一变量变化时，其他两个变量保持不变，即其值始终为(0.1500,0.1500,0.1500,0.1500,0.1500,0.1500,0.1500,0.1500)。将这些值直接输入已经训练好的预测模型中，可在预测模型输出层得到变化的 y 值，这些 y 值应该均会落在[0,1]区间内。图 6-31、图 6-32 和表 6-15、表 6-16 比较直观地说明了对各个输入变量进行灵敏度分析的结果。

1. 基于系统序参量和 AW-BP 的非线性组合的预测模型(城镇)的灵敏度分析

表 6-15　　基于系统序参量和 AW-BP 的非线性组合的预测模型(城镇)的灵敏度分析数据

阶段	1	2	3	4	5	6	7	8
x_1	0.1500	0.2500	0.3500	0.4500	0.5500	0.6500	0.7500	0.8500
y_1	0.1615	0.1852	0.2136	0.2475	0.2872	0.3326	0.3833	0.4380

续表

阶段	1	2	3	4	5	6	7	8
x_2	0.1500	0.2500	0.3500	0.4500	0.5500	0.6500	0.7500	0.8500
y_2	0.1615	0.1907	0.2271	0.2715	0.3242	0.3847	0.4509	0.5198
x_3	0.1500	0.2500	0.3500	0.4500	0.5500	0.6500	0.7500	0.8500
y_3	0.1615	0.1858	0.2152	0.2502	0.2913	0.3384	0.3908	0.4472

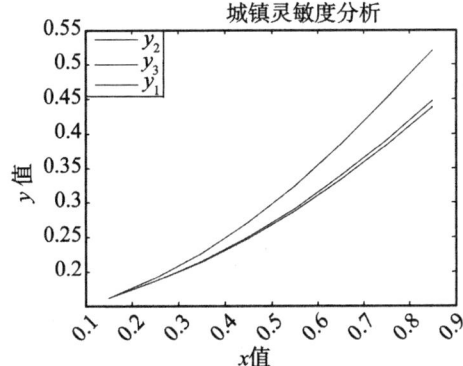

图 6-31 基于系统序参量和 AW-BP 的非线性组合
预测模型(城镇)的灵敏度曲线

(图像喇叭口边缘处从上到下的曲线(y值)的次序如图注的顺序)

2. 基于系统序参量和 AW-BP 的非线性组合的预测模型(农村)的灵敏度分析

表 6-16　　**基于系统序参量和 AW-BP 的非线性组合的预测模型(农村)的灵敏度分析数据**

阶段	1	2	3	4	5	6	7	8
x_1	0.1500	0.2500	0.3500	0.4500	0.5500	0.6500	0.7500	0.8500
y_1	0.1749	0.2001	0.2311	0.2688	0.3139	0.3664	0.4256	0.4896
x_2	0.1500	0.2500	0.3500	0.4500	0.5500	0.6500	0.7500	0.8500
y_2	0.1749	0.1994	0.2295	0.2662	0.3102	0.3617	0.4202	0.4839

续表

阶段	1	2	3	4	5	6	7	8
x_3	0.1500	0.2500	0.3500	0.4500	0.5500	0.6500	0.7500	0.8500
y_3	0.1749	0.1684	0.1623	0.1567	0.1514	0.1465	0.1419	0.1376

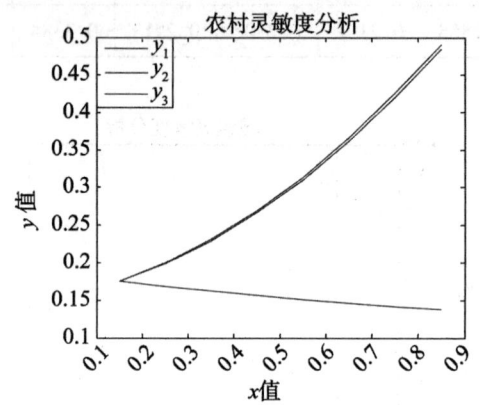

图 6-32 基于系统序参量和 AW-BP 的非线性组合的
预测模型(农村)的灵敏度曲线

(图像喇叭口边缘处从上到下的曲线(y值)的次序如图注的顺序)

6.5 基于系统序参量和 AWNG-BP 的非线性组合的预测模型的算例分析

6.5.1 模型的结构设计

(1)层次结构：基于系统序参量和 AWNG-BP 的非线性组合预测模型而设计的一个含有输入层、隐含层和输出层的三层结构。

(2)层间神经元数目：

输入的数据分别为采用基于系统序参量的多元回归、时间序列和灰色预测方法对湖北省城乡食品冷链物流系统发展进行预测的拟合值(2000—2009 年)；

隐含层神经元个数由小生境遗传算法经过实验确定；

输出层有 1 个神经元，表示对湖北省城乡食品冷链物流系统需求进行拟合和预测的结果，即湖北省冷链食品的消耗量，具体情况见表6-17。

表6-17　基于系统序参量和AWNG-BP的非线性组合的预测模型的训练样本结构

	训练模型
输入层	3个神经元(多元回归、时间序列、灰色)
隐含层	根据小生境遗传算法确定
输出层	1个神经元

6.5.2　数据的处理

(1)数据归一化处理：
输入样本：公式(5-12)；
目标样本：公式(5-13)。
(2)数据的修正处理：
输入样本：公式(5-14)；
目标样本：公式(5-15)。
(3)数据后处理，即反归一化处理：公式(5-16)。

6.5.3　参数设定

(1)传递函数：Sigmoid函数；
(2)权值和阀值：初始权值和阀值由随机函数产生；
(3)期望误差：公式(5-21)；
(4)学习步长率和动量因子：学习步长 η 的初值在(0.01，0.6)之间产生，η_{max} 为0.6；动量因子的初值在[0，1]之间产生，α_{max} 为1。

6.5.4　训练过程

1. 基于系统序参量和AWNG-BP的非线性组合的预测模型(城镇)的训练过程

对分别采用基于系统序参量的多元回归、时间序列和灰色预测法得到的2000—2009年湖北省食品冷链物流系统(城镇)食品总消耗量的预测值进行数据预处理，并作为训练样本提供给基于系统序参量和AWNG-BP的非线性组合的预测模型进行训练。取初始值：$\eta = 0.3$，$\alpha = 0.6$，其中 η 和 α 动态自适应调整。设计 AWNG-BP 算法的内循环分别为 100 次、200 次；外循环分别为 100 次、200 次和 300 次，对内外循环的次数进行组合，共形成 6 组基于系统序参量和 AWNG-BP 的非线性组合的训练模型，并根据训练的结果最终确定最适合的隐含层神经元个数。相应的训练收敛情况如图 6-33～图 6-38 所示。

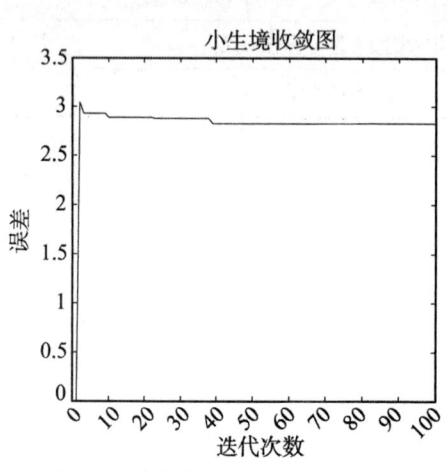

图 6-33　内循环为 100 次、外循环为 100 次时的训练收敛情况

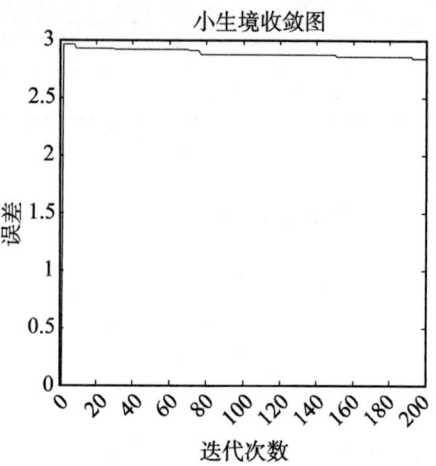

图 6-34　内循环为 100 次、外循环为 200 次时的训练收敛情况

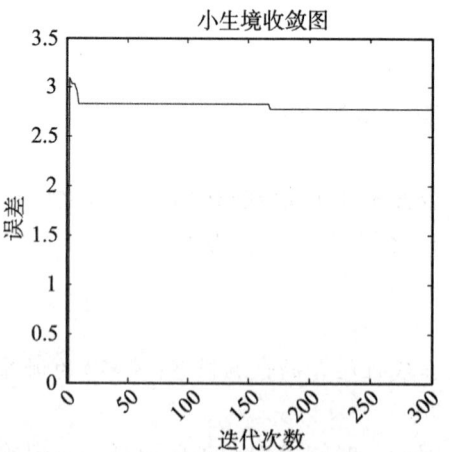

图 6-35　内循环为 100 次、外循环为 300 次时的训练收敛情况

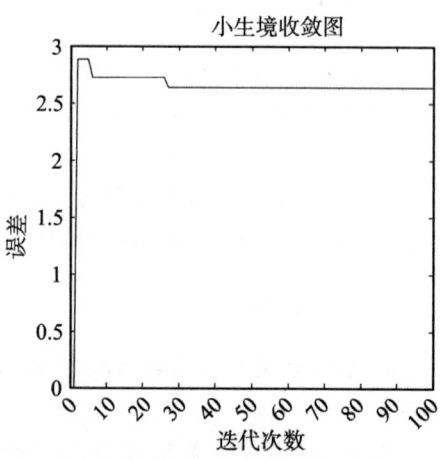

图 6-36　内循环为 200 次、外循环为 100 次时的训练收敛情况

6.5 基于系统序参量和 AWNG-BP 的非线性组合的预测模型的算例分析

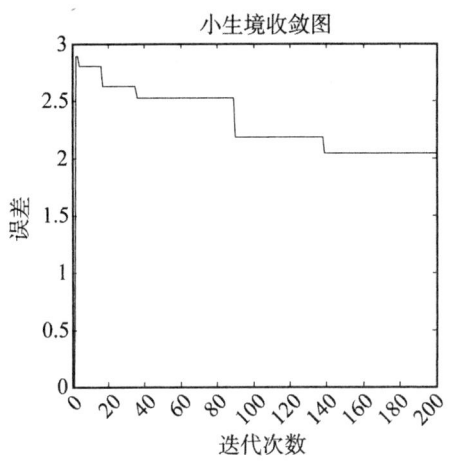

图 6-37 内循环为 200 次、外循环为 200 次时的训练收敛情况

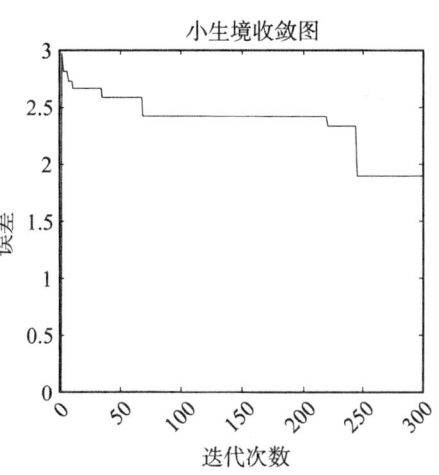

图 6-38 内循环为 200 次、外循环为 300 次时的训练收敛情况

从训练的结果看,无论内外循环取何值,训练模型均能稳定收敛。从误差和收敛速度的平均值看,当内循环为 200、外循环为 100 时,训练的误差最小,收敛速度最快。因此,取该训练结果所对应的隐含层神经元个数为 12 的训练模型作为基于系统序参量和 AWNG-BP 的非线性组合的湖北省食品冷链物流系统(城镇)需求的预测模型。

2. 基于系统序参量和 AWNG-BP 的非线性组合的预测模型(农村)的训练过程

对分别采用基于系统序参量的多元回归、时间序列和灰色预测法得到的 2000—2009 年湖北省食品冷链物流系统(农村)食品总消耗量的预测值进行数据预处理,并作为训练样本提供给基于系统序参量和 AWNG-BP 的非线性组合预测模型进行训练。取初始值:$\eta=0.3$,$\alpha=0.6$,其中 η 和 α 动态自适应调整。设计 AWNG-BP 算法的内循环分别为 100 次、200 次;外循环分别为 100 次、200 次和 300 次,对内外循环的次数进行组合,共形成 6 组基于系统序参量和 AWNG-BP 的非线性组合训练模型,并根据训练的结果最终确定最适合的隐含层神经元个数。相应的训练收敛情况如图 6-39~图 6-44 所示。

从训练的结果看,无论内外循环取何值,训练模型均能稳定收敛。从误差和收敛速度的平均值看,当内循环为 200、外循环为 300 时,训练的误差最小,收敛速度最快。因此,取该训练结果所对应的隐含层神经元个数为 15 的训练模型作为基于系统序参量和 AWNG-BP 的非线性组合的湖北省食品冷链物流系统(农村)需求的预测模型。

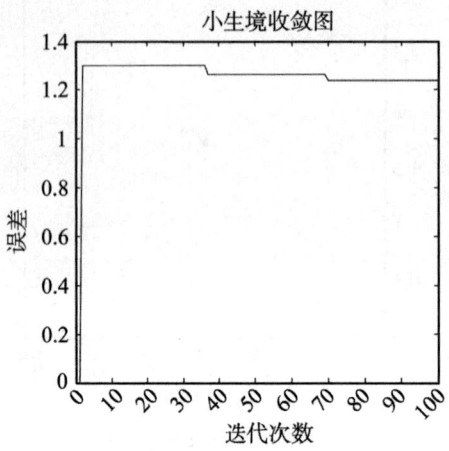

图 6-39 内循环为 100 次、外循环为 100 次时的训练收敛情况

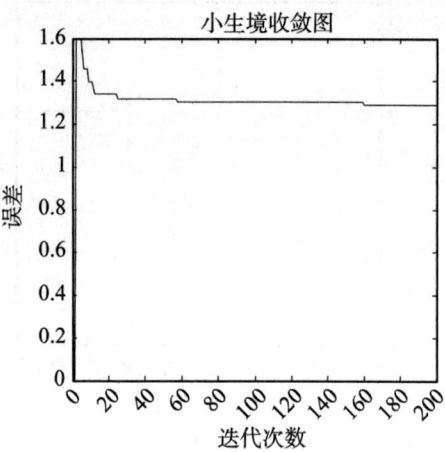

图 6-40 内循环为 100 次、外循环为 200 次时的训练收敛情况

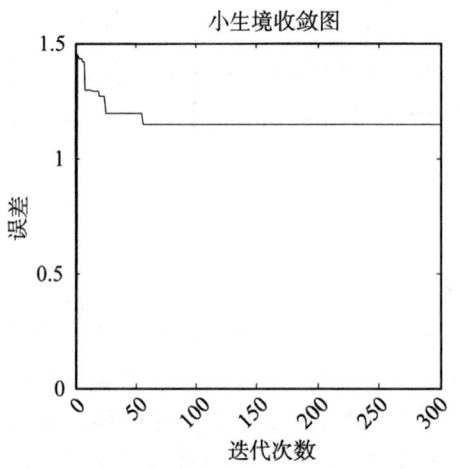

图 6-41 内循环为 100 次、外循环为 300 次时的训练收敛情况

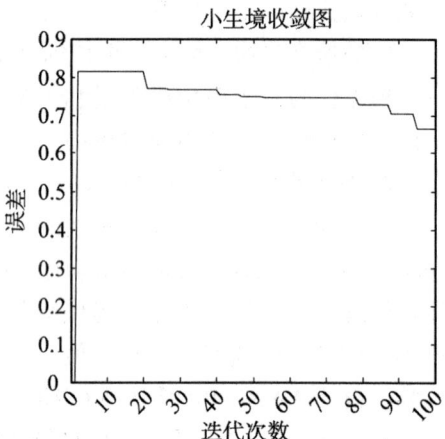

图 6-42 内循环为 200 次、外循环为 100 次时的训练收敛情况

6.5.5 误差分析

1. 拟合优度检验

(1) 样本均方误差(MSE):

6.5 基于系统序参量和 AWNG-BP 的非线性组合的预测模型的算例分析

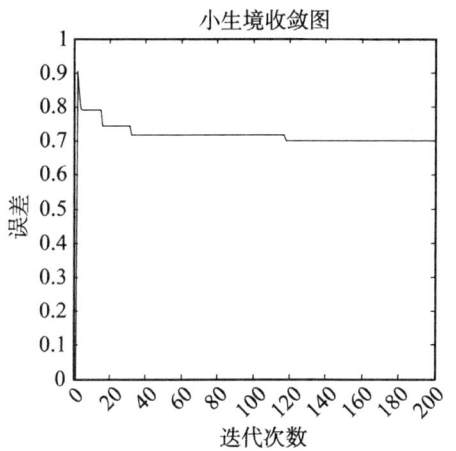

图 6-43 内循环为 200 次、外循环为 200 次时的训练收敛情况

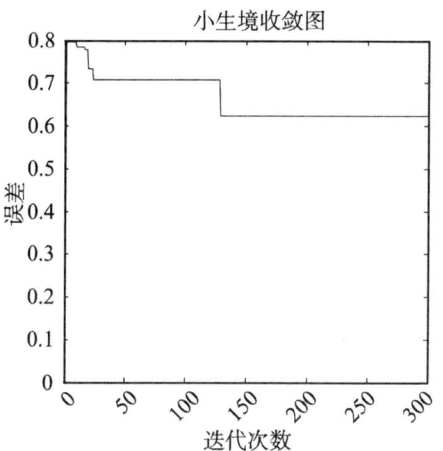

图 6-44 内循环为 200 次、外循环为 300 次时的训练收敛情况

城镇部分：$\text{MSE} = \dfrac{1}{n}\sum_{i=1}^{n}(y_i - \hat{y}_i)^2 = 0.0076$

农村部分：$\text{MSE} = \dfrac{1}{n}\sum_{i=1}^{n}(y_i - \hat{y}_i)^2 = 0.0109$

(2) 拟合度 (CD)：

城镇部分：$R = \dfrac{\sum\limits_{i=1}^{n}(\hat{y}_i \times y_i)}{\sqrt{\sum\limits_{i=1}^{n}(\hat{y}_i)^2 \times \sum\limits_{i=1}^{n}(y_i)^2}} = 0.9985$

农村部分：$R = \dfrac{\sum\limits_{i=1}^{n}(\hat{y}_i \times y_i)}{\sqrt{\sum\limits_{i=1}^{n}(\hat{y}_i)^2 \times \sum\limits_{i=1}^{n}(y_i)^2}} = 0.9991$

2. 外推检验

(1) 平均预测误差 (MD)：

城镇部分：$\text{MD} = \dfrac{1}{n}\sum_{i=1}^{n}(y_i - \hat{y}_i) = -0.0052$

农村部分：$\text{MD} = \dfrac{1}{n}\sum_{i=1}^{n}(y_i - \hat{y}_i) = 0.0234$

(2)平均绝对百分误差(MAPE)：

城镇部分：$\text{MAPE} = \frac{1}{n}\sum \left| \frac{y - \hat{y}}{y} \times 100\% \right| = 1.1005\%$

农村部分：$\text{MAPE} = \frac{1}{n}\sum \left| \frac{y - \hat{y}}{y} \times 100\% \right| = 4.395\%$

从以上各项检验性实验的结果可以看出，基于系统序参量和 AWNG-BP 的非线性组合预测模型的各项性能良好，模型可行、有效，预测精度很高，非常适合于对湖北省城乡食品冷链物流系统的需求进行预测。

6.5.6 预测

1. 基于系统序参量和 AWNG-BP 的非线性组合预测模型(城镇)的预测结果

用已经训练好的基于系统序参量和 AWNG-BP 的非线性组合预测模型(城镇)对湖北省食品冷链物流系统(城镇)的需求进行预测。采用基于系统序参量的多元回归、时间序列和灰色预测方法对 2000—2014 年湖北省冷链食品的总消耗量(城镇)进行预测的数据作为输入，输出为 2010—2014 年的湖北省食品冷链物流系统(城镇)需求的预测值。其中，预测结果的拟合和误差结果如图 6-45 所示，预测数据见表 6-18。

表 6-18　　基于系统序参量和 AWNG-BP 的非线性组合的预测模型(城镇)预测数据　　(单位：万吨)

年份 项目	2010	2011	2012	2013	2014
预测值	0.8982	0.9069	0.9114	0.9141	0.9159
反归一化值	107.6573	110.1439	111.5232	112.3839	112.9934

2. 基于系统序参量和 AWNG-BP 的非线性组合预测模型(农村)的预测结果

用已经训练好的基于系统序参量和 AWNG-BP 的非线性组合预测模型(农村)对湖北省食品冷链物流系统(农村)的需求进行预测，利用基于系统序参量的多元回归、时间序列和灰色预测方法对 2000—2014 年湖北省冷链食品的总

6.5 基于系统序参量和 AWNG-BP 的非线性组合的预测模型的算例分析

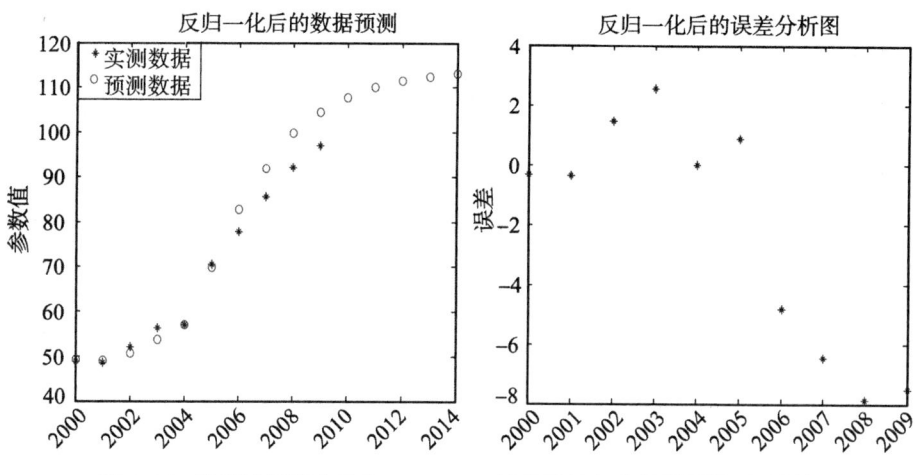

图 6-45 基于系统序参量和 AWNG-BP 的非线性组合的预测模型(城镇)预测结果的拟合图和误差图

消耗量(农村)进行预测的数据作为输入,输出为 2010—2014 年的湖北省食品冷链物流系统(农村)需求的预测值。其中,预测结果的拟合和误差结果如图 6-46 所示,预测数据见表 6-19。

表 6-19 基于系统序参量和 AWNG-BP 的非线性组合的预测模型(农村)预测数据

年份 项目	2010	2011	2012	2013	2014
预测值	0.6199	0.6318	0.6096	0.5915	0.5738
反归一化值	54.5521	54.9765	54.1942	53.5876	53.0221

6.5.7 灵敏度分析

基于系统序参量和 AWNG-BP 的非线性组合的预测模型中有 3 个输入变量,我们用相同的灵敏度分析方法对这 3 个变量逐一地进行灵敏度分析:将每个输入变量的可变范围平均分为 8 个阶段,令 x_i 分别等于这 8 个阶段的值,即 x_i 的值依次等于 0.1500,0.2500,0.3500,0.4500,0.5500,0.6500,

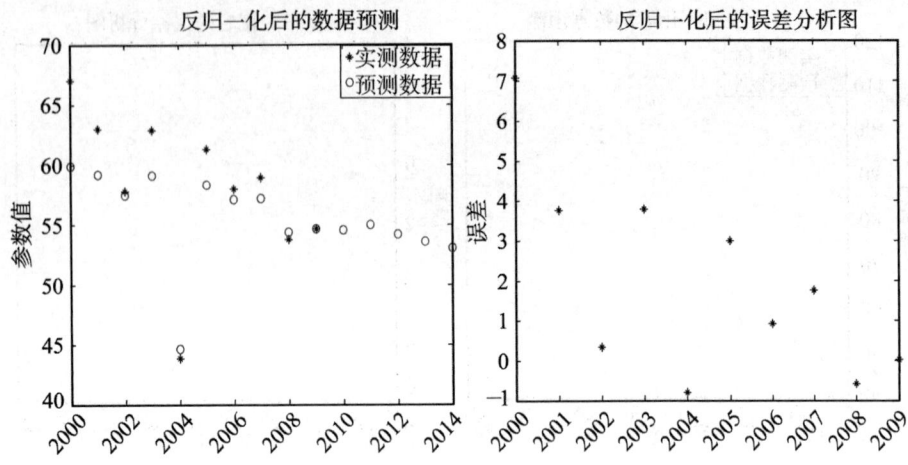

图 6-46 基于系统序参量和 AWNG-BP 的非线性组合的
预测模型(农村)预测结果的拟合图和误差图

0.7500，0.8500。在 x_i 的变化过程中，其他 8 个变量的值保持不变，即始终为 0.1500，0.1500，0.1500，0.1500，0.1500，0.1500，0.1500，0.1500。将这些值作为输入，依次输入到已经训练好的预测模型中，在输出层可得到 y 值，且 y 值的范围应该在[0，1]区间。为了直观地对 3 个输入变量的灵敏度进行比较和分析，我们把 3 个输入变量对应的输出 y 值在一张图中进行了叠加，具体情况见表 6-20、表 6-21 和图 6-47、图 6-48。

1. 基于系统序参量和 AWNG-BP 的非线性组合的预测模型(城镇)的灵敏度分析

表 6-20　　基于系统序参量和 AWNG-BP 的非线性组合的
预测模型(城镇)灵敏度分析数据

阶段	1	2	3	4	5	6	7	8
x_1	0.1500	0.2500	0.3500	0.4500	0.5500	0.6500	0.7500	0.8500
y_1	0.1613	0.1861	0.2159	0.2513	0.2924	0.3390	0.3903	0.4450
x_2	0.1500	0.2500	0.3500	0.4500	0.5500	0.6500	0.7500	0.8500

6.5 基于系统序参量和 AWNG-BP 的非线性组合的预测模型的算例分析

续表

阶段	1	2	3	4	5	6	7	8
y_2	0.1613	0.1927	0.2324	0.2814	0.3399	0.4065	0.4784	0.5513
x_3	0.1500	0.2500	0.3500	0.4500	0.5500	0.6500	0.7500	0.8500
y_3	0.1613	0.1835	0.2100	0.2411	0.2773	0.3185	0.3643	0.4141

表 6-21　　基于系统序参量和 AWNG-BP 的非线性组合
预测模型(农村)灵敏度分析数据

阶段	1	2	3	4	5	6	7	8
x_1	0.1500	0.2500	0.3500	0.4500	0.5500	0.6500	0.7500	0.8500
y_1	0.2205	0.2486	0.2822	0.3219	0.3677	0.4192	0.4752	0.5338
x_2	0.1500	0.2500	0.3500	0.4500	0.5500	0.6500	0.7500	0.8500
y_2	0.2205	0.2435	0.2702	0.3011	0.3362	0.3756	0.4188	0.4652
x_3	0.1500	0.2500	0.3500	0.4500	0.5500	0.6500	0.7500	0.8500
y_3	0.2205	0.2142	0.2082	0.2026	0.1973	0.1923	0.1875	0.1830

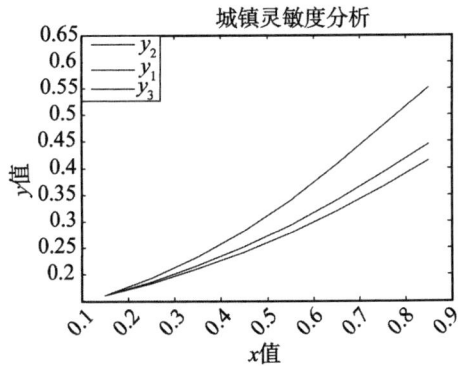

图 6-47　基于系统序参量和 AWNG-BP 的非线性组合的预测
模型(城镇)灵敏度曲线(图像喇叭口边缘处从上到
下分别表示的 y 值的次序如图注所示)

2. 基于系统序参量和 AWNG-BP 的非线性组合的预测模型(农村)的灵敏度分析

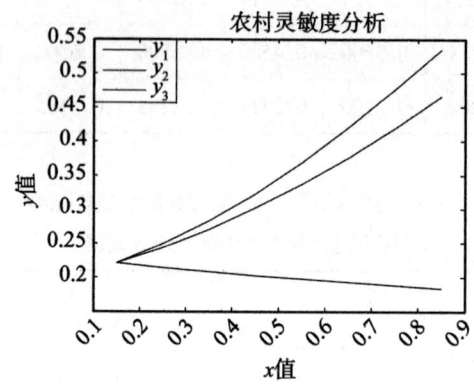

图 6-48 基于系统序参量和 AWNG-BP 的非线性组合预测模型(农村)灵敏度曲线(图像喇叭口边缘处从上到下分别表示的 y 值的次序如图注所示)

第7章 分析与结论

7.1 各种预测模型的性能比较与分析

7.1.1 总体比较

首先将前文研究过的预测模型分成四个大类：

第一类，传统经典的预测模型，包括基于三次指数平滑的预测模型和基于灰色序列的预测模型。

第二类，将传统经典的预测模型与 BP 神经网络进行简单结合形成的组合预测模型，包括基于多元回归和 BP 神经网络的预测模型和基于时间序列和 BP 神经网络的预测模型。

第三类，将传统经典的预测模型与优化 BP 神经网络相结合形成的多组预测模型，包括基于多元回归和 AW-BP 的预测模型、基于时间序列和 AW-BP 的预测模型、基于灰色序列和 AW-BP 的预测模型以及基于多元回归和 AWNG-BP 的预测模型、基于时间序列和 AWNG-BP 的预测模型、基于灰色序列和 AWNG-BP 的预测模型。

第四类，以系统论为理论基础，结合优化 BP 神经网络形成的多组非线性组合预测模型，包括基于系统序参量的多元回归预测模型、基于系统序参量和 AW-BP 的非线性组合预测模型和基于系统序参量和 AWNG-BP 的非线性组合预测模型。

按照以上分类，将前文得到的所有针对湖北省城乡食品冷链物流系统需求的预测数据进行汇总，城镇部分的汇总数据见表 7-1、农村部分的汇总数据见表 7-2。

表7-1　　　　　　　　　各种预测模型的性能比较(城镇)

	均方误差 MSE	拟合度 CD	平均预测误差 MD	平均绝对百分比误差 MAPE
基于三次指数平滑的预测模型	20.7939	0.9985	−1.8384	0.037397
灰色序列预测模型	6.5841	0.9994	−0.0414	0.02717
基于多元回归和BP神经网络的预测模型	0.0346	0.9837	−0.0650	0.08356
基于时间序列和BP神经网络的预测模型	0.0040	0.9998	−0.0058	0.05758
基于多元回归和AW-BP的预测模型	0.0173	0.9992	0.0462	0.04623
基于时间序列和AW-BP的预测模型	0.0028	0.9999	−0.0034	0.003379
基于灰色序列和AW-BP的预测模型	0.0055	0.9996	0.0093	0.01567
基于多元回归和AWNG-BP的预测模型	0.0071	0.9967	0.0010	0.0209
基于时间序列和AWNG-BP的预测模型	0.0019	0.9999	−0.0007	0.002844
基于灰色序列和AWNG-BP的预测模型	0.0033	0.9999	0.0033	0.006854
基于系统序参量的多元回归预测模型	3.3667	0.9997	-4.63×10^{-12}	0.01616
基于系统序参量和AW-BP的非线性组合预测模型	0.0121	0.9984	−0.0088	0.0327
基于系统序参量和AWNG-BP的非线性组合的预测模型	0.0076	0.9985	−0.0052	0.011001

表 7-2　　各种预测模型的性能比较（农村）

	均方误差 MSE	拟合度 CD	平均预测误差 MD	平均绝对百分比误差 MAPE
基于三次指数平滑的预测模型	27.7331	0.9938	3.4196	0.09190
灰色序列预测模型	28.6606	0.9962	−0.0011	0.06397
基于多元回归和 BP 神经网络的预测模型	0.0400	0.9835	0.0010	0.085015
基于时间序列和 BP 神经网络的预测模型	0.0016	1.0000	0.0007	0.02534
基于多元回归和 AW-BP 的预测模型	0.0158	0.9981	0.0234	0.04395
基于时间序列和 AW-BP 的预测模型	0.00024	1.0000	−0.00003	0.00356
基于灰色序列和 AW-BP 的预测模型	0.0157	0.9934	−0.0313	0.050600
基于多元回归和 AWNG-BP 的预测模型	0.0123	0.9986	0.0111	0.03352
基于时间序列和 AWNG-BP 的预测模型	0.000222	1.0000	0.000005	0.000368
基于灰色序列和 AWNG-BP 的预测模型	0.0148	0.9940	−0.0269	0.04853
基于系统序参量的多元回归预测模型	3.8008	0.9994	-2.57×10^{-13}	0.02988
基于系统序参量和 AW-BP 的非线性组合预测模型	0.0166	0.9985	0.0295	0.042779
基于系统序参量和 AWNG-BP 的非线性组合预测模型	0.0109	0.9991	0.0151	0.026134

从表7-1、表7-2的统计数据看，所有的预测模型都能够通过检验性实验，说明这些预测模型都是有效和可行的，都可以完成对湖北省城乡食品冷链物流系统需求进行预测的工作。但从预测模型的拟合和外推实验数据看：

第一，第一类传统经典预测模型的拟合度与外推精度在所有的预测模型中是最差的，这说明传统经典预测方法在面对食品冷链物流系统这类大规模复杂非线性系统时，存在先天的不足。

第二，第二类预测模型将传统经典预测方法与一般 BP 神经网络进行了简单结合。与第一类预测模型相比，第二类预测模型的拟合度与外推精度有 1~2 个数量级的提高，提高程度较为明显，这说明引入 BP 神经网络后，预测模型的非线性逼近能力得到了明显的提高。

第三，在对 BP 神经网络的搜索算法进行了修正和优化后，基于 AW-BP 的各组预测模型的拟合度与外推精度又得到了 1 个数量级左右的提高，这说明我们对 BP 神经网络搜索算法的优化方向是正确的，取得了良好的优化效果。

第四，在优化了 BP 神经网络的搜索算法后，我们又着手优化了 BP 神经网络的结构，形成了基于 AWNG-BP 的多组预测模型，和之前的预测模型相比，这组预测模型的各项统计性能普遍更好。由基于 AW-BP 和 AWNG-BP 的各组预测模型说明 BP 神经网络的技术瓶颈是线性梯度下降的搜索寻优算法和不确定的网络结构，如果能够有效解决这两个问题，就能大幅度地提升 BP 神经网络的预测精度和收敛速度。

第五，第四类预测模型是基于系统序参量的多元回归模型和基于系统序参量的各类非线性组合预测模型。将基于系统序参量的多元回归预测模型和传统的基于三次指数平滑的预测模型以及基于灰色序列的预测模型进行对比，虽然基于系统序参量的多元回归预测模型的预测精度并不算高，但却仍高于基于三次指数平滑和基于灰色序列的传统经典预测方法一个数量级，这说明在系统序参量的理论基础上，即使不改变预测方法，也能够有效提高预测模型的精度。而当对基于系统序参量的预测模型的算法做了修正和优化之后，基于系统序参量的各类非线性组合预测模型的预测精度非常理想，其精度与第三类预测模型的最优值相当。

7.1.2 基于技术和方法的比较

对以上各预测模型按照所采用的方法和技术进行分类，然后对其进行分析和比较,具体见表7-3~表7-10。

1. 基于多元回归的预测模型

表7-3　　　　基于多元回归的各种预测模型性能比较(城镇)

	均方误差 MSE	拟合度 CD	平均预测误差 MD	平均绝对百分比误差 MAPE
基于多元回归和BP神经网络预测模型	0.0346	0.9837	-0.0650	0.08356
基于系统序参量的多元回归预测模型	3.3667	0.9997	-4.63×10^{-12}	0.01616
基于多元回归和AW-BP的预测模型	0.0173	0.9992	0.0462	0.04623
基于多元回归和AWNG-BP的预测模型	0.0071	0.9967	0.0010	0.0209

表7-4　　　　基于多元回归的各种预测模型性能比较(农村)

	均方误差 MSE	拟合度 CD	平均预测误差 MD	平均绝对百分比误差 MAPE
基于多元回归和BP神经网络的预测模型	0.0400	0.9835	0.0010	0.085015
基于系统序参量的多元回归预测模型	3.8008	0.9994	-2.57×10^{-13}	0.02988
基于多元回归和AW-BP的预测模型	0.0158	0.9981	0.0234	0.04395
基于多元回归和AWNG-BP的预测模型	0.0123	0.9986	0.0111	0.03352

第一,对基于系统序参量的多元回归预测模型的各项实验数据进行统计,可以看出:该预测模型几乎是无偏的,但是模型的预测精度并不理想。

第二,将传统的多元回归方法和一般BP神经网络进行结合,预测模型的精度得到了大幅提高,但是损失了预测模型的无偏性。

第三,在此基础上,将多元回归方法和BP神经网络进行结合,并对BP神经网络的搜索算法和网络结构进行修正和优化,形成两组全新的预测模型。

第 7 章 分析与结论

同基于多元回归和一般 BP 神经网络的测预测模型相比,这两组预测模型的预测精度均有 1 个数量级左右的提升,但是预测模型的无偏性能仍不理想。

2. 基于时间序列的预测模型

表 7-5　基于时间序列的各种预测模型性能比较(城镇)

	均方误差 MSE	拟合度 CD	平均预测误差 MD	平均绝对百分比误差 MAPE
基于三次指数平滑的预测模型	20.7939	0.9985	-1.8384	0.037397
基于时间序列和 BP 神经网络的预测模型	0.0040	0.9998	-0.0058	0.05758
基于时间序列和 AW-BP 的预测模型	0.0028	0.9999	-0.0034	0.003379
基于时间序列和 AWNG-BP 的预测模型	0.0019	0.9999	-0.0007	0.002844

表 7-6　基于时间序列的各种预测模型性能比较(农村)

	均方误差 MSE	拟合度 CD	平均预测误差 MD	平均绝对百分比误差 MAPE
基于三次指数平滑的预测模型	27.7331	0.9938	3.4196	0.09190
基于时间序列和 BP 神经网络的预测模型	0.0016	1.0000	0.0007	0.02534
基于时间序列和 AW-BP 的预测模型	0.00024	1.0000	-0.00003	0.00356
基于时间序列和 AWNG-BP 的预测模型	0.000222	1.0000	0.000005	0.000368

第一,基于传统三次指数平滑的预测模型的各项性能统计指标都是最差的。

第二,基于时间序列和 BP 神经网络的预测模型依靠 BP 神经网络强大的非线性处理能力,各项性能统计指标都获得了 3~4 个数量级的提升,效果明显。

第三，通过对BP神经网络搜索算法和网络结构的修正和优化，基于时间序列和AW-BP的预测模型与基于时间序列和AWNG-BP的预测模型的预测精度又获得1~2个数量级的进步，其各项性能统计值是所有模型中最好的。其中，基于时间序列和AWNG-BP的预测模型对样本数据的逼近程度近乎完美，预测模型的偏差很小，几乎可以忽略不计。

3. 基于灰色序列的预测模型

表7-7　　　基于灰色序列的各种预测模型性能比较（城镇）

	均方误差 MSE	拟合度 CD	平均预测误差 MD	平均绝对百分比误差 MAPE
传统灰色序列预测模型	6.5841	0.9994	-0.0414	0.02717
基于灰色序列和AW-BP的预测模型	0.0055	0.9996	0.0093	0.01567
基于灰色序列和AWNG-BP的预测模型	0.0033	0.9999	0.0033	0.006854

表7-8　　　基于灰色序列的各种预测模型性能比较（农村）

	均方误差 MSE	拟合度 CD	平均预测误差 MD	平均绝对百分比误差 MAPE
基于传统灰色序列预测模型	28.6606	0.9962	-0.0011	0.06397
基于灰色序列和AW-BP的预测模型	0.0157	0.9934	-0.0313	0.050600
基于灰色序列和AWNG-BP的预测模型	0.0148	0.9940	-0.0269	0.04853

第一，对基于灰色序列的各预测模型的实验数据进行统计，可以看出：基于传统灰色序列的预测模型的预测精度是最差的。

第二，与传统的灰色序列预测模型相比，基于灰色序列和AW-BP的预测模型与基于灰色序列和 AWNG-BP 预测模型在预测精度上均得到了 3~4 个数量级的提升，尤其是基于灰色序列和 AWNG-BP 预测模型，其预测精度是最好的。

第三，从农村市场的统计数据来看，基于灰色序列和 AW-BP 的预测模型与基于灰色序列和 AWNG-BP 的预测模型的 MD 统计量并不理想，比传统的灰色序列预测模型落后一个数量级。这说明优化后的预测模型虽然在预测精度方面得到了大幅度的提升，但损失了预测模型的无偏性。其原因可能是农村食品冷链物流市场的样本数据波动较大，在经过灰色生成处理后，样本数据虽然消除了随机性波动，但同时也丢掉了样本数据内在的某些重要信息，影响到预测模型的泛化能力。

4. 基于系统序参量的非线性组合的预测模型

第一，从基于系统序参量的非线性组合的各预测模型的统计数据上看，预测模型各项性能的统计指标均较为理想，接近所有预测模型的最优值。

第二，农村市场的预测结果的无偏性较差，这一点和其他各组预测模型反映出来的现象相同。我们认为其原因仍然和农村市场冷链食品的样本数据波动较大相关。

第三，通过以上各组基于不同技术的预测模型的实验结果，可以看出：经过结构优化后，基于 AWNG-BP 的预测模型的各项性能指标的统计数据都要优于基于 AW-BP 的预测模型。这充分说明一个好的网络结构能够有效提高预测模型的预测精度。

表 7-9　　基于系统序参量的非线性组合的各种预测模型性能比较(城镇)

	均方误差 MSE	拟合度 CD	平均预测误差 MD	平均绝对百分比误差 MAPE
基于系统序参量和 AW-BP 的非线性组合预测模型	0.0121	0.9984	-0.0088	0.0327
基于系统序参量和 AWNG-BP 的非线性组合预测模型	0.0076	0.9985	-0.0052	0.011001

表 7-10　　基于系统序参量的非线性组合的各种预测模型性能比较(农村)

	均方误差 MSE	拟合度 CD	平均预测误差 MD	平均绝对百分比误差 MAPE
基于系统序参量和 AW-BP 的非线性组合预测模型	0.0166	0.9985	0.0295	0.042779
基于系统序参量和 AWNG-BP 的非线性组合预测模型	0.0109	0.9991	0.0151	0.026134

7.2　主要的研究成果及结论

(1)基于系统论的观点,对湖北省城乡食品冷链物流进行了系统分析,界定和描述了湖北省城乡食品冷链物流系统的要素、结构、功能和环境,分析了其要素、结构、功能和环境之间的约束与耦合关系。

(2)湖北省城乡食品冷链物流系统是一个典型的大规模复杂非线性开放系统,涉及面广、影响因素众多,要确定湖北省城乡食品冷链物流系统的序参量,是一个十分困难的课题。同时,由于我国对现代物流的界定和认识还不清晰,相关的统计工作十分滞后。因此,在基于数据可得性和合理假设的基础上,我们采用定性和定量相结合的方法,科学合理地确定了湖北省城乡食品冷链物流系统的状态参量、控制参量以及序参量。

(3)对传统经典的预测方法进行了梳理,分析了各种传统预测方法的优点、缺点和适用范围。通过实际算例说明传统经典的预测模型在对复杂的非线性开放系统进行预测时,误差较大、预测精度较低。

(4)实验证明,虽然 BP 神经网络具有极强的非线性逼近能力,是对复杂非线性系统进行预测的主流方法,但方法本身存在一些缺陷,需要对其进行修正和优化。本书做出了两项重要的优化措施:第一,针对 BP 神经网络容易陷入局部最优以及在迭代后期容易出现波动、不收敛以及收敛速度慢等问题,通过优化误差函数和采用自适应权的方法,优化了 BP 神经网络的搜索算法;第二,针对 BP 神经网络结构不易确定的问题,利用小生境遗传算法优化了 BP 神经网络的网络结构。实验数据表明,这几项优化措施能够非常显著地提高了预测的精度和鲁棒性,十分适合对复杂的非线性开放系统进行预测。

(5)本书尝试性地将系统序参量理论引入到预测领域,实验证明,基于系统序参量的各种预测方法只需要收集序参量的统计数据,对样本数据的要求大幅降低,非常适合于像食品冷链物流系统这类样本数据存在先天不足的研究对象。同时,基于系统序参量的各组预测方法能够非常有效地提高预测模型的精度。虽然损失了一部分模型的无偏性,但是仍然在可以接受的范围内。

(6)通过灵敏度实验,可以看出:

第一,在基于多元回归和AW-BP预测模型(城镇)的实际算例中,影响湖北省食品冷链物流系统(城镇)需求的各因素重要性的排序为:9—8—4—2—6—3—5—7—1,其中,最大值为0.28,最小值为0.24。而在基于多元回归和AWNG-BP预测模型(城镇)的实际算例中,影响湖北省食品冷链物流系统(城镇)需求的各因素重要性的排序为:6—9—5—1—4—8—3—7—2,其中,最大值为0.26,最小值为0.21。由此可见,虽然两组实验中各影响因素对湖北省食品冷链物流系统(城镇)需求的影响程度的排序并不一致,但从影响程度看,较为均衡。这一结果和我们采用系统论选取城镇市场序参量时的分析结论基本一致。

第二,在基于多元回归和AW-BP预测模型(农村)的实际算例中,影响湖北省食品冷链物流系统(农村)需求的各因素重要性的排序为:8—3—9—2—7—4—6—5—1,其中,最大值为0.8,最小值为0.13。而在基于多元回归和AWNG-BP预测模型(农村)的实际算例中,影响湖北省食品冷链物流系统(农村)需求的各因素重要性的排序为:7—3—8—1—5—4—9—6—2,其中,最大值为0.78,最小值为0.13。由此可见,两组实验中各影响因素对湖北省食品冷链物流系统(农村)需求的影响非常不均衡,每组实验中都各有一个因素对湖北省食品冷链物流系统(农村)需求的影响是非常显著的,远远超过其他因素。这一结果和我们采用系统论选取农村市场序参量时的分析结论完全一致。实验数据还显示,各因素对湖北省食品冷链物流系统(农村)需求的影响程度有较大的差异。这一现象说明预测模型的选择对影响因素的灵敏度分析的影响是显著的。

第三,对基于系统序参量的非线性组合的预测模型(城镇)中的各单项预测方法(多元回归、时间序列、灰色序列)的灵敏度实验结果进行分析:

在基于系统序参量和 AW-BP 的非线性组合预测模型(城镇)中,三种单项预测方法的重要性次序为:2—3—1,最大值为 0.52,最小值为 0.43。而在基于系统序参量和 AWNG-BP 的非线性组合的预测模型(城镇)中,三种单项预测方法的重要性次序为:2—1—3,最大值为 0.56,最小值为 0.4。由此可见,两组实验中三种单项预测方法对湖北省食品冷链物流系统(城镇)需求的影响较为均衡,但是各单项预测方法对系统影响程度的前后次序还是有些许不同。

第四,对基于系统序参量的非线性组合的预测模型(农村)中的各单项预测方法(多元回归、时间序列、灰色序列)的灵敏度实验结果进行分析:在基于系统序参量和 AW-BP 的非线性组合的预测模型(农村)中,三种单项预测方法度的重要性次序为:1—2—3,最大值为 0.46,最小值为 0.14。在基于系统序参量和 AWNG-BP 的非线性组合的预测模型(农村)中,三种单项预测方法的重要性次序为:1—2—3,最大值为 0.53,最小值为 0.18。由此可见,两组实验中各单项预测方法对湖北省食品冷链物流系统(农村)需求的影响并不均衡,每组实验中均是第一和第二种单项预测方法对系统的影响较为显著,远远超过第三种单项预测方法对系统的影响,但各单项预测方法对系统影响程度的前后次序非常一致。

(7)不同的预测模型可以从不同角度和层面反映研究对象的特征和变化规律,不同的影响因素和组合预测方法中不同的单项预测方法的组合对最后的预测结果影响很大。由此说明,预测模型和系统序参量的选择会直接影响预测结果的准确性。因此,针对具体问题时要具体分析,不能概而化之;针对不同的问题,要仔细考量研究对象的特性和本质,要根据研究对象的特征选择合适的预测方法,这是保证和提高预测精度的前提。

7.3 相关对策及建议

通过不同的预测模型,我们得到了 2000—2014 年湖北省城乡食品冷链物流系统的需求。以基于时间序列和 AWNG-BP 预测模型得到的需求数据为依据,如表 7-11、表 7-12 所示,我们为政府和相关职能部门科学制定湖北省食品冷链物流行业的规划、促进其健康稳定的发展提出以下对策和建议:

表 7-11　　　　　　　　湖北省冷链食品的消耗量(城镇)

年份 项目	2000	2001	2002	2003	2004	2005	2006	2007
消耗量	48.79	48.56	52.11	56.19	57.03	70.6	77.87	85.43
增长比	0	-0.004	0.073	0.078	0.014	0.237	0.102	0.097
年份 项目	2008	2009	2010	2011	2012	2013	2014	
消耗量	91.96	96.87	102.21	107.6	110.25	111.83	113.05	
增长比	0.076	0.053	0.055	0.053	0.024	0.014	0.011	

表 7-12　　　　　　　　湖北省冷链食品的消耗量(农村)

年份 项目	2000	2001	2002	2003	2004	2005	2006	2007
消耗量	66.97	62.93	57.72	62.87	43.80	61.29	57.95	58.92
增长比	0	-0.06	-0.08	0.089	-0.30	0.39	-0.05	0.016
年份 项目	2008	2009	2010	2011	2012	2013	2014	
消耗量	53.75	54.62	55.34	57.09	56.25	55.79	55.56	
增长比	-0.08	0.016	0.013	0.031	-0.014	-0.008	-0.004	

(1)从表 7-11、表 7-12 中湖北省城乡冷链食品的总消耗量(需求)来看，无论是城镇市场，还是农村市场，冷链食品总消耗量(需求)向上发展的空间已经非常有限。从城镇市场来看，冷链食品消耗量(需求)增长最快的时期是在 2002—2011 年。在这个期间，增长率大致在 5%～7%，最高时超过 10%；但是 2012 年后，冷链食品消耗量(需求)的增长逐渐减缓，预计到 2014 年，

这个增长速度将会下降到1%左右，远低于国内生产总值。从农村市场来看，由于受到人均收入、生活和消费习惯以及人口流动等因素的影响，农村市场的冷链食品总消耗量(需求)在近十年来一直呈现较为稳定的状态，上下的波动起伏较小(2004年、2005年除外)。通过预测数据可以看出，农村市场的冷链食品消耗量(需求)在未来不仅不会持续增长，而且会呈现小幅度下降的趋势。因此，我们认为，湖北省城乡冷链食品的总消耗量(需求)已经处于饱和状态，即使偶然有些许的增幅，其增幅也远低于国民生产总值。

(2) 目前，社会对食品冷链物流表现出极大的需求，其根本原因并不是社会冷链食品的总消耗量增加了，而是由于原先那些本需要冷链处理的食品没有被冷链处理。而现在随着生活水平以及人们对食品安全和品质的要求逐步提高，客观实际要求对这类食品进行冷链处理，从而增加了社会对食品冷链物流的需求。

由我们对湖北省城乡食品冷链物流系统需求的预测数据和分析可知：

第一，冷链食品的总消耗量(需求)在未来会维持现状，基本不会有大的增幅。因此，对食品冷链物流系统的规划和设计应该以现阶段湖北省城乡食品冷链物流系统的供需缺口为准，不能再继续扩大；否则，会导致盲目建设和投资浪费。

第二，目前食品冷链物流行业高速发展的现状具有一定的欺骗性，这种发展是不可持续的。因此，政府和相关职能部门对食品冷链物流行业的引导应该由原来的粗放化模式慢慢开始转向精细化模式，即应该从一味地在行业的建设规模上做文章转向对行业的服务模式、服务质量以及服务内容的管理和控制。

(3) 湖北省地域辽阔，各地经济发展水平各异，冷链食品资源分布不均匀，食品冷链物流模式也不尽相同，因此在制定食品行业和冷链食品物流行业的相关政策时，还是应该具体情况具体分析，做到有针对性、有目的性和有指导性。重点应该考虑到国家经济、区域经济的发展和变革对行业发展的影响，城乡的差异和城乡二元经济一体化的趋势，以及由电子商务、物联网、大数据等革命性技术给食品冷链物流行业带来的变革。当然，还应该考虑到食品冷链物流模式的重构和创新以及行业资源配置的平衡性等问题。

(4) 以上所有的预测数据和相关分析都是针对湖北省城乡食品冷链物流系统。因此，相关的分析和结论只能反映湖北省城乡食品冷链物流的总体情况。

参考文献

[1] 陈通,李思聪. 中外农产品冷链物流体系比较[J]. 北京农学院学报, 2013, 28(02): 73-75.

[2] Marler Bill. Food Safety and the Global Supply Chain [J]. Journal of Environmental Health, 2013, 76(2): 48-49.

[3] 吕峰,林勇毅. 我国食品冷链的现状与发展趋势[J]. 福建农业大学学报(自然科学版), 2000, 29(1): 115-117.

[4] GB/T18354—2001. 物流术语[S]. 北京: 国家技术监督局, 2001.

[5] 张英奎,徐广军,邹月华. 食品冷藏供应链的质量管理[J]. 中国物资流通, 2001(22): 29-30.

[6] GB/T18354—2006. 物流术语[S]. 北京: 国家技术监督局, 2006.

[7] 叶勇,张友华. 中国冷链物流的最新发展和对策研究[J]. 华中农业大学学报(社会科学版), 2009(01): 69-72.

[8] 尹钰. 浅谈我国冷链物流的发展[J]. 商业经济, 2013(09): 41-43.

[9] 王志刚. 我国农产品冷链物流产业的机遇与挑战[J]. 中国农村科技, 2012(06): 37-39.

[10] 毋庆. 我国冷链物流发展现状与对策研究[J]. 中国流通经济, 2011(02): 24-28.

[11] 张晓玲. 铁路发展冷藏物流SWOT分析与对策[J]. 商业时代, 2011(22): 40-41.

[12] 丁俊发. 农产品物流与冷链物流的价值取向[J]. 中国流通经济, 2010(1): 26-28.

[13] 海峰,曹志强,王磊,陈磊. 我国冷链物流基地建设和运营管理模式研究[J]. 武汉商业服务学院学报, 2012, 26(02): 12-16.

[14] 石冬莲,郭昱君. 基于共同配送视角的冷链物流优化研究——以陕西省苹果产业物流为例[J]. 西安石油大学学报(社会科学版), 2011, 20

(06): 29-34.

[15] 张曙红, 彭代武, 冷凯君. 基于质量安全的农产品冷链物流 VMI 库存管理模式研究[J]. 物流技术, 2011(23): 17-18.

[16] Laurent-Maknavicius M, Bekara C, Drira W. Light and Simple Security Solution for Cold Chain Supervision[J]. IFIP, 2008: 1-6.

[17] Brew Mitchell E, Ronn Michael, Webb Summer. Cold-Chain Management and the Use of TempTale Technology[J]. Army Sustainment, 2010, 42(5): 44-45.

[18] 罗浩, 张晓东. 从消费需求特征看冷藏运输领域食品安全问题[J]. 和谐发展论坛, 2010(06): 119-120.

[19] 贾卫丽. 连锁超市生鲜食品冷链物流问题探析——基于食品质量安全的视角[J]. 惠州学院学报(社会科学版), 2012, 32(05): 30-34.

[20] 张琴. 我国农产品冷链物流的安全监控研究[D]. 武汉科技大学, 2012.

[21] 鲍长生. 冷链物流运营管理研究[D]. 同济大学, 2007.

[22] 宫玉龙, 王金海, 徐书芳. 基于 RFID 的冷链运输远程监测系统研究与设计[J]. 电子技术应用, 2013(05): 69-75.

[23] [英]克里斯廷·格罗鲁斯. 服务管理与营销: 基于顾客关系的管理策略[M]. 第2版. 韩经纶, 韦福祥等, 译. 电子工业出版社, 2002.

[24] 张瑞夫. 冷链物流运输技术标准研究[J]. 铁道运输与经济, 2013, 35(06): 85-88.

[25] 王蕊娟. 农产品冷链物流增值创造问题研究[D]. 河北经贸大学, 2012.

[26] 陈红丽, 陆华. 冷链物流服务过程的质量评价[J]. 中国流通经济, 2013(01): 34-39.

[27] Sahu Sudhir Kumar, Meher Manoj Kumar, Panda Gobind Chandra. Weibull Deterioration Rate: Inventory Models [J]. SCMS Journal of Indian Management, 2010, 7(1): 84-90.

[28] Tsarouhas, Panagiotis. Reliability, Availability and Maintainability Analysis in Food Production Lines: A Review[J]. International Journal of Food Science & Technology, 2012, 47(11): 2243-2251.

[29] Cheng M B, Wang G Q. A Note on the Inventory Model for Deteriorating Items with Trapezoidal Type Demand Rate[J]. Computers & Industrial Engineering, 2009, 56(4): 1296-1300.

参考文献

[30] Kalpakam S, Shanthi S. A Perishable Inventory System with Modified(S-1, S) Policy and Arbitrary Processing Times[J]. Computers & Operations Research, 2001, 28(5): 453-471.

[31] Teng J T, Chang C T. Economic Production Quantity Models for Deteriorating Items with Price-and Stock-Dependent Demand[J]. Comput. Oper. Res, 2005, 32(2): 297-308.

[32] Alfares H K. Inventory Model with Stock-Level Dependent Demand Rate and Variable Holding Cost[J]. Production Economics, 2007, 108(1-2): 259-265.

[33] 覃毅延, 郭崇慧. 在弹性需求和物品易变质条件下数量折扣定价模型[J]. 管理学报, 2007, 4(2): 163-168.

[34] Dong Y, Xu K F. A Supply Chain Model of Vendor Managed Inventory[J]. Transportation Research, 2002, 38(2): 75-79.

[35] 向金秀, 孙高平, 张莉. 基于VMI管理的农产品冷链物流模式[J]. 物流工程与管理, 2011, 33(08): 67-68.

[36] 王淑云, 陈静. 冷链库存建模发展研究[J]. 山东社会科学, 2012, 4: 149-152.

[37] 黄纯辉. 食品冷链物流运输服务网络优化研究[D]. 武汉理工大学, 2012.

[38] Haidari Leila A, et al. Augmenting Transport Versus Increasing Cold Storage to Improve Vaccine Supply Chains[J]. PLOS ONE, 2013, 8(5): 1-7.

[39] Ju-Chia Kuo, Mu-Chen Chen. Developing an Advanced Multi-Temperature Joint Distribution System for the Food Cold Chain[J]. Food Control, 2010(21): 559-566.

[40] Ana Osvald, Lidija Zadnik Stim. A Vehicle Routing Algorithm for the Distribution of Fresh Vegetables and Similar Perishable Food[J]. Journal of Food Engineering, 2008(85): 285-295.

[41] Chaug-Ing Hsu, Sheng-Feng Hung, Hui-Chieh Li. Vehicle Routing Problem with Time-windows for Perishable Food Delivery[J]. Journal of Food Engineering, 2007(80): 465-475.

[42] 杨玮, 李国栋, 张倩. 基于粒子群算法的农产品冷链物流配送路径优化研究[J]. 陕西科技大学学报(自然科学版), 2013, 31(03): 150-153.

[43] 王家敏. 基于物联网技术的冷链物流制冷监控系统[J]. 物流技术, 2012, 31(9): 390-392.

[44] 陈思平, 段欢. 基于物联网的药品冷藏运输监管系统设计[J]. 物流技术(装备版), 2012(02): 46-48.

[45] Ray Daryll, Schaffer Harwood D. Hazard Analysis and Risk-based Control Points(HACCP) Not Just for Meat Anymore[J]. Southwest Farm Press, 2013, 40(6): 15-15.

[46] Barach Jeff. Taking a Proactive Approach to Advancing Food Safety[J]. Food Engineering, 2013, 85(1): 39-39.

[47] Sowinskl Laral. New Transport Options for Food Shippers[J]. Food Logistics, 2013, 149: 6-6.

[48] 刘基余. GPS卫星导航定位原理与方法[M]. 北京: 科学出版社, 2003.

[49] 基于GPS/RFID的冷链运输车辆监控系统设计与研究[D]. 哈尔滨: 哈尔滨工程大学, 2011.

[50] 中华人民共和国科学技术部等十五部委. 中国射频识别(RFID)技术政策白皮书, 2006.

[51] 辛瑞. 基于RFID技术的冷链系统研究[D]. 上海师范大学, 2012.

[52] 刘岩. RFID通信测试技术及应用[M]. 北京: 人民邮电出版社, 2010.

[53] Piramuthu Selwyn, Wochner Sina, Grunow Martin. Should Retail Stores also RFID-tag "Cheap" Items?[J]. European Journal of Operational Research, 2014, 233(1): 281-291.

[54] 肖虹. 冷却肉气味指纹识别技术及冷链中RFID技术应用研究[D]. 上海: 上海海洋大学, 2011.

[55] 应晓书. 基于射频识别(RFID)技术在冷链物流中的应用研究[D]. 武汉: 武汉理工大学, 2008.

[56] 缪小红. 基于GIS的生鲜食品冷链物流配送路径优化研究[D]. 福州: 福建农林大学, 2010.

[57] 常青, 杨东凯, 寇艳红. 车辆导航定位方法及应用[M]. 北京: 机械工业出版社, 2005.

[58] Tassou S A, Lewis J S, et al. A Review of Emerging Technologies for Food Refrigeration Applications. Applied Thermal Engineering, 2010.

[59] 国家发改委组织编制. "十二五"农产品冷链物流发展规划. 中国政府网,

http://www.gov.cn/zwgk/2010-07/30/content_1668124.htm.

[60] 汪利虹, 陶君成. 解析湖北农产品冷链物流的发展[J]. 物流工程与管理, 2011, 6: 25-27.

[61] 曾建民, 李莹. 湖北农产品加工产业大有可为——湖北农产品加工产业与发达省份的差距及对策[J]. 学习月刊, 2011, 483: 36-37.

[62] 姜超峰. 物流业增速将快于GDP[J]. 中国物流与采购, 2013(06): 35.

[63] 漆世雄, 沈渊. 基于灰关联分析的中美GDP与社会物流成本比较研究[J]. 物流技术, 2012(01): 1-3.

[64] 樊静波. 浅析企业物流的成本核算与管理[J]. 知识经济, 2011(03): 123.

[65] Bonney Joseph. Logistics Races Ahead of Economy[J]. Journal of Commerce, 2011, 12(23): 21-22.

[66] Waller Matthew, Fawcett Stanley. The Total Cost Concept of Logistics: One of Many Fundamental Logistics Concepts Begging for Answers[J]. Journal of Business Logistics, 2012, 33(1): 1-3.

[67] Douglas M, Lamber J. Strategies Logistics Management[J]. Homewood IL. Irwin, 1999: 333-351.

[68] Greg Tkacz. Nerual Network Forecasting of Canadian GDP Growth[J]. International Journal of Forecasting, 2011, 7(1): 57-69.

[69] 赵东明. 基于定量和边际分析的降低我国社会物流总费用占GDP比重研究[J]. 物流工程与管理, 2012, 34(03): 3-5.

[70] 孙志刚. 蚁群优化支持向量机的物流需求预测[J]. 计算机系统应用, 2013, 22(5): 107-110.

[71] 尹艳玲. 基于自适应神经网络的物流需求预测研究[J]. 河南理工大学学报(自然科学版), 2010, 29(05): 701-704.

[72] 曹萍, 陈福集. GA-灰色神经网络的区域物流需求预测[J]. 北京理工大学学报(社会科学版), 2012, 14(01): 66-70.

[73] 何鹏. 基于灰色系统的物流成本预测研究[J]. 物流工程与管理, 2012, 34(216): 24-25.

[74] 冯金苗. 基于GRNN神经网络的社会物流成本预测研究[J]. 武汉理工大学学报(交通科学与工程版), 2010, 34(6): 1209-1212.

[75] 周泰, 叶怀珍, 王亚玲. 基于灰色径向基函数网络的区域物流能力组合

预测[J]. 公路交通科技, 2010, 21(7): 149-154.

[76] 闫娟, 李萍. 泊松分布灰色理论在物流需求预测中的应用[J]. 计算机仿真, 2012, 29(04): 229-233.

[77] 周程, 张培林. 基于关联面积法的物流货运量组合预测模型[J]. 计算机应用, 2012, 32(09): 2628-2630.

[78] 杨帆. 基于灰色预测模型的山东省公路货运量预测分析[J]. 现代营销, 2013, 7: 156-158.

[79] 司玲玲, 王亚楠, 徐贵军. 改进灰色模型在物流需求预测中的应用[J]. 计算机仿真, 2012, 29(06): 192-194.

[80] 李博. 基于系统云灰色SCGM(1,1)c模型的铁路货运量预测[J]. 科技技术与工程, 2011, 11(5): 1121-1124.

[81] 冯社苗. 基于灰色Verhulst模型的民航远期货运量预测研究[J]. 华东交通大学学报, 2013, 30(3): 61-64.

[82] 刘宗明, 贾志绚, 李兴莉. 基于灰色马尔科夫链模型的交通量预测[J]. 华东交通大学学报, 2012, 29(1): 30-34.

[83] Richard C Cline, Terry A Ruhl, Geoffrey D Gosling, David W Gillen. Air Transportation Demand Forecasts in Emerging Market Economies: A Case Study of the Kyrgyz Republic in the Former Soviet Union[J]. Journal of Air Transport Management, 1998, 4(1): 11-23.

[84] Bahram Adrangi, Arun Chatrath, Kambiz Raffiee. The demand for US Air Transport Service: A Chaos and Nonlinearity Investigation[J]. Transportation Research Part: Logistics and Transportation Review, 2001, 37(5): 337-353.

[85] Mark Wardman. Inter-urban Rail Demand, Elasticity and Competition in Great Britain: Evidence from Direct Demand Models[J]. Transportation Research Part E: Logistics and Transportation Review, 1997, 33(1): 15-28.

[86] Michael W Babcock, Xiaohua Lu, Jerry Norton. Time Series Forecasting of Quarterly Railroad Grain Car Loadings[J]. Transportation Research Part E: Logistics and Transportation Review, 1999, 35(1): 43-57.

[87] Kerrimn L P Mruss, B Se, Peng. A Cornrnodity-based Methodology For Freight Forecasting on Rural Road Networks[D]. Department of Civil Engineering University of Manitobatoba, 2004.

[88] 周晓娟, 景志英. 基于多元线性回归模型的河北省物流需求预测实证分析[J]. 物流技术(装备版), 2013, 32(05): 270-272.

[89] 张丽萍, 杨江龙. 基于灰色模型的临沂市物流需求预测[J]. 物流技术, 2013, 32(03): 274-277.

[90] Spyros Makridakis, Robert L Winkler. Averages of Forecasts: Some Empirical Results[J]. Management Science, 1983, 29(9): 987-996.

[91] 曾艳. 基于变异系数的区域物流需求组合预测方法[J]. 统计与决策, 2012(21): 93-95.

[92] 田丽, 曹安照, 王蒙, 等. 基于SVM和神经网络组合预测模型物流需求预测[J]. 重庆工商大学学报(自然科学版), 2012, 29(09): 61-64.

[93] 刘智琦, 李春贵, 陈波. 基于因子分析与神经网络的区域物流需求预测[J]. 计算机仿真, 2012, 29(6): 359-362.

[94] 闫娟. 灰色神经网络模型在物流需求预测中的研究[J]. 计算机仿真, 2011, 28(7): 200-203.

[95] 张慧, 邢培振. 区域物流需求建模与预测仿真[J]. 计算机仿真, 2012, 29(06): 350-354.

[96] 周子英, 段建南, 向昌盛, 陈茜. 基于PCA-SVM的区域经济预测研究[J]. 计算机仿真, 2011, 28(04): 375-378.

[97] 师彪, 李郁侠, 于新花, 等. 基于改进粒子群——模糊神经网络的短期电力负荷预测[J]. 系统工程理论与实践, 2010, 30(1): 157-166.

[98] 商志根, 严洪森. 基于概率支持向量回归的产品设计时间预测模型[J]. 计算机应用研究, 2013, 30(04): 1099-1101.

[99] 黄虎. 基于支持向量回归机的区域物流需求预测模型及其应用[J]. 计算机应用研究, 2008, 25(9): 2738-2740.

[100] 许沛沛, 何跃. 基于自组织数据挖掘的区域物流需求预测[J]. 统计与决策, 2011(06): 58-59.

[101] 吴洁明, 李余琪, 万励. 物流需求预测算法的仿真研究[J]. 计算机仿真, 2011, 28(09): 246-249.

[102] 王新利, 赵琨. 基于神经网络的农产品物流需求预测研究[J]. 农业技术经济, 2010(2): 62-68.

[103] 高嵩. 基于神经网络的城镇群客运交通需求预测研究[D]. 华中科技大学, 2011.

[104] 章杰宽,朱普选.动态粒子群算法优化灰色神经网络的旅游需求预测模型研究[J].管理评论,2013,25(03):60-66.

[105] 梁毅刚,耿立艳,张占福.基于核主成分——最小二乘支持向量机的区域物流需求预测[J].铁道运输与经济,2012,34(11):63-67.

[106] 耿立艳,赵鹏,张占福.基于二阶振荡微粒群最小二乘支持向量机的物流需求预测[J].计算机应用研究,2012,29(7):2558-2560.

[107] 龙琼,张蕾.基于压缩粒子群的弹性系数投入产出物流需求预测模型[J].湖南城镇学院学报(自然科学版),2012,21(04):21-24.

[108] 黄振,张为,夏利平.基于ARIMA模型的湖南省物流需求预测研究[J].物流技术,2012,31(9):316-318.

[109] 张仁萍.基于Markov链修正的乐山市物流需求预测[J].乐山师范学院学报,2012,27(12):93-96.

[110] 吴烨.基于神经网络的重庆市物流需求预测研究[D].重庆理工大学,2010.

[111] 潘文莉.销售预测中定性与定量分析方法比较[J].商业文化,2012(4):182-183.

[112] 吴丹.浅谈市场预测的三种主要方法[J].山西焦煤科技,2010(7):103-104.

[113] 魏炳麒.市场调查与预测[M].第三版.大连:东北财经大学出版社,2010.

[114] 陈华.浅析几种常用的定性预测方法[J].华章,2012,(35):333-334.

[115] 林显宁.线性回归分析和检验在经济中的应用[J].廊坊师范学院学报(自然科学版),2010,10(03):87-90.

[116] 张敏静,刘雅娜,薛志群.一元线性回归方程有关检验问题的研究[J].廊坊师范学院学报(自然科学版),2012,(02):1-2.

[117] 张忠尧,陈德良.基于多元线性回归的湖南省物流需求分析[J].物流科技,2010(09):65-66.

[118] 王振龙.时间序列分析[M].北京:中国统计出版社,2000.

[119] 张美英,何杰.时间序列预测模型研究综述[J].数学的实践与认识,2011(18):189-195.

[120] 谢晓燕,韦学婷,王霖.基于指数平滑法的呼、包、鄂三角区物流需求量预测[J].干旱区资源与环境,2013,27(01):58-62.

参考文献

[121] 何舒华, 何霭琳. 指数平滑法初始值计算与平滑系数选取的新方法[J]. 广州大学学报(自然科学版), 2011, 10(02): 6-10.

[122] Akram Muhammad, Hyndman Rob J, Ord J Keith. Exponential Smoothing and Non-negtive Data[J]. Australian & New Zealand Journal of Statistics, 2009, 51(4): 415-432.

[123] 汪选胜. 改进的三次指数平滑模型在交通优化中的研究与应用[J]. 机械制造与自动化, 2012(04): 18-20.

[124] 赵仁义, 朱玉辉. 关于时间序列预测法的探讨[J]. 科技信息, 2011(15): 192-193.

[125] 邓聚龙. 灰理论基础[M]. 武汉: 华中科技大学出版社, 2002.

[126] 刘思峰, 等. 灰色系统理论及其应用[M]. 北京: 科学出版社, 2004.

[127] 王忠桃. 灰色预测模型相关技术研究[D]. 成都: 西南交通大学, 2008.

[128] 胡晓华, 吉承儒, 虞敏. 灰色预测法的进一步推广及应用[J]. 大学数学, 2013(01): 117-121.

[129] Deqiang Zhou. Estimation of GM(1, 1) Model Parameter Based on LS-SVM Algorithm and Application in Load Forecasting[J]. Modern Management, 2012, 2(1): 45-49.

[130] 何俊, 张玉灵. 灰色预测模型的优化及应用[J]. 数学的实践与认识, 2013(06): 86-91.

[131] 朱大奇, 史慧. 人工神经网络原理及应用[M]. 北京: 科学出版社, 2006.

[132] 田景文, 高美娟. 人工神经网络算法研究及应用[M]. 北京: 北京理工大学出版社, 2006.

[133] 张昭昭, 乔俊飞, 杨刚. 自适应前馈神经网络结构优化设计[J]. 智能系统学报, 2011, 6(04): 312-317.

[134] 乔俊飞, 张颖. 一种多层前馈神经网络的快速修剪算法[J]. 智能系统学报, 2008, 3(2): 173-176.

[135] Loghmanian Sayed, Jamaluddin Hishamuddin, Ahmad Robiah, et al. Structure Optimization of Neural Network for Dynamic System Modeling Using Multi-objective Genetic Algorithm[J]. Neural Computing & Applications, 2012, 21(6): 1281-1295.

[136] 郭伟. 基于互信息的 RBF 神经网络结构优化设计[J]. 计算机科学,

2013, 40(06) 252-255.

[137] Jun Zheng, Yu-An Tan, Xue-Lan Zhang, Jun Lu. An Improved Dynamic Structure-based Neural Networks Determination Approaches to Simulation Optimization Problems[J]. Neural Computing & Applications, 2010, 19(6): 883-901.

[138] Islam Monirual, Sattar Amin F, Yao Xin, Murase K. A New Adaptive Merging and Growing Algorithm for Designing Artificial Neural Networks[J]. IEEE Transactions on Systems, Man and Cybernetics Part B: Cybernetics, 2009, 39(3): 705-722.

[139] Hong Jie, Hu Baogang. Two-phase Construction of Multi-layer Perceptions Using Information Theory[J]. IEEE Transactions on Neural Network, 2009, 20(4): 542-550.

[140] 宋勇, 李贻斌, 李彩虹. 递归神经网络的进化机器人路径规划方法[J]. 哈尔滨工程大学学报, 2009, 30(8): 898-902.

[141] 陆瑶, 张杰, 冯英浚. 非线性动态系统的模糊神经网络自适应H_∞鲁棒控制[J]. 哈尔滨工程大学学报, 2009, 30(9): 1082-1086.

[142] 吴晓刚, 王旭东, 余腾伟. 发动机输出转矩的改进BP神经网络估计[J]. 电机与控制学报, 2010, 14(3): 104-108.

[143] Galeazzi Juan M, Mender Bedeho M W, Paredes Mariana, et al. A Self-Organizing Model of the Visual Development of Hand-Centred Representations[J]. PLOS ONE, 2013, 8(6): 1-11.

[144] Kao Chih-Hong, Hsu Chun-Fei, Don Hon-Son. Design of An Adaptive Self-organizing Fuzzy Neural Network Controller for Uncertain Nonlinear Chaotic Systems[J]. Neural Computing & Applications, 2012, 21(6): 1243-1253.

[145] Lee C C, Chiang Y C, Shihih C Y, et al. Noisy Time Series Prediction Using M-estimator Based Robust Radial Basis Function Neural Networks with Growing and Pruning Techniques[J]. Expert Systems with Applications, 2009, 36(3): 4717-4724.

[146] Han H, Chen Q, Qiao J. Research on An Online Self-organizing Radial Basis Function Neural Network.[J]. Neural Computing & Applications, 2010, 19(5): 667-676.

[147] 乔俊飞, 韩红桂. 神经网络结构动态优化设计的分析与展望[J]. 控制

理论与应用, 2010, 27(03): 350-357.

[148] 涂娟娟. PSO 优化神经网络算法的研究及其应用[D]. 镇江：江苏大学, 2013.

[149] Azadeh A, Negahban A, Moghaddam M. A Hybrid Computer simulation-artificial Neural Network Algorithm for Optimisation of Dispatching Rule Selection in Stochastic Job Shop Scheduling Problems [J]. International Journal of Production Research, 2012, 50(2): 551-566.

[150] Dhar V K, Tickoo A K, Koul, R, Dubey B P. Comparative Performance of Some Popular Artificial Neural Network Algorithms on Benchmark and Function Approximation Problems[J]. Pramana: Journal of Physics, 2010, 74(2): 307-324.

[151] Hakim Baha, Zohir, Dibi. Enhancement of the Neural Network Modeling Accuracy Using A Submodeling Decomposition-based Technique, Application in Gas Sensor[J]. Neural Computing & Applications, 2012, 21(8): 1981-1986.

[152] Singh Amit Kumar, Tyagi Barjeev, Kumar Vishal. Application of Feed Forward and Recurrent Neural Network Topologies for the Modeling and Identification of Binary Distillation Column[J]. IETE Journal of Research, 2013, 59(2): 167-175.

[153] Heddam Salim, Bermad, Abdelmalek, Dechemi Noureddine. Applications of Radial-Basis Function and Generalized Regression Neural Networks for Modeling of Coagulant Dosage in a Drinking Water-Treatment Plant: Comparative Study [J]. Journal of Environmental Engineering, 2011, 137(12): 1209-1214.

[154] Wu Yue, Wang Hui, Zhang Biaobiao, Du K L. Using Radial Basis Function Networks for Function Approximation and Classification[J]. ISRN Applied Mathematics, 2012: 1-34.

[155] Yeh I-Cheng, Chen Chung-Chih, et al. Adaptive Radial Basis Function Networks with Kernel Shape Parameters [J]. Neural Computing & Applications, 2012, 21(3): 469-480.

[156] Assaf R, El Assad S, Harkouss Y, Zoaeter M. Efficient Classification Algorithm and A New Training Mode for the Adaptive Radial Basis Function

Neural Network Equaliser[J]. IET Communications, 2012, 6(2): 125-137.

[157] Du H, Ge S S, Liu J K. Adaptive Neural Network Output Feedback Control for a Class of Non-affine Non-linear Systems with Unmodelled Dynamics[J]. IET Control Theory & Applications, 2011, 5(3): 465-477.

[158] Rienzo Thomas F, Athappilly Kuriakose K. Introducing Artificial Neural Networks through a Spreadsheet Model[J]. Decision Sciences Journal of Innovative Education, 2012, 10(4): 515-520.

[159] 周开利, 康耀红. 神经网络模型及其MATLAB仿真程序设计[M]. 北京: 清华大学出版社, 2005.

[160] 冯超, 李柠, 李少远. 递增的稀疏神经网络研究[J]. 应用科学学报, 2008, 26(2): 194-198.

[161] 刘爽. 基于系统动力学的物流业与产业结构关系研究[D]. 大连: 大连海事大学, 2010.

[162] 万欢. 中国省级物流基础设施投资与产业结构升级研究[J]. 物流技术, 2013(07): 201-203.

[163] 乐小兵. 现代物流与产业结构升级关联机制研究[J]. 物流技术, 2013, 32(04): 198-200.

[164] 杨光华, 邹敏. 产业结构与区域物流需求关系分析[J]. 物流技术, 2012, 31(05): 146-148.

[165] 沈江, 张婷. 物流业发展对中部地区产业结构状况的影响分析[J]. 统计与决策, 2012(05): 147-150

[166] 刘智琦, 李春贵, 陈波. 基于因子分析与神经网络的区域物流需求预测[J]. 计算机仿真, 2012, 29(6): 359-362.

[167] 符瑛, 王立新. 长株潭区域物流需求预测影响因素分析[J]. 中南林业科技大学学报(社会科学版), 2012, 6(02): 62-64.

[168] 崔翠. 国内外物流需求预测研究概况[J]. 物流工程与管理, 2013, 35(04): 9-10.

[169] 陈以, 万梅芳. RBF神经网络在物流系统中的应用[J]. 计算机仿真, 2010, 27(04): 159-162.

[170] 杨海光, 夏国恩. 基于灰色预测模型的广西物流需求预测[J]. 中国管理信息化, 2011, 14(05): 39-41.

参 考 文 献

[171] 罗丽丽, 赵予新. 物流需求影响因素的实证分析——以河南省为例[J]. 粮食科技与经济, 2013, 38(01): 18-20.

[172] 张鹏. 基于递阶遗传算法的 BP 神经网络的研究与应用[D]. 长春: 吉林大学, 2011.

[173] 胡玉琢. 改进型灰色神经网络模型在水质预测中的应用[D]. 重庆: 重庆大学, 2010.

[174] Nitin Merh. Optimal Model Design of Artificial Neural Networks for Forecasting Indian Stock Trends: An Experimental Approach[J]. Vilakshan: the XIMB Journal of Management, 2013, 10(2): 21-42.

[175] 王伟新, 祁春节. 我国农产品流通现代化评价指标体系的构建与测算[J]. 经济问题探索, 2013(01): 128-133.

[176] Tao F, et al. An Improved Genetic Algorithm for Partner Selection in Virtual Manufacturing[J]. International Journal of Production Research, 2012, 50(8): 2079-2100.

[177] Jaddi Najmeh Sadat, Abdullah Salwani. Hybrid of Genetic Algorithm and Great Deluge Algorithm for Rough Set Attribute Reduction[J]. Turkish Journal of Electrical Engineering & Computer Sciences, 2013, 21(6): 1737-1750.

[178] 乔佩利, 郑林, 马丽丽. 一种小生境遗传算法研究[J]. 哈尔滨理工大学学报, 2011, 16(1): 90-93.

[179] 华洁, 崔杜武. 基于个体优化的自适应小生境遗传算法[J]. 计算机工程, 2010, 36(1): 194-196.

[180] 汤嘉立, 柳益君, 蔡秋茹, 吴访升. 基于小生境遗传神经网络的材料力学性能预测[J]. 计算机仿真, 2011, 28(1): 209-213.

[181] 钱学森. 系统工程[M]. 长沙: 湖南科学技术出版社, 1982.

[182] 路冯, 贝塔朗菲, 王兴成. 普通系统论的历史和现状[J]. 国外社会科学, 1978(2).

[183] [美]贝塔朗菲. 一般系统论[M]. 北京: 清华大学出版社, 1987.

[184] [美]拉兹洛. 用系统论的观点看世界[M]. 闵家胤, 译. 北京: 中国社会科学出版社, 1985.

[185] 拉波波特. 一般系统论——基本概念和应用[M]. 福州: 福建人民出版社, 1993.

[186] 苗东升. 系统科学精要[M]. 北京：中国人民大学出版社，2006.
[187] 汪应洛. 系统工程学[M]. 北京：高等教育出版社，2007.
[188] 颜泽贤，范冬萍，张华夏. 系统科学导论——复杂性探索[M]. 北京：人民出版社，2006.
[189] 高隆昌. 系统学原理[M]. 北京：科技出版社，2005.
[190] 顾培亮. 系统分析与协调[M]. 天津：天津大学出版社，2008.
[191] 闵家胤. 系统和系统科学[J]. 系统科学学报，2011(04).
[192] 周德群. 系统工程概论[M]. 北京：科技出版社，2008.
[193] 汪应洛. 系统工程理论，方法与应用[M]. 北京：高等教育出版社，2002.
[194] 陈忠，盛毅华. 现代系统学科学[M]. 上海：上海科学技术文献出版社，2005.
[195] Halley J, Winkler D. Classification of Emergence and Its Relation to Self-Organization[J]. Complexity, 2008, 13(5): 10-15.
[196] Munoz Yupanqui Julho, de Castro, Leandro Nunes Karageorgos. Self-Organisation and Emergence in Artificial Life: Concepts and Illustrations[J]. Journal of Experimental & Theoretical Artificial Intelligence, 2009, 21(4): 273-292.
[197] 杨冬梅，张庆灵，姚波. 广义系统[M]. 北京：科学出版社，2004.
[198] 狄增如. 系统科学视角下的复杂网络研究[J]. 上海理工大学学报，2011(02): 111-116.
[199] 邵汉永，冯纯伯. 二次型耗散线性离散系统的鲁棒性分析与控制[J]. 控制与决策，2005，20(2): 142-146.
[200] 伊·普利高津，伊·斯唐热. 从混沌到有序：人与自然的新对话[M]. 湛垦华，沈小峰，等，译. 上海：上海译文出版社，1987.
[201] 宁方华，陈子辰，熊励. 熵理论在物流协同中的应用研究[J]. 浙江大学学报，2006，40(10). 1705-1708.
[202] 魏巍，郭和平. 关于系统"整体涌现性"的研究综述[J]. 系统科学学报，2010(01): 24-28.
[203] 施杨. 涌现研究的学科演进及其系统思考[J]. 系统科学学报，2006(02): 58-63.
[204] 湛垦华，沈小峰等. 普利高津与耗散结构理论[M]. 西安：陕西科学技

术出版社，1998.

[205] 魏宏森，曾国屏. 试论系统的整体性原理[J]. 清华大学学报（哲学社会科学版），1994(03)：57-62.

[206] 叶立国. 国内外系统科学文献综述[J]. 太原师范学院学报（社会科学版），2011(04)：25-32.

[207] 王大辉. 关于复杂系统宏观与微观描述的一个结论[J]. 复杂系统与复杂性科学，2004，1(3)：76-81.

[208] 张强，张锋. 系统整体性的形成及其作用[J]. 理论导刊，2008(03)：42-45.

[209] 董春雨. 试析序参量与役使原理的整体方法论意义[J]. 系统科学学报，2011(02)：17-21.

[210] 温馨，赵希男，贾建锋. 基于GPEM主旋律分析的系统序参量识别方法研究[J]. 运筹与管理，2011(03)：168-175.

[211] 王汉君，王元元. 冷链物流协同选择与序参量计算模型[J]. 2010，11：24-26.

[212] 兰洪杰，刘志高，王瑞江. 基于粗糙集约简的食品冷链物流系统协同模型研究[J]. 北京交通大学学报（社会科学版），2010，9(2)：32-36.

[213] 刘俊奇. 医药冷链物流质量管理模式研究[D]. 武汉：武汉理工大学，2011.

[214] 陈红丽，栗巾瑛，芮嘉明，王璐琳. 如何建立生鲜食品冷链物流服务质量评价指标体系[J]. 物流科技，2013(07)：20-22.

[215] 许原. 国内外物流服务质量评价相关研究评述[J]. 物流科技，2010(08)：73-74.

[216] 白晓娟，黄杰. 物流企业综合评价指标体系研究[J]. 物流技术，2013，32(01)：134-136.

[217] Khatab A, Ait-Kadi D, Rezg N. Kronecker. Algebra for Series-parallel Multi-state Systems Reliability Evaluation[J]. International Journal of Production Research，2012，50(13)：3572-3578.

[218] 瞿春玲，李飞. 中国商品流通现代化的模糊综合评价研究[J]. 北京工商大学学报（社会科学版），2012，27(02)：38-43.

[219] 周敏，王琼，邢洁冰，陈艳霞. 基于模糊可拓层次分析法的物流客户满意度研究[J]. 物流技术，2011，30(04)：78-81.

[220] Ghondaghsaz, Fatemeh, Rasekh, Abdolrahman. Case-Deletion Diagnostics for Testing a Linear Hypothesis about Weighted Regression Coefficients[J]. International Journal of Intelligent Technologies & Applied Statistics, 2012, 5(3): 237-248.

[221] 南英子. 简单线性相关与回归分析中各种检验及其相互关系的探讨[J]. 统计与决策, 2011(02): 26-28.

[222] Donate Juan Peralta,, Sanchez German Gutierrez, Demiguel Araceli Sanchis. Time Series Forecasting. A Comparative Study between an Evolving Artificial Neural Networks System and Statistical Methods[J]. International Journal on Artificial Intelligence Tools, 2012, 21(1).

[223] 李彩虹. 两类组合预测方法的研究及应用[D]. 兰州: 兰州大学, 2012.

[224] 徐宇亮, 陈西宏, 马超, 王光明. 基于近似熵测度的变权组合预测方法[J]. 控制与决策, 2013, 28(01): 115-119.

[225] 苏涛, 王鹏新, 刘翔舸, 等. 基于熵值组合预测和多时相遥感的春玉米估产[J]. 农业机械学报, 2011, 42(1): 186-191.

[226] Rodrigues Bruno Dore, Stevenson Maxwell J. Takeover Prediction Using Forecast Combinations[J]. International Journal of Forecasting, 2013, 29(4): 628-641.

[227] 韩冬梅, 牛文清, 杨荣. 线性与非线性最优组合预测方法的比较研究[J]. 情报科学, 2007, 25(11): 1672-1675.

[228] 张敬磊, 王晓原. 交通流灰色 RBF 网络非线性组合预测方法[J]. 数学的实践与认识, 2011(19): 1-7.

[229] 李勤. 组合预测方法研究综述[J]. 价值工程, 2012(29): 23-25.

[230] 王凤飞. 组合预测方法简介及其实证分析[D]. 太原: 山西大学, 2011.